U0479313

千年文脉

长江文化简史

徐吉军 主编
韩辰 付国静 等 编著

长江出版社
CHANGJIANG PRESS

序

长江，亚洲第一、世界第三大河。浩淼之水从高原奔腾而下，穿过险峻壁立的峡谷，一泻千里，经巴蜀之地扑向江汉平原，一路上裹挟着风尘和无数的支脉、细流，造就了大江东去的宏伟气势，最后在中国东南平原上构建了土地肥沃、物产丰饶、交通便利的长江三角洲。这天地灵秀之气，孕育了长江流域神奇、壮丽、婀娜多姿的山水。滔滔江水，滚滚波涛，冲刷、滋润着两岸的土地，富饶的土地上勤劳、聪明、智慧、勇敢的人们，谱写了灿烂而辉煌的篇章。

长江文化，是一种以长江流域特殊的自然地理和人文地理及生产力发展水平为基础的具有认同性、归趋性的文化体系，是长江流域文化特性和文化集结的总和或集聚。通俗地说，长江文化就是长江流域的人们在长期社会实践过程中所创造的物质财富和精神财富的总和，它包括一定社会规范、生活方式、风俗习惯、精神面貌和价值取向，以及由此所达到的社会生产力水平，等等。从长江文化生存的地域范围来看，主要包括四川、湖北、湖南、江西、安徽、江苏、浙江、上海等省（直辖市）。当然，广义空间范围上的长江文化，其范围要扩大到整个中国南方大陆。因此，从广义上来说，长江文化则是一个以巴蜀文化、楚文化、吴越文化为主体，包含诸如滇文化、黔文化、闽文化、桂文化、淮南文化（或称江淮文化）、岭南文化等亚文化层次而构成的庞大文化体系，这些不同的文化共同体在相同的文化规则下聚合成一个共同的文化体——长江文化，属于中国南方文化体系。当然，这并不是说，凡是长江干流或支流流经的地区，都应该纳入长江文化的体系。这是因为，长江文化是长江流域地方共同体群中发现的文化规则的聚合。因此，我们在选择和确定长江文化的生存空间时，不应该单纯地按地理概念来界定长江文化区，而应该取决于它们所共享的、并不为相邻共同体所拥有的文化性质。总之，长江文化是一个时空交织的多层次、多维度的文化复合体。

长江文化的内涵十分丰富，博大深邃，是一个多层次的结构体系。具体来说，它包括政治、经济、艺术、哲学、科技、教育、语言、史学、宗教、民间信仰、道德规范和社会生活习俗等方面的内容，即文化概念中所包含的思想模式、情感模式和行为模式。

毋庸置疑，长江流域和黄河流域都是中华文明的摇篮。在"多元一体"的中华文明中，长江文化和黄河文化是两支最具代表性和影响力的主体文化。虽然，它们各有其不同的文化内涵、形式、作用和历史发展进程，但却不是彼此孤立的、互不相干的。在长达数千年的中华文化发展过程中，它们既相互冲撞、相互对抗，又相互影响、相互交融、相互补充，是两支平行发展的、并驾齐驱而富有特色的文化系统。这种刚柔相济、阴阳互补的文化联系，在血缘上自然而然地形成了"你中有我，我中有你"的文化统一体，这种"江河互济"构建了中华民族共有的精神家园，成为中华文化发展的基础，并发挥了极其重要的作用，使大一统的中华文化呈现出绚丽多姿的色彩，并给周围的海外文化以深远的影响。

近年来，党中央和国务院十分重视长江文化。2020年11月，在南京召开的全面推动长江经济带发展座谈会上，习近平总书记强调，要把长江文化保护好、传承好、弘扬好，延续历史文脉，坚定文化自信。要保护好长江文物和文化遗产，深入研究长江文化内涵，推动优秀传统文化创造性转化、创新性发展。2022年1月，为深入贯彻落实习近平总书记重要讲话精神，保护好长江文物和文化遗产，大力传承弘扬长江文化，推动优秀传统的转化和发展，长江国家文化公园建设正式启动。2023年10月12日，习近平总书记主持召开进一步推动长江经济带高质量发展座谈会时强调，要深入发掘长江文化的时代价值，推出更多体现新时代长江文化的文艺精品。

在此背景下，为了宣传和弘扬长江文化，为了让学术图书贴近大众百姓，让广大读者、特别是年青读者能够更易读懂，并获得阅读的快感和美感，长江出版社策划编撰《长江文化简史》，在我和李学勤先生主编的240多万字、4卷本《长江文化史》的基础上进行精心编写，形式上一改长篇大论的说教，短小精悍易读易解，无枯涩呆板，内容上更是条理清晰，将长江文化的发展演变、突出成就以及在中华文明中的重大作用分条缕析，娓娓道来，把复杂的历史变成易读易懂的通俗历史读物。希望读者通过这本书，不仅对长江文化，而且对中国文化的形成发展全程都能有新的理解和观感。

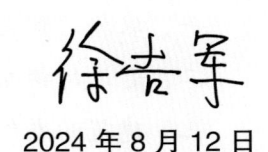

徐吉军

2024年8月12日

目 录

第一章　史前的长江文化　001

第一节　凿开混沌：文化的萌芽　002
一、神农的传说　002
二、东方的故土　005
三、华夏的南源　007

第二节　走出洪荒：文明的发展　013
一、古老的城邦　013
二、图腾的崇拜　016
三、文字的起源　018

第三节　迈向文明：后世的基石　021
一、农耕的曙光　021
二、音乐的诞生　022
三、建筑的杰作　023

第二章　夏商周三代的长江文化　025

第一节　大禹：夏代的故事　026
一、大禹治水　026
二、禹征"三苗"　027
三、禹的后裔　030
四、禹葬会稽　031

第二节　雄奇南国：来自商代的回响　033
一、殷人的南征　033

二、恢宏的城市　　035
　　三、精巧的玉器　　037
　　四、奇特的文字　　040
第三节　青铜时代：西周的遗音　　041
　　一、青铜的南传　　041
　　二、青铜的韵律　　044
　　三、青铜的威仪　　045
第四节　动荡岁月：春秋战国的风云　　047
　　一、吴越争霸　　047
　　二、楚国辉煌　　049
　　三、蜀水巴山　　052

第三章　秦汉时期的长江文化　　057

第一节　江河并流：秦代的变局　　058
　　一、始皇南巡　　058
　　二、开凿运河　　059
　　三、沟通漓湘　　060
　　四、亡秦必楚　　061
第二节　江山一统：西汉的新生　　063
　　一、饭稻羹鱼　　063
　　二、完善都江堰　　065
　　三、吴王的反叛　　066
　　四、大夏国的邛杖　　067
第三节　江流不息：东汉的绵延　　069
　　一、二牛抬杠　　069
　　二、马臻与鉴湖　　071
　　三、大墓的奇迹　　072

　　　　四、道教的起源和发展　　　　　　　　075
　　　　五、佛教的传入　　　　　　　　　　　076

第四章　魏晋南北朝时期的长江文化　　079

　　第一节　江通万里：吴、蜀的并峙　　　080
　　　　一、用武荆州　　　　　　　　　　　080
　　　　二、赤壁之战　　　　　　　　　　　081
　　　　三、蜀锦斑斓　　　　　　　　　　　083
　　　　四、寻找宝岛　　　　　　　　　　　084
　　第二节　天堑风云：两晋的转折　　　　085
　　　　一、八王之乱　　　　　　　　　　　085
　　　　二、衣冠南渡　　　　　　　　　　　086
　　　　三、东山再起　　　　　　　　　　　087
　　　　四、书画双绝　　　　　　　　　　　089
　　　　五、法显西行　　　　　　　　　　　091
　　第三节　澄江如练：南北的结界　　　　092
　　　　一、宋齐梁陈　　　　　　　　　　　092
　　　　二、《文心雕龙》与《文选》　　　　094
　　　　三、"徐庾体"　　　　　　　　　　096
　　　　四、四百八十寺　　　　　　　　　　097

第五章　隋唐时期的长江文化　　099

　　第一节　江河汇通：隋代的功过　　　　100
　　　　一、江南的安抚　　　　　　　　　　100
　　　　二、南北大运河　　　　　　　　　　102
　　　　三、文化的交融　　　　　　　　　　105
　　第二节　万古流长：唐代的长江艺术　　109

一、鼙鼓惊破霓裳羽衣曲　　　　　　　　109
二、诗歌与书法的摇篮　　　　　　　　　112
三、音乐与传奇的兴盛　　　　　　　　　116
四、百戏的乐趣　　　　　　　　　　　　119

第三节　潮平两岸：唐代的长江经济带　　121
一、千峰苍翠秘色瓷　　　　　　　　　　121
二、茶圣与《茶经》　　　　　　　　　　124
三、吴姬压酒劝客尝　　　　　　　　　　126
四、浣花池头造纸佳　　　　　　　　　　128

第四节　遥通碧海：唐代的长江与海运　　131
一、新罗僧人的故事　　　　　　　　　　131
二、日本遣唐使　　　　　　　　　　　　133
三、海上的胡商　　　　　　　　　　　　134

第六章　五代中国南北文化地位的逆转　137

第一节　保境安民：乱世纷攘中南方的保全　138
一、南方的政权及其更替　　　　　　　　138
二、南北文化的逆位与交流　　　　　　　140

第二节　仓廪充溢：南方经济的稳定发展　143
一、天府之国，锦城烟雨　　　　　　　　143
二、广陵殷盛，士庶骈阗　　　　　　　　144
三、三吴都会，钱塘自古繁华　　　　　　146

第三节　酬唱冶游：南方文化的繁荣兴盛　149
一、诗词文学中蕴含的西蜀旖旎　　　　　149
二、翰墨书画中演绎的南唐风雅　　　　　151
三、印经佛塔下诉说的吴越佛事　　　　　154

第七章　宋代：长江文化的成熟　　　157

第一节　文治天下：造极于赵宋之世　　　158
一、武将释权，文臣取仕　　　158
二、南北文人集团的斗争　　　160
三、上有天堂，下有苏杭　　　162

第二节　宋室南渡：一场自北而南的文化转移　　　165
一、南下的移民与风俗　　　165
二、东方的文艺复兴　　　167
三、别开生面的社会风尚　　　171

第三节　泽被远西：海洋时代的来临　　　174
一、日本荣西和尚与中国茶　　　174
二、来自宋国使臣的高丽报告　　　177
三、"南海一号"沉船里的货物　　　179
四、住在大宋的传教士　　　182

第八章　元代：长江文化的高潮　　　185

第一节　抗争与忍辱：与草原游牧文化的对峙　　　186
一、"四等人制"扭曲下的矛盾　　　186
二、南宋遗民的就义成仁与隐逸任性　　　189
三、学社并举，长江流域文教事业复苏　　　191

第二节　华贵的天城：繁荣的市场经济　　　195
一、南北通衢——京杭大运河的开通　　　195
二、衣被天下——棉织、丝织业的普及　　　197
三、榷货四方——海外贸易全球网　　　200

第三节　南北的交流：长江文化的绝处逢生　　　203
一、理学的北传　　　203
二、元曲的南下　　　205

三、南北书画界的接触与交流　　　　　　　207

第九章　明代：长江文化的繁荣　　　　　　211

第一节　经济浪潮：商品推动与城镇崛起　　212
一、恢复经济的举措　　　　　　　　　　212
二、经济结构的调整　　　　　　　　　　214
三、城镇经济的发展　　　　　　　　　　217

第二节　风尚新貌：贫富分化与奢靡之风　　220
一、重商思潮的涌现　　　　　　　　　　220
二、奢靡的世风　　　　　　　　　　　　222
三、长物的欢愉　　　　　　　　　　　　225

第三节　西学东渐：思想转换与海陆贸易　　228
一、阳明的心学　　　　　　　　　　　　228
二、郑和的宝船与海外文化交流　　　　　230
三、高丽人的漂海见闻　　　　　　　　　233
四、西方传教士和冒险家的东方之旅　　　234

第十章　清代：长江文化的鼎盛　　　　　　237

第一节　盛世之名：错认江山是画图　　　　238
一、因文字贾祸——长江文人的困顿　　　238
二、皇帝下江南——盛世的到来　　　　　240
三、百业滋生——长江文化的复兴　　　　243

第二节　革故鼎新：江山代有才人出　　　　246
一、西学东渐，天文算法的革新　　　　　246
二、经世之学，匹夫有责保天下　　　　　249
三、随园诗宴，文人的一份食单　　　　　252
四、戏曲曲艺，姹紫嫣红行南北　　　　　255

第三节　万国来朝：风靡全球的"中国热"　　258
　　一、江南丝绸的贸易　　258
　　二、漂洋过海的"满大人"　　261
　　三、哥德堡号上的松萝茶　　263

第十一章　率先走向世界的长江文化
——鸦片战争至新文化运动　　265

第一节　王朝的覆灭与近代的开启　　266
　　一、实学和经世思潮　　266
　　二、屈辱的条约与开放的口岸　　269
　　三、复兴中华的运动　　272
第二节　都市工业与文教兴盛　　276
　　一、实业救国　　276
　　二、学堂启蒙　　278
　　三、文艺潮流　　281
第三节　向内成长与向外交流　　285
　　一、融合中西的海派文化　　285
　　二、湖湘文化的风云际会　　287
　　三、走出国门的留学生　　290

后　记　　294

第一章　史前的长江文化

人类历史文化的发展，恰如百川汇流、奔腾到海的大江大河，旁若无人、自在自洽地悠悠而过。当我将目光转向长江，沉下心，感受她、欣赏她、理解她、思考她、谈论她时，不禁好奇是怎样的契机，让她与黄河一起孕育了中华文明。

第一节
凿开混沌：文化的萌芽

千万年来，在广阔寂寥的自然界中，长江的滔滔江水、滚滚波涛，冲刷着也滋润着两岸的土地。直至中华先民用他们的勤劳、聪明、智慧、勇敢，在长江两岸富饶的土地上，凿开了史前文明的混沌，开始谱写这条大江在中国文化史上灿烂而辉煌的篇章。

一、神农的传说

回望上古时代，有太多信息淹没于时间的滚滚波涛之中。长江两岸的史前先民究竟经历了怎样的峥嵘岁月？通过古代文献中保留的神话传说，我们或许依然能听到长江文化来自洪荒的遥远回声。

相传在远古时代，中华大地上居住着许许多多不同祖先的氏族部落，诸如容成氏、大庭氏、伯皇氏、中央氏、栗陆氏、骊畜氏、轩辕氏、赫胥氏、尊卢氏、祝融氏、伏羲氏、神农氏等。直至今日，他们的故事依然保留在浩瀚的典籍之中，而长江文化的始创者当推炎帝——神农氏（图1-1）。

炎帝为何被称为"神农氏"？顾名思义，应与农业的诞生息息相关。在《史记》等史籍中，炎帝又有连山氏、列山氏之称。所谓"列山"即烈山，意为放火烧山，将草木烧成灰肥后，以备农耕播种。这种刀耕火

图1-1 神农氏

种的原始生产方式，曾在南方地区延续了数千年之久，至今仍在长江上游的一些少数民族中流行。而"连山"则是烈山的音转，二者意义相同。后世为了纪念神农氏创造刀耕火种的功德，又将其称为火德王、赤帝等，这可能是中华民族世代尊崇红色的文化根源之一。

在神话传说中，炎帝神农氏被奉为农神，开创了农耕文化的文化体系。由于炎帝部落人口不断增多，光靠狩猎禽兽、采集野果已经无法满足部众的生存需要，于是神农创制耒、耜等农具，教民垦荒种地，并教会了他们种植五谷。与此同时，神农氏发明了纺织技术，使人们穿上布制的衣服，还教会了民众制作陶器，用来烹制食物，开启了中华美食文化的先河。神农还被奉为中国传统医药学的始祖，传说为了寻找医治病痛的药物，神农氏更亲尝百草，知其平毒寒温之性，由此造福天下百姓。据说今天中国人日常饮用的茶叶，就是神农最先发现并人工种植的。直到有一天，神农氏在寻找草药时，误吞了断肠草，来不及解毒，最终为了天下苍生献出了宝贵的生命。尽管神农氏的这些故事是否真实发生过，我们已经无从考证，但它应该是上古历史的曲折的反映。事实上，神农氏创造的这些农耕文化已为长江流域的考古发现所证实。如木制的耜、人工栽培稻、陶器、纺织工具等，在距今7000年左右的浙江余姚河姆渡遗址均有出土。

长久以来，炎帝不仅受到了长江流域劳动人民的敬仰和崇拜，而且与北方黄河流域的黄帝一起被后世奉为中华民族共同的祖先。相传黄帝与炎帝曾组成部落联盟，与南方九黎族的首领——蚩尤（图1-2）进行了一场旷日持久的战争。黎，是蛮夷族（或称"南蛮族"）中最勇猛、最强大的一支。黎作为部落集团，有9个部落，每个部落又各有9个兄弟氏族，总共有81个兄弟氏族。九黎族曾将长江流域的炎帝一族驱逐到涿鹿（今河北怀

图 1-2 蚩尤

来县或涿鹿县），后炎帝一族联合黄帝的族人与九黎族决斗，蚩尤请风伯雨师作大风暴雨，黄帝也请天女魃下来相助，最后蚩尤斗败被杀。九黎族经长期斗争后，一部分被迫退回家乡；一部分留在北方，后来建立黎国；一部分被炎黄族俘获，到西周时还留有"黎民"的名称。

也有学者认为炎帝（神农氏）及其后代祝融，原先活动于中原腹地，也就是今天的河南新郑市一带，最终祝融一族联合长江流域伏羲、女娲（图1-3）的族人共同组成了苗蛮集团，与华夏、东夷两大集团三分天下。

伏羲、女娲的神话同样出自长江流域，古人将伏羲、女娲推为"泰古二皇"，且将他们视为远古的祖先。按《华阳志》的说法，

图1-3 伏羲与女娲

伏羲、女娲可能生于四川阆中。当时天塌地陷，世界陷入巨大灾难，女娲不忍生灵受灾，于是炼五色石补好天空，斩神鳌之足撑四极，平洪水杀猛兽，通阴阳除逆气，万灵始得以安居。今天峨眉山的"女娲洞"，据说就是女娲当年炼石补天之处。在苗族的传说中也有相似的说法，苗人将自己视为伏羲与女娲的后代，他们本为兄妹（或姐弟），遭遇洪水，人烟断绝，仅存此二人，遂结为夫妻，绵延人类。据《国语·郑语》和《史记·楚世家》所说，祝融成为炎帝之后，最初依附于高辛部落集团，是高辛帝喾的火正。然祝融一族逐渐向江汉地区及长江中游地区扩张，将先进的文化带入苗蛮地区，并与伏羲、女娲的后人通婚融合，成为中国南方民族的祖先和后世楚文化的主源。这或许曲折地反映了上古时期长江流域与中原地区曾经发生过一场大规模的部族迁徙与融合。

上古的神话传说纷繁而瑰丽，关于神农的传说也不止上述几种，但不论哪种说法都反映出炎帝与史前长江文化的密切关系。炎帝与北方黄河流域的黄帝都是中华民族最为重要的历史神话人物。

二、东方的故土

据古人类学家研究，亚洲高原可能是人类的摇篮，而中国长江流域原位于人类起源地的范围之内，当属人类的起源地之一。

关注亚洲早期人类与黄种人和现代中国人之间血缘关系上的连续性，对研究中华民族的起源、形成和发展有着极其重要的意义。中国境内的早期人类是从长江上游的云贵高原逐渐向长江下游和黄河流域扩散、迁徙的。

在1400万至700万年前的亚非欧热带与亚热带的森林地带，出现了"腊玛古猿"的足迹。近年来，在长江流域相继发现了与人类起源有着密切关系的古猿化石，较为典型的有1400万年前的开远腊玛古猿，800万年前的禄丰腊玛古猿，300万至400万年前的元谋腊玛古猿。大概在250万年前的云贵高原上，又出现了"东方人"的足迹，开启了古猿向直立人进化的历程，揭开了中华大地上人类活动的序曲。人类进化史是个漫长的过程。长江流域现已发现的古人类化石，历经了从直立人，到早期智人，再到晚期智人三个人类进化阶段。

在170万年前云南地区出现了元谋人（图1-4），是迄今所知的我国境内公认最古老的直立猿人。元谋人的出现标志着长江流域开始出现原始人类的活动。在元谋猿人化石地层中出土的石器共4件，均为刮削器，而且在地层中还发现有大量炭屑，贾兰

图1-4 元谋人头盖骨复原

坡先生认为是人工用火的遗迹，这样就把人类用火的历史向前推进了100多万年。到大约41.2万年前，在今安徽省和县龙潭洞附近也开始出现直立人的踪迹，在出土的化石中有1个相当完整的头盖骨、1块左下颌骨和9枚牙齿，它的年代距今约为20万年。距今17万至18万年前，在今贵州省黔西县沙井乡井山观音洞所在区域，又出现了"晚期直立人"。在观音洞遗址中，共出土石制品3000余件，以刮削器为主，次为砍砸器和尖状器，

另有少量的石锥、凹缺刮削器和雕刻器等。这是我国迄今在长江以南发现的旧石器时代早期最大的文化遗址，和北京猿人文化分别代表以小石器为主体的旧石器文化传统在中国南、北方的两个支系。此外，在南京汤山也发现了直立人的额骨、眉骨和部分顶骨、颞骨、左面骨等化石，距今约10万年，这是继北京猿人、蓝田猿人、元谋猿人等之后，我国古人类考古的又一重大发现。

早期智人（古人）出现于旧石器时代中期，在文化上仍处蒙昧时代中级阶段。中华大地上最早发现的早期智人化石，是山西襄汾县丁村发现的3枚牙齿。其后，在其他地区续有发现。在长江流域内，有在湖北长阳下钟家湾发现的1块残上颌骨和1枚臼齿。安徽巢湖市银山发现不完整的枕骨、上颌骨各1块和臼齿6枚。贵州桐梓发现门齿、犬齿、臼齿等共6枚，最近有人对这些牙齿进行研究，认为其直立人的性状多于早期智人；同时在桐梓还发现石制品12件，有多面体石核、刮削器、尖状器等。贵州水城硝灰洞的中层为胶结坚硬的黑、灰、红、白、杂色灰烬层，含有炭屑块、烧骨、烧石等。这种用火遗存的堆积，表明早期智人不仅能用火，而且已有生火的可能；同时还发现人骨化石、石制品50多件，有锤、石片、刮削器和尖状器等。在广东曲江马坝乡的狮子山洞穴中，考古学家则发现1个残破的头盖骨和2件砾石器。早期智人打制石器的制作技术和直立人时期相比较，依然是早期的一些类型和加工技术，即使类型稍有变化，技术稍有进步，变化和进步也都是缓慢的。

晚期智人（新人）是人类进化史上的第三个阶段，也是最后的一个阶段，即蒙昧时代高级阶段，或旧石器时代晚期。迄今为止，在中国晚期智人遗址内发现的石器，主要的有石核、砍砸器、石叶、刮削器、尖状器、雕刻器等。这些石器在制作技术上，不仅使用了以往的直接打制法，而且还使用了间接打制法，有的遗址内还发现锥等骨器。这时期人工生火技术较早期智人时期又有了进一步的发展。长江流域已发现晚期智人的人骨化石的地区有四川资阳黄鳝溪（图1-5）、贵州普定县的穿洞、云南丽江木家桥等，将这些人骨化石结合其他地区的资料进行分析研究，发现从体质特征上看，与现代人基本相同，并且已具有黄色人种的大多数基本特征，例如：颧骨较大而向前突出，鼻骨低而宽，鼻梁稍凹，鼻根点并不低陷；梨状孔宽，其下缘不成锐缘而低凹；鼻前棘小，犬齿窝不明显，齿槽突颌程度中等；有下颌圆枕，上门齿呈铲形等。这些现代蒙古人种中常见的体质形态，在中国发现的直立人直到晚期智人中都经常出现，显示它们与黄种人和现代中国人之间存在着连续性，有着亲缘上的继承关系，而长江流域当之无愧为东方黄种人最早的故土。

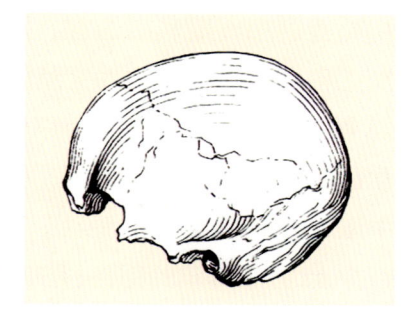

图 1-5　四川黄鳝溪出土的资阳人头骨化石

三、华夏的南源

"华"与"夏"两字同义，"华"即是"夏"，"中华"又称"中夏"，《左传·定公十年》载孔子语："裔不谋夏，夷不乱华。""夏，大也。中国有礼仪之大，故称夏；有服章之美，谓之华。华、夏一也。"所以，"华夏"寓意就是文化繁荣、礼仪道德兴盛。华夏文明，源远流长，给世界留下一个神秘且灿烂的文化宝库，那么如此璀璨的文明，它的起点在哪里？

华夏文明，实际上是以中原为中心，融合了多种部落文明。位于中国南部的长江流域相比于北方的黄河流域，虽在考古发现的数量上相对较少，密度上相对较低，但上山文化、彭头山文化、河姆渡文化、大溪文化、良渚文化、马家浜文化、屈家岭文化、石家河文化、崧泽文化等文明遗迹，昭示着中华文化在长江流域也有着早期发端，是华夏文明的南源。

1. 稻作文明的起源

长江流域以及华南等地区的稻作农业与黄河流域等地区内的粟作农业，是中国史前时期南北的两大农业系统。从现有的考古成果来看，长江流域作为史前稻作文明的源头，以江西仙人洞、湖南玉蟾岩等遗址发现的稻谷为最早，可以追溯到距今 1.2 万年前，但那时人们还处在穴居时代，先民们吃的稻米是野生稻。2000 年 11 月，考古学家在浙江省浦江县首次发现上山遗址，其年代距今 1.1 万年至 8500 年之间。在这个遗址中，考古工作者陆续发现了一万年前属性明确的栽培水稻、迄今最早的定居村落遗迹和大量彩陶遗存。研究表明，上山遗址发现了包括水稻收割、加工和食用在内的较为完整的证据链，由此被著名考古学家、国家文物局考古专家组成员严文明称作"远古中华第一村"。他指出："上山文化已明确了两个世界第一，稻作农业世界第一，彩陶世界第一，它还是中国农耕村落文化的源头。"此后，湖南澧县彭头山遗址也出土有大量距今大约9000年的稻谷、稻壳，充分展现了这里原始稻作农业的发展规模。由此表明，长江中下游地区是我国乃至世界上稻作文明的起源地。

到新石器时代中后期，稻作农业逐渐成熟，河姆渡（图1-6）、良渚文化发展出人工栽培水稻技术，使人类不再依赖野生稻，为华夏文明的诞生奠定了坚实的物质基础。中国目前水稻种植的总面积达5亿亩，占全国粮食作物总面积的1/3，产量占全国粮食总产量的43.8%，是世界上生产稻谷最多的国家，占世界稻谷总产量的1/3以上。由此可见，长江流域史前先民的人工栽培水稻技术，直到现在仍在国计民生中占有极其重要的地位。

图1-6　河姆渡出土的水稻

有人提出长江下游的稻作农业与日本史前时期的绳文时代的稻作农业的产生有着联系。日本学者高岛忠平认为："据考古学资料昭示，北九州地区在绳文时代的后期和晚期，曾是自然生产力相对比日本其他地区更为低下的地区。穷则思变，为迅速改变贫穷落后的面貌，该地区人类及时地利用了与当时文化发达的中国大陆邻近的优越地理条件，通过与中国大陆古代先进文化的频繁交流和接触，经过不懈的努力，终于从实践中学到了中国大陆古文化的先进经验，在日本地区率先掌握了新的能够获取更多粮食的稻作农耕方法，从而成为日本列岛中最早尝到稻作农耕业所带来的丰收甜头的地区。"[①]除此之外，长江流域的稻栽培文化对朝鲜、东南亚以及东南太平洋地区也有着深远的影响。

---

① ［日］高岛忠平著、郑若葵译：《日本稻作农业的起源》，《农业考古》1991年第1期。

2. 蚕丝文明的起源

中国是举世公认的蚕丝的起源地,至于起源于何处,学术界还有不同的意见。有的人认为起源于黄河流域,尤其是黄河的中下游地区,在早期的文献中黄河流域就有种植桑树、饲养蚕的记载。《诗经》中就有不少蚕事活动的记载,可见黄河流域栽桑、养蚕、缫丝的历史相当久远。

从考古资料分析,长江流域将野蚕驯化为家蚕的过程比黄河流域更明确。大约在6500年前,河姆渡遗址第三层发现的牙雕小盅(图1-7)上就刻着蚕纹图案,标志着野蚕开始被驯化为家蚕,到五六千年前崧泽文化时,已有人工栽桑、养蚕的可能。

到距今5000年左右的良渚文化,在吴江梅堰袁家埭良渚文化遗址内,发现一件带柄灰陶壶,腹下部刻有围绕器壁一周的五条蚕纹,每条蚕的头朝向一致,蚕的头部和身躯都与现代的家蚕形象酷似,说明良渚文化时期饲养家蚕的技术更为成熟。更重要的是吴兴钱山漾良渚文化遗址内发现了家蚕丝织品——残绢片和丝带、丝线等遗物(图1-8、图1-9)。所以不论从蚕丝的出现年代上,抑或是由野蚕驯化为家蚕的过程上来说,长江下游都是中国蚕丝起源的地区。而

图1-7 浙江余姚河姆渡遗址第三层发现的象牙制的盖帽形器(牙雕小盅)

图1-8 吴兴钱山漾良渚文化遗址发现的丝带

图1-9 吴兴钱山漾良渚文化遗址内发现的残绢片和丝线

黄河流域是中国又一个蚕丝起源地的可能性也是存在的。

丝绸之所以为人们所喜爱，是由于蚕丝织成的绢帛，轻盈柔软，绚丽多彩。当丝绸向东传至朝鲜、日本，以及向西传至希腊、罗马时，人们赞叹不绝。对沟通中西商业来往的大道，近代德国地理学家李希霍芬在其《中国》一书中，首先称之为"丝绸之路"。这条丝绸之路的开通，对世界物质文明史的贡献，迄今还是中外学术界关注的焦点。

3. 漆器文明的起源

漆树原产于中国，是一种著名的特产。史前先民对漆树的利用，与上述水稻的种植驯化一样，是中国史前文明的一大成就。

在长江流域，河姆渡遗址第三层的木质漆碗（图1-10），在碗壁外表涂有薄薄的一层红色漆。在马家浜文化时，在圩墩遗址发现两件喇叭形木质漆器。到崧泽文化时期，开始把漆用到陶器上，出现漆绘陶器。这种漆绘陶器，一直延续到良渚文化时期，如吴江梅堰、江阴青阳南楼等遗址多发现有漆绘陶器，还在杭州水田畈遗址的3号墓的棺板上发现有红色漆痕迹。由此可见，良渚文化时期对漆的应用已是相当普遍了。更值得注意的是在反山、瑶山两墓地里都发现有髹漆木器，如瑶山9号墓发现的一件朱漆嵌玉高脚杯（图1-11），出土时胎体已朽，但内外壁漆膜保持原状，它的形态与现今的高脚酒杯相似，是已知的中国最早的嵌玉漆器。另外较

图1-10　河姆渡文化木胎朱漆碗　　　　图1-11　朱漆嵌玉高脚杯

第一章 史前的长江文化

有名的漆器有浙江余杭卞家山良渚文化彩绘漆器（图1-12）和跨湖桥文化跨湖桥遗址漆弓（图1-13）、卞家山漆盘（图1-14）、卞家山漆器残片（图1-15）。反山、瑶山髹漆器的发现证明了中国古人对漆的使用进入到一个新的发展阶段。

图1-12 浙江余杭卞家山良渚文化彩绘漆器

图1-13 跨湖桥文化跨湖桥遗址漆弓

图1-14 卞家山漆盘

图1-15 卞家山漆器残片

黄河流域的山西襄汾陶寺遗址的墓地里，发现了漆皮，其年代大约距今4800年，比长江下游地区年代晚。尽管黄河流域一带古代就有种植漆树、用漆的记载，如《禹贡》记载"兖州厥贡漆丝"。《诗经·国风》记载"山有漆，隰有栗"等等。不过，黄河流域发掘了那么多的史前遗址，只在陶寺遗址的墓地里有使用漆的遗迹，不能不使我们认为其有受长江下游史前人们影响的可能。这个问题要想解决，还有待于考古资料的积累以及进一步的分析研究。

漆器制造是中国的一种传统手工业，已有六七千年的历史了。它在史前及以后时期流传到日本等许多亚洲国家，成为一门独特的手工业。中国漆器开始西传，大约是经波斯人、阿拉伯人之手传到欧洲，很受当地人们的欢迎。

4. 玉器文明的起源

中华民族是一个爱玉的民族。在中国古代文献中,"玉"这个字都含有褒义,人们进而将玉道德化、人格化。直到近代,人民群众中还普遍存在着爱玉的心理,对玉有着特殊的思想感情。这种思想感情是源远流长的。在长江流域,距今七八千年的余姚河姆渡遗址、太湖地区的马家浜文化、宁镇地区的北阴阳营文化等,都发现有玉器。

在中国古代,玉不是实用的器物,而是一种神物,是一种礼仪用器,象征王权、军事统率权。因此,玉器在中国古代人们的社会生活中具有重要意义,尤其是成组的玉礼器的出现,更值得重视。在新石器时代后期,青铜时代尚未到来之际,出现了玉制礼器,良渚文化中频繁出现的玉琮(图1-16)是其中的典型代表,尽管在时间上的跨度并不长,但表现了中国古代社会发展中的一个特点。张光直先生说:"玉器时代在中国正好代表从石器到铜器的转变,亦即从原始社会到国家城市社会中间的转变阶段,而这种转变在中国社会史上有它自己的特征。玉琮在中国古代文明史和社会进化史上的重要性在此。"[①]

图1-16 良渚刻纹玉琮王

此外,在长江流域的史前文明中,象牙器制造业、编织业和镶嵌业等等,都对华夏物质文化的发展有着较大的影响,对中国传统手工业的形成和发展作出了应有的贡献,有利于各族人民提高自身的生产水平,满足生活上的需求,对中华民族的形成起到了重要的作用。

从上述的分析阐述中,我们可以看到史前时期的长江文化是灿烂的,它生机勃勃地向前发展,不仅为中华文明的产生和发展作出了卓越的贡献,而且对海外地区文明的发展或早或晚起到了推动作用。尤其是稻作、蚕丝等方面的贡献,迄今仍为人们所关注,成为研究中西关系史上的一个重大课题。

---

① 张光直:《中国青铜时代》,三联书店1990年版。

第二节
走出洪荒：文明的发展

当我们将目光转向长江，沉下心，感受她、欣赏她、理解她、思考她、谈论她时，隐匿在现代视野的束缚与遮蔽下的河流，渐次显现。在远古的传说里，大洪水带来了对秩序的摧毁与重建。长江先民对河流的最初审美，大概萌发于他们在陶器上刻画水波纹的那一刻。这缕文明的曙光将生命与长江山水缠绕一处，照亮了人类文明发展的前路。

一、古老的城邦

城市是经过一个很长时间的发展过程才产生的。在中华大地上，史前时期城市的出现，总的来说有这么一个过程：在公元前 8000 多年前，由于农业的产生，开始有了定居生活；到公元前 8000 至公元前 6000 年，有了聚落；到公元前 6000 至公元前 4000 年，产生了中心聚落（市镇）；到公元前 4000 至公元前 2000 年，出现了城市。城市的出现，是中华古代文明社会的一个重要特征。

长江流域的史前文化，同样有由定居演变、发展到城市出现的这一过程，以长江下游地区为例：

浙江浦江县上山遗址，距今 11400～8600 年。我们从测定的年代以及出土的遗迹、遗物分析，它处在定居向聚落转化的过程中，并向完成聚落形态的方向迈进。

到距今约 8000～7000 年前的跨湖桥遗址时期，从其面积较大等现象分析，认为它已是一座聚落遗址，并有可能向中心聚落发展的迹象。

到距今约 7000 年的河姆渡遗址，从遗址的规模、居住的人口等方面可以得知，这是该地区的一处中心聚落遗址。

距今约7000年的浙江桐乡罗家角马家浜文化遗址，东西长约400米，南北宽约300米，面积约12万平方米。

上海市青浦区的崧泽遗址，从考古资料来分析，也不可能是一般性的遗址，当是具有中心遗址的地位。

崧泽文化之后，为良渚文化时期。由崧泽文化时期的中心聚落遗址，进一步演变为城市。2007年，浙江省文物考古研究所经过一年的钻探，最终确定了总面积约300万平方米四面有围合城墙的良渚古城遗址。良渚古城发现之后，浙江省文物考古研究所选择了对四面的城墙进行解剖发掘，发掘面积共计2745平方米。经过发掘知道，四面城墙的堆筑方式与土质基本一致，叠压着城墙边缘的生活堆积也都属于良渚文化晚期，因此，这座城的使用年代的下限不晚于良渚文化的晚期，经碳-14测年，距今4300年左右。良渚古城具有完整的都城结构，由内而外依次为宫殿区、内城、外郭城和外围水利系统，成为中国后来都城结构的滥觞。整个都城系统历经5000年尚能保存如此完整，世所罕见，这为中国城市史的研究提供了重要资料。2007年11月29日，浙江省文物局与杭州市人民政府举行了新闻发布会，正式宣布良渚古城的重大发现。良渚古城自此被誉为"中华第一城"。

这座城市从其结构上分析，具有浓厚的礼仪性。这种现象，与惠特利认为世界上第一批中心都市都具有强烈的礼仪性[1]是相符的。2010—2016年，浙江省文物考古研究所开始对莫角山进行持续不断的考古发掘工作，至2016年，基本了解了莫角山宫殿区内的围沟、房基、沙土广场、沙土面、石头墙基等大型遗迹的分布情况，取得了突破性的进展。整个莫角山宫殿区内共发现房屋台基35座、围沟1处、石头遗迹若干（图1-17）。[2]

---

[1] ［美］乔纳森·哈斯：《史前国家的演进》，罗林平、罗海钢、朱乐夫、陈加贞译，求实出版社，1988，第190页。

[2] 浙江省文物考古研究所：《余杭莫角山遗址1992—1993年的发掘》，《文物》2001年第12期；刘斌、王宁远：《2006—2013年良渚古城考古的主要收获》，《东南文化》2014年第2期。

第一章　史前的长江文化

图1-17　良渚古城宫殿模拟图

除长江下游地区外，考古人员还在湖南澧县城头山遗址（图1-18）进行发掘，发现了被认为是"屈家岭文化"时期的城址。据考古资料所载："城址平面呈圆形，由护城河，夯土城墙，东、南、西、北四门和城西南的夯土台基组成，至今保存基本完好。"①

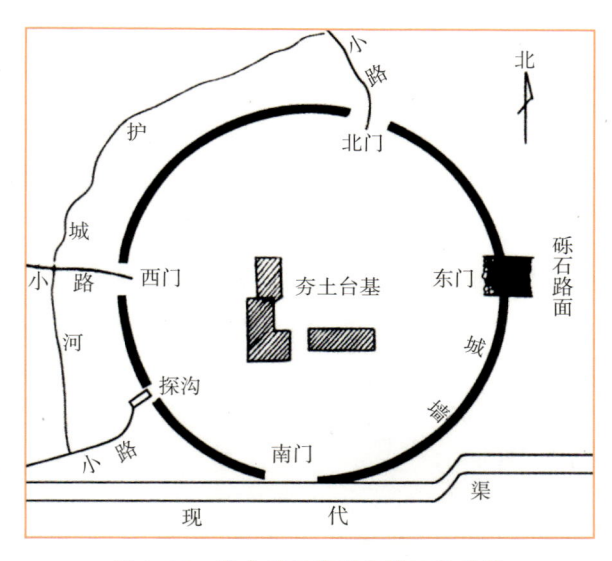

图1-18　湖南澧县城头山城址平面图

江汉地区迄今发现的史前古城，包括新发现的石家河古城内的谭家岭古城，已有20座之多。其中，谭家岭古城在屈家岭文化时期进行了大规模的外围扩建，包容众多聚落而重新开挖环壕、堆筑城墙，逐步形成面积达120万平方米的石家河古城中的城中城。繁荣昌盛于屈家岭文化早中期的城头山古城，其城墙和护城河是在大溪文化时期的垣壕基础上增筑和扩挖而成的，其城中有与大溪文化

---

① 单先进、曹传松：《澧县城头山屈家岭文化城址被确认》，《中国文物报》1992年3月15日。

015

时期古城大致相同的功能分区，但规划格局有了变化。阴湘城遗址可以看出的城区布局大致是：东、西部可能属居住区遗存，中部低洼处则可能是稻作农业区，西部偏南可能为墓葬区。石家河古城可以看出的城区布局大致是：中部及东北、东南部主要是居住生活区，西北部主要是墓地和祭祀场所，西南部或主要为手工业作坊区等，且城内还有农田。[①]

中国史前时期城址，以目前的考古资料分析，除出现于长江流域外，还出现在黄河流域的河南、山东两省内，在河南的有淮阳的平粮台、郾城的郝家台、登封的王城岗、辉县的孟庄等；在山东的有章丘的城子崖、邹平的丁公、寿光的边线王等。其中郝家台城址的建筑年代是在距今4600年以前，与城头山城址的年代大体相似，是现已发现的城址中年代较早的。

二、图腾的崇拜

在史前时期，许多有血缘关系的亲属集团，把图腾作为其同一的祖先，奉其为保护神。至于图腾的对象，有动物，有植物，也有非生物，甚至有自然现象。

图腾的起源，一般认为始于旧石器时代中期，盛行于旧石器时代晚期，到新石器时代开始走向衰落阶段。图腾是一种最古老而神奇，同时又是有相当大影响力的文化现象，例如良渚反山M12所出玉琮所刻神徽即是一种图腾（图1-19）。文化随社会的发展而发展，没有长期存在而不演变、不发展的文化。文化发展的进程，有快有慢，这是客观现实。图腾文化当然也不例外。

石兴邦先生认为："从新石器时代起，我国东方沿海和东南地区就形

图1-19 反山M12:98玉琮竖槽中的神徽

[①] 蔡靖泉：《江汉地区三苗酋邦的昌兴——屈家岭文化遗存的历史学考察》，《长江大学学报（社会科学版）》2018年第2期；袁建平：《试论中国早期文明的产生——以湖南城头山地区古代文明化进程为例》，《中原文物》2010年第5期。

成了一个独特的历史文化体系,它是构成中华民族原始共同体的一个重要组成部分。"又说,这地区内的"这些文化因素中,各氏族部落对鸟的崇拜占着重要的地位"。[①]良渚文化分布范围正是在这一地区内,他们对鸟崇拜的表现形式,主要反映在陶器和玉器上。

在陶器方面,上海市青浦区福泉山良渚文化遗址出土的陶鼎(M65:90),为夹砂黑衣红陶,口径26.4厘米,全器通高25.8厘米,是一件大型器。外表打磨光滑,有盖,盖作笠形,全器自盖至三足外侧,满布鸟首盘龙(蛇)纹。豆(M101:90),豆盘外壁在凹弦纹下,细刻鸟首盘龙(蛇)纹和侧视与正视飞鸟纹,盘内壁刻画侧视飞鸟纹。豆把上饰有七周凸棱,成为竹节形,在两凸棱之间细刻侧视和正视飞鸟纹。不论飞鸟纹或盘龙(蛇)纹,体内均填刻横直线与云纹组成的图案。双鼻壶(M74:166),盖和圈足上细刻飞鸟纹,颈部满刻鸟首盘龙(蛇)纹,腹部细刻飞鸟纹和鸟首盘龙(蛇)纹;双鼻壶(M74:66),颈和腹上部以及圈足上刻谷粒形纹作地的几何形鸟纹,腹下部细刻飞鸟纹;双鼻壶(M65:1),盖、颈、腹和圈足满刻鸟首盘龙(蛇)纹;双鼻壶(M128:1),颈部刻正视小飞鸟作地的侧视飞鸟纹,腹部刻鸟首盘龙(蛇)纹,圈足上刻曲握形的云纹。阔把壶(M65:2),外表打磨光洁,其上细刻纹饰,流下刻正视飞鸟纹,腹部以旗形曲折纹为地,上刻几何形鸟纹。[②]其他较著名鸟纹器物还有河姆渡遗址所出双鸟朝阳纹象牙雕片(图1-20、1-21)。

图1-20 浙江余姚河姆渡遗址出土的双鸟朝阳纹象牙雕片

图1-21 河姆渡文化双鸟朝阳纹象牙雕刻线绘图

[①] 石兴邦:《我国东方沿海和东南地区古代文化中鸟类图像与鸟祖崇拜的有关问题》,载《中国原始文化论集——纪念尹达八十诞辰》,文物出版社,1989。
[②] 黄宣佩主编《福泉山》,文物出版社,2000,第98-104、111-112页。

在玉器方面，良渚文化玉器上的鸟纹和玉鸟（图1-22）的数量是相当多的。它的社会功能，有的学者认为与巫术和图腾信仰有关。为什么把图腾标志物的立鸟刻在璧、琮上？这可能与《周礼·春官·鸡人》

图 1-22 浙江余杭反山良渚墓地出土的玉鸟

中说的"驵圭、璋、璧、琮、琥、璜之渠眉，疏璧、琮以敛尸"有关。根据古人的解释，璧、琮有通天地的神奇功能，把祭坛的形象和图腾标志物——鸟刻在璧、琮之上，以此可以告知天地间的神灵，这祭坛和墓主人是崇拜鸟图腾的。上述已提出立鸟的形态各异，反映了鸟图腾崇拜的差异，可能与东夷族的少昊氏族部落内各氏族以鸟为名号有关。正如《左传·昭公十七年》郯子的一次表述那样："我高祖少皞挚之立也，凤鸟适至，故纪于鸟，为鸟师而鸟名。凤鸟氏，历正也；玄鸟氏，司分者也；伯赵氏，司至者也；青鸟氏，司启者也；丹鸟氏，司闭者也；祝鸠氏，司徒也；雎鸠氏，司马也；鸤鸠氏，司空也；爽鸠氏，司寇也；鹘鸠氏，司事也。五鸠，鸠民者也。五雉，为五工正，利器用，正度量，夷民者也。九扈为九农正，扈民无淫者也。"郯子所说的十个氏族，只是在少昊的氏族部落内负有职责的。若连同没有担任职责的，当然还要多。良渚文化璧、琮上刻印的不同形态的鸟形纹，可能也与这种情况有关。

三、文字的起源

研究中华古代文明起源的学者，多关心文字的产生。但文字并不是文明起源必不可少的因素，如南美洲的印加文明，已有强大的国家，却没有文字。尽管如此，文字仍是文明起源的一个重要因素。从中国古代史分析，殷商时期已有了甲骨文，记载历史事件和事迹。甲骨文是相当进步的文字，因此它绝不是文字产生的开端，文字的产生到甲骨文，必然还有相当长的一段发展过程。

20世纪70年代初，学者认为黄河流域仰韶文化半坡遗址彩陶上发现的那些刻画记号，可以肯定地说就是中国文字的起源，或者中国原始文字的孑遗，而大汶口文化陶器上的刻符，与甲骨文、金文有一定联系，应是原始文字。

长江流域史前时期的文字，也经历了像仰韶文化那样的一个时期，如在宜昌杨家湾大溪文化遗址的陶器上，人们发现了与半坡遗址相似的刻画符号（图1-23）。

良渚文化的刻画符号（图1-24）也很多，其始见于1935年何天行先生调查良渚遗址时发现的一件椭圆形黑陶豆盘上。这件黑陶豆，虽是调查时发现的，但它具有良渚文化陶豆的特点。在何天行1937年出版的《杭县良渚镇之石器与黑陶》一书中，作者认为这件陶豆上的刻符是"原始的图像文字"，它的年代必早于甲骨文和金文。

图1-23　湖北宜昌杨家湾大溪文化刻画符号

马桥良渚文化陶杯符号　　澄湖良渚文化陶罐符号　　良渚文化陶盘符号

图1-24　余杭良渚文化陶罐符号

良渚文化陶器上的刻画符号（图1-25、图1-26、图1-27）大体上可分为象形和指事两大类，这些文字的性质，可能与纳西族的东巴文相类似，也可能与商周的文字为同一系统，但可以肯定的是良渚文化存在文

图1-25　良渚文化陶器上的文字符号

图 1-26　良渚文化庄桥坟遗址石钺上的原始文字

图 1-27　良渚文化陶壶圈足上的刻文

字，而且那些文字是汉字的始源。因此，我们可以说，良渚文化已有文字的产生，是符合当时实际的。

李学勤先生认为："良渚文化与殷商文化有着一定的联系，如殷墟玉器除继承二里头文化的玉器传统之外，更多地继承了良渚文化玉器的品种，尤以纹饰中的兽面纹、云雷纹引人注目。"又说："良渚文化玉雕工艺水平比较高，传入中原后为商文化所发展。"[①] 对于良渚文化传世玉器上的刻画符号，已有学者进行分析研究，认为有"炅""鸟""山""封""燕""冠形符号""珏""目""石""菱形符号"等14种。在数量上超过了大汶口文化的陶器符号，有些符号与大汶口文化的陶器符号相一致，如"炅""封"、五峰的"山"等。我们将良渚文化玉器和大汶口文化陶器的刻画符号释为文字，仅仅是一种试验。然而可以肯定，良渚文化的文字已有用数字组成的有意义的文句，即将要走上以文字来记载历史的道路。

---

① 李学勤：《余杭安溪玉璧与有关符号的分析》，载《文明的曙光——良渚文化》，浙江人民出版社，1996。

第三节
迈向文明：后世的基石

纵观长江文化的发展史，史前先民的衣食住用行，以及经济、文化等多方面的活动，为长江史前文化已迈向文明时代的论断增加了重要的论据，也由此构成了后世华夏文明的基石。

一、农耕的曙光

社会生产力的发展，是推动社会演进过程中质变的原因，也是促进文明形成最重要的因素。

随着长江流域农业生产的发展，良渚文化时期农业生产已由耜耕阶段（图1-28）进到了犁耕阶段。犁耕的普遍采用，使粮食生产量大幅度增加，为手工业生产者提供了必要的生活资料，使他们能从农业生产中解放出来，有了可靠的生存保障，从而产生了农业与手工业的大分工。手工业生产者可以全力去从事他的生产活动，钻研他的生产技术，比较全面地总结前人的生产成果。在这样优越的生产条件下，手工业生产自然会迈上一个新台阶，出现了欣欣向荣的新气象。这个新时期，在年代上分析，距今约5000～4000年；若以考古学文化为对象分析，大体是与太湖地区的良渚文化、江汉地区的屈家岭文化的中晚期，和其后的石家河文化同时期。

图1-28 浙江余姚河姆渡遗址出土的骨耜

这时期的手工业生产也与农业生产的发展

密切相关。在农业生产由耜耕进入到犁耕阶段时，手工业生产随之出现了腾飞跃进的势头，制陶业由泥条盘筑法的手制，进展到快轮制陶；玉器、漆器、蚕丝、竹器等制造业出现，并以空前的速度发展，还有新出现的镶嵌手工业，也呈现出一片繁荣的景象。

农业和手工业生产，仅代表长江流域史前文明发展水平的一个方面，而更值得注意的是艺术及建筑技术的发展，它们对于衡量长江史前文明发展水平更为重要。

二、音乐的诞生

原始音乐是和舞蹈密切联系在一起的。在史前时期，长江流域的远古先民往往用音乐来伴舞伴唱，从而使音乐、舞蹈和诗歌融合成一个自然的整体。

埙和哨是长江流域远古先民最为常用的乐器，具有悠久的历史。河姆渡遗址中出土的陶埙和骨哨，是世界上迄今发现的最早的吹奏乐器之一，已有7000年左右的历史。陶埙在河姆渡遗址第四文化层中出土有2件，埙身呈鸭蛋形，中空，一端有一小吹孔。骨哨在河姆渡遗址中出土较多，仅第一次考古发掘时就在第四文化层中出土了45件之多。除河姆渡遗址外，马家浜遗址和吴江梅堰遗址也发现过相似的骨哨。湖南高庙遗址、辰溪松溪口遗址与征溪口遗址中出土有一音孔骨哨，骨哨音孔开孔于管身，属吹管乐器类。

陶响球在大溪文化中极为盛行，屈家岭文化中也较多见篦点纹空心陶响球（图1-29），有时会有彩陶球。这种中空的陶质球形器是我国新石器时期音乐文化的主要考察点之一。在湖南出土的新石器时期音乐文物中，主要有陶响球、陶鼓与骨哨等等。湖南新石器时期的陶响器，应可如苗族伴舞所用响器"金铎"或民族歌舞中的哗啷棒一般摇奏，用于为湖南新石器时期的原始乐舞伴奏。

图1-29 湖北京山屈家岭遗址出土的陶响球

陶鼓是我国原始艺术文化打击乐器类的代表，是我国远古文化发展的主要标识之一。从考古实物可知，鼓在我国原始社会的后期，其形制已基本定型。陶鼓在长江流域的史前文化遗址中多有出土。陶鼓相对普通陶罐而言，更应具备蒙革条件，例如澧县三元宫遗址屈家岭文化晚期墓葬所出土的陶罐便具有作为陶鼓使用的可能性。

上述这些乐器在长江流域史前时期文化遗址中出土，表明史前时期长江文化中的原始音乐已发展到了一定的高度，应在中国音乐发展史中占有一席之地。新石器时代的乐器虽然在中国南北均有发现，但乐器的种类呈现出各自的特色，显示出古代音乐文化的区域差别。

三、建筑的杰作

干栏式建筑是江南地区一种有地方特色的居住房屋（图1-30）。从居住形式上看，干栏式建筑成为长江流域及其以南地区的一种主要建筑形式，北方地区则是从地穴式、半地穴式建筑，逐渐发展成地面建筑，它们属于两个不同的系统。

余姚河姆渡遗址第四层发现了距今约7000年的干栏式建筑。这种建筑的特点是立木桩构成框架，建成高出地面的一种房屋形式。它适宜于长江流域及其以南地区多沼泽、湖泊，又有充沛雨量的潮湿地带。直到现在，在科学发达、建筑技术进步

图1-30 河姆渡文化干栏式建筑模型

的条件下，还可见到这种干栏式建筑或其遗迹。其建筑构件及结构可参见图1-31、图1-32。

世界干栏式建筑的居住房屋，从考古发现的实物资料来看，以中国为最早。考古发现表明，中国干栏式建筑的历史可追溯到距今1万年前后，新发现的遗存不仅能说明它的形制结构，还能证明这种形制的建筑主要流

行于长江以南地区。它经过了一个漫长的发展阶段，是在建筑的实践过程中，不断地总结提高而取得的成果。所以，干栏式建筑在中国初次产生的年代，还得往前推，而确切的可靠资料的获得，还是有赖于考古工作者的田野发掘。

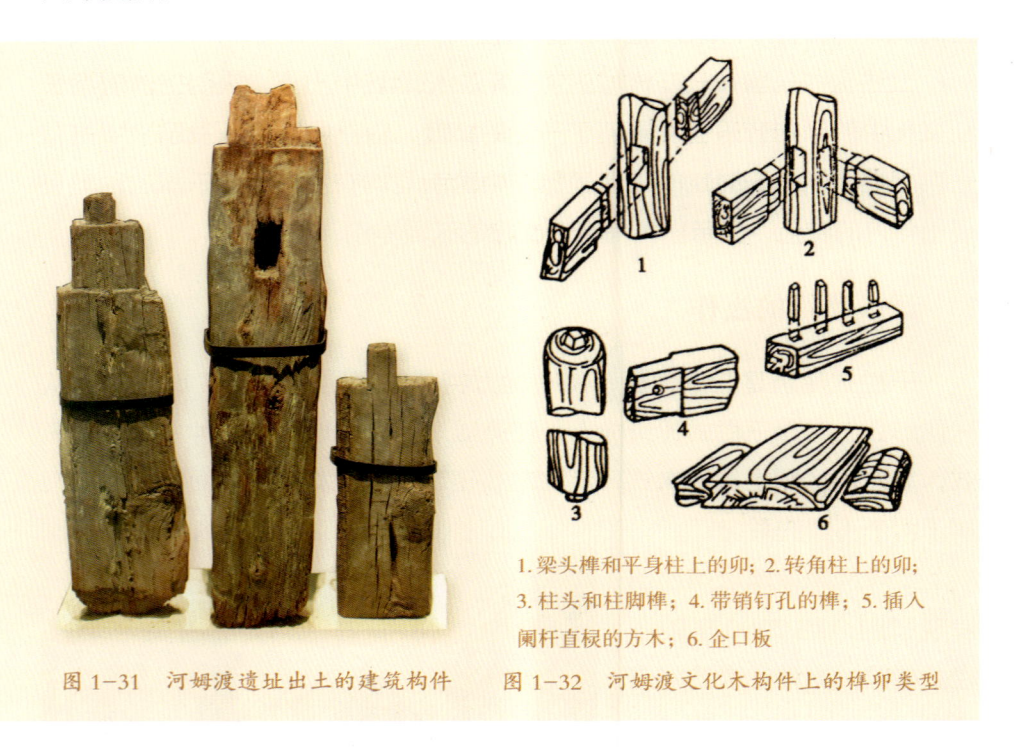

图 1-31 河姆渡遗址出土的建筑构件　　图 1-32 河姆渡文化木构件上的榫卯类型

1. 梁头榫和平身柱上的卯；2. 转角柱上的卯；3. 柱头和柱脚榫；4. 带销钉孔的榫；5. 插入阑杆直棂的方木；6. 企口板

潮湿的地理环境、盛产竹木的自然条件，使长江流域的先民为了求得生存，避免自然环境对人的危害，普遍兴建起干栏式建筑。这里还得考虑：史前时期的中国，是否与东南亚等地的人们已通过海道而产生彼此间的交往呢？事实上，中国史前时期的有段石锛，作为加工竹木的重要工具，就曾影响了南洋、太平洋诸岛屿的人们，那么，中国史前时期的干栏式建筑对东南亚产生影响，也就不足为奇了。

第二章 夏商周三代的长江文化

从夏商周三代到明清两朝的数千年时间里,中国的政治文化重心多处于以黄河下游为中心的中原地区,于是黄河流域被认为是华夏文明的起源地或「摇篮」,称为「黄河文明」。但随着现代考古的深入,越来越多的考古发现证明,长江流域文明比黄河文明更早、更发达。夏商周三代的文化传承是中国历史上的重要组成部分,在长江流域同样留下了灿烂的印记。

第一节
大禹：夏代的故事

考古研究发现，长江一线的文明，在距今4200~4000年前有一个整体消失的现象，其原因是什么呢？尽管现在尚无法对该问题作出合理的解释，不过这一时期，诞生了以祭祀、礼仪和音乐为主的夏朝文化。在夏朝，出现了中国古代文化的奠基者——夏后氏族，为长江流域带来了新的文化生机。

一、大禹治水

在中国上古典籍中，夏朝的创建者大禹是个把中国从一次空前的特大洪水中拯救出来的英雄。夏禹治水，在中国最早的历史文献《尚书》中就已记载甚详，这也是中国人耳熟能详的传说故事。

上古时代，洪水给人类造成巨大的威胁。那时候，草木横生，河道不畅，连绵的大雨一下，水患跟着就来了。只见咆哮的洪峰奔腾而下，排山倒海般扑向下游，汹涌的洪水冲破堤坝，一下子便冲毁了房屋，淹没了庄稼。人们无处可逃，许多人葬身鱼腹。洪峰过后，到处是白茫茫的一片，躲在高处侥幸逃脱的人们，眼巴巴地等待洪水退下。好不容易盼到洪水消退，原野一片荒芜，地里颗粒无收。

公元前23世纪，一场轰轰烈烈的治水大战开始了。当时的天子尧，委派鲧率领百姓治理水患。鲧用"水来土掩"的老法，带领百姓修河堤，筑堤防。可是，这办法收效甚微。洪水像脱了缰的野马奔腾直下，势不可当。河堤无法使它就范，反倒被它冲垮。九年之后，天子尧见鲧治水没有成效，下令将他处死，随后命鲧的儿子禹继承父业，继续治理水患。禹改用疏导的方法，将洪水引入大海。

大禹（图2-1）将中原一带划为九个大州，如同一个巨大的井田制九宫格，以长江、黄河为两横，江河的上游、中游、下游为三竖，将中国正好分为九大块。规定每州出3万民工。27万人的治水大军，在九州大地上向洪水宣战。由于长期浸泡在水中，大禹的趾甲全都脱落了，部下劝他注意休息，他摇摇头继续拼命地干。遂公盨铭文（图2-2）中就记载了大禹治水的故事。

图2-1　山东省嘉良县武梁祠东汉画像石大禹像拓片

图2-2　记载大禹治水的遂公盨铭文拓片

后来，大禹在巡视治水的途中娶了涂山氏之女。大禹没有来得及与她举行结婚典礼，就到南方巡视去了。涂山氏之女在涂山南面迎候大禹，可是大禹因忙于治水，三次路过自己的家门，都未能进家门看一看。于是涂山氏之女作了一首歌，歌里唱着对大禹的思念，传说最后她化作一块望夫石。大禹治水归来，看到化作石头的妻子，不觉悲从中来。就在这时石像崩裂，一个男婴呱呱坠地，大禹给男婴取名为启。启长大后建立了中国历史上的第一个朝代——夏朝，被后世尊称为夏启。

二、禹征"三苗"

"三苗"，别称"有苗"或"苗民"，是一个庞杂的族系，或可称为苗蛮集团。三苗的"三"，恰如"九黎"的"九"，是说他们族群纷繁，部落众多。三苗的年代，大致与尧舜禹的年代相当。

三苗活动范围在南方地区的长江中游，《战国策·魏策一》记吴起说："昔者三苗之居，左彭蠡之波，右洞庭之水，文山在其南，而衡山在其北。"后代的注家，都以"彭蠡"为今天江西的鄱阳湖，"洞庭"为今天湖南北部的洞庭湖，但《战国策》所言左、右，与实际方位相反，故《史记·吴起列传》等史籍正之为："昔三苗氏，左洞庭，右彭蠡。"所言"衡山"，可能是伏牛山。"文山"则不能确指，大致范围在鄱阳、洞庭之间，今湖北、湖南、江西一带，这一区域与考古学上屈家岭文化和石家河文化的分布范围基本相当。

三苗文化与夏文化，至少有下列区别：

其一，道德观念和行为准则不同。《尚书·大禹谟》记："蠢兹有苗，昏迷不恭，侮慢自贤，反道败德。"

其二，装束不同。《淮南子·齐俗训》记："三苗髽首，羌人括领，中国冠笄，越人鬋发，其于服一也。""中国冠笄"指中原部落以戴冠插笄为俗。黄河中游的仰韶、龙山文化，正是大量使用骨笄或石笄的；而据洛阳王湾的考古发掘报告，年代愈晚这些器物数量愈多；直至商周，仍为中原风俗。三苗的"髽首"，据《左传·襄公四年》杜注和孔疏引郑众说以及《淮南子·齐俗训》高诱注，都以为是用枲麻束发而结，《左传·襄公四年》孔疏引马融说以为乃"屈布为巾"，引郑玄说以为乃"去纚而作"。总之，是不用簪笄的。在三苗文化的遗存中，仅青龙泉遗址的第二、三期出土了骨笄。但那里靠近中原，接受仰韶、龙山文化系统的因素颇多，出现骨笄不足为怪。而从长江中游这个文化系统的自身因素来看，却是不用发笄的。

其三，原始信仰不同。《国语·楚语》记昭王问于观射父，观射父对曰："古者民神不杂……及少昊之衰也，九黎乱德，民神杂糅，不可方物。夫人作享，家为巫史，无有要质……其后，三苗复九黎之德，尧复育重黎之后，不忘旧者，使复典之。"按，三苗之先为缙云氏，相传为九黎之后，或谓蚩尤即九黎之君。这一族系"家为巫史"，可见盛行巫术，与中原"民神不杂"不同。

其四，图腾崇拜不同。《山海经·海内经》记："有人曰苗民。有神焉，人首蛇身，长如辕，左右有首，衣紫衣，冠旃冠，名曰延维，人主得而飨之，伯天下。"郭璞注：延维，"委蛇"。可见三苗崇奉蛇图腾，而夏人是崇拜龙的。

凡此种种，都表明三苗是与夏人相异的蛮夷族群，因而被夏人视为"非帝子孙"的"凶族"。① 在三苗与夏人之间，曾多次发生冲突。

最大的冲突有两次。第一次在距今4000多年前的尧、舜之际，《史记·五帝本纪》所云："三苗在江淮、荆州数为乱。于是舜归而言于帝，请流共工于幽陵，以变北狄；放驩兜于崇山，以变南蛮；迁三苗于三危，以变西戎；殛鲧于羽山，以变东夷。"这些争战，实际上是以尧、舜为领袖的北方部落联盟，为掠夺财富和奴隶，与南方苗蛮集团的三苗部落展开的。开始，尧在丹水（今陕、豫、鄂境之丹江流域）打败三苗，三苗不服。舜时，亲征三苗，一直打到今天的洞庭湖一带。当时三苗的主体仍在长江中游，势力仍然不小，以致"舜征有苗而死"，"葬于苍梧之野"。

第二次即"禹征三苗"。当时三苗地区发生了大地震，三苗集团内部出现了分裂，大禹继尧、舜之后乘机对三苗发动大规模进攻。他在誓师动员时说："三苗不敬鬼神，滥用刑罚，违背天意作乱，上天现在号令我们要对它进行讨伐。"决战开始，战斗十分激烈，互有胜负。突然，战场雷电交加，三苗领袖不幸被乱箭射中，苗师大乱，溃不成军。从此，三苗部落逐渐衰亡。最后，大禹以德令三苗折服，征服了三苗（图2-3）。石家河古城遗址和禹会村南祭祀遗存的考古发现，正是这场战争的有力佐证。

图 2-3　传说中大禹在春神句芒的帮助下，战胜了三苗部落

三苗被夏人击败之后，似乎销声匿迹了。生活在今湘西、黔东的苗族，

---

① 以上参见俞伟超：《先楚与三苗文化的考古学推测》，《文物》1980年第10期。

相传他们的祖先跨过大江，跨过大湖，从太阳升起的方向来到太阳落下的方向，这或许就是当初三苗战败后南迁的写照。禹（图2-4）代表的夏人群体，与其相对应的考古学文化或谓龙山晚期文化，或谓二里头早期文化，关系应是十分密切的。长江中游地区诸新石器文化类型，发展至相当于二里头文化期之时突然中断了。一支来自黄河中游的文化，通过南阳盆地，沿着随枣走廊直插江汉地区的腹心，使长江中游的文化面貌突然发生变异，与"禹征三苗"的记载正相吻合。特别是在湖北地区，以石家河文化所代表的父系氏族社会随之而解体，夏文化已经渐渐南传至湖北地区，湖北历史从此进入被称为"青铜时代"的夏商周时期。

以"禹征三苗"为契机，以长江中游和黄河中游为主体，中国的两大文明起源带紧密地联系在一起，从而促进了南北文化的交流、融合与发展。这场"禹征三苗"战争，实现了全国统一的政治局面，巩固了夏王朝的统治地位。

图2-4 马麟绘《禹王像》

三、禹的后裔

越人分布在长江中下游，其族源众说纷纭。"越为禹后"说出现得最早，影响也最大。《史记·越王句践世家》记："越王句践，其先禹之苗裔，而夏后帝少康之庶子也。封于会稽，以奉守禹之祀……后二十余世，至于允常……允常卒，子句践立，是为越王。"其他史籍如《吴越春秋》《越绝书》等所记，都大同小异。也有学者对此说提出疑问甚至完全否定，认为："《史记》言越王句践为夏禹之后，此不过越人托古之辞。""夏是北方民族，越是南方民族，两不相干。"①

---

① 林惠祥：《中国民族史》，商务印书馆，1936；卫聚贤：《吴越民族》，载吴越史地研究会编《吴越文化论丛》，江苏研究社，1937。

说"越为禹后"虽有托古之嫌，但考古资料表明，古越族在其早期发展过程中，确实曾经受到中原文化的影响。上海马桥遗址第四层出土的三足盘、觚、鸭形尊、豆、簋、圜底盘、圈足状捉手器盖等器物的形制与二里头文化中的同类器十分接近。邹衡先生认为马桥文化中"突然出现了大批二里头文化因素"[1]。这些二里头文化因素多属二里头文化期偏晚或第二至三期之际，由此，有些学者认为二里头文化因素大量涌现在马桥文化中正值中原夏、商之际。

曾有人指出：夏桀时，殷族西进，驱散了夏族，占领了中原。夏族的遗部如杞、鄫等，仍留居中原，与殷族混合，其余则有经苏皖而迁徙到江浙的，是为后来之吴越。此说于史不为无征，如《尚书·仲虺之诰》记："成汤放桀于南巢。"南巢的地望，当在今安徽巢湖附近。江淮地区一批富含二里头文化因素的古文化遗址，似与桀奔南巢有关。从安徽潜山薛家岗、含山大城墩、肥西大墩孜、肥东吴大墩、寿县斗鸡台、霍邱小烟堆等遗址中，出有鼎、鬹、盉、豆、爵、盆、瓮、缸、圆腹罐等陶器和铜铃，都与二里头文化同类器物十分接近，可能是夏族遗民南迁留下的文化遗存。桀"与末喜同舟浮江""与末喜、嬖妾同舟，流于海"等记载，或许即暗示夏族遗民的一支经过江淮，渡江南下或顺江东下，来到太湖流域，与当地土著居民共同创造了以印纹硬陶为特色的青铜文化，即马桥文化。

既然在越人中有夏人遗裔，那么说"越为禹后"就不全是附会了。越族并非单一民族，而是若干有某些共同文化特征的民族单位的统称。《汉书·地理志》颜注引臣瓒语："自交趾至会稽七八千里，百越杂处，各有种姓，不得尽云少康之后也。"事实上，夏文化对长江流域各区域同时期文化的影响，或强或弱，不能一概而论。但中原得文明风气之先，向长江流域播散，是不能否认的。

四、禹葬会稽

考古学家徐旭生先生在梳理了所有关于夏朝疆域的记载后，认为夏朝

---

[1] 邹衡：《江南地区诸印纹陶遗址与夏商周文化的关系》，载《文物集刊》第3集，文物出版社，1981。

的中枢存在于黄河流域：一个是河南中西部崇山周边地区，特别是登封、禹州一带；另一个是山西南部的汾河下游地区。

尽管如此，与"越为禹后"的传说近似，长江沿线还留存着多处传说中有关夏禹和其他夏王、夏人的史迹，即所谓禹迹。这与夏文化的南渐也不无关系。这些"禹迹"分布在四川、湖北、安徽、江西、浙江等省。传说中，夏朝的奠基者大禹生于石纽，娶于涂山，会诸侯于会稽山，死后亦葬于会稽。

大禹去世后，关于大禹葬在何地的记载，最早在《墨子·节葬篇》中出现："禹葬会稽，桐棺三寸，葛以绷之。"又司马迁《史记》说："禹葬，衣衾三领，桐棺三寸，葛以绷之。下不及泉，上不通臭。既葬，收余壤为垄，若参耕之亩。"如今在浙江省绍兴市东南六公里的会稽山上，有一座古朴典雅的碑亭，亭中还竖着"大禹陵"的巨碑（图2-5），碑亭的右侧还有一石制的"咸若亭"。咸若亭旁边还有新建的禹碑亭，保存有秦朝丞相李斯撰写的"会稽石刻"。

图2-5　今浙江省绍兴市大禹陵

不过很多学者对禹葬会稽表示质疑，清代史学家梁玉绳就认为大禹巡狩并葬会稽之事依据不足。当时建国多在西北，不宜独偏江南，若果巡狩所至，总会东南诸侯，并不应远来于越。也就是说，大禹一个北方的君主，陵墓建在南方，很显然于理不合。

事实上，禹葬会稽的传说，后人附会的成分颇多，多半不可靠，但并非都是无稽之谈，其中折射出许多历史的影子，是夏文化向南扩散的一种曲折的反映。聚居于长江流域的部族本来就多，已有相当复杂的文化面貌，随着中原文化的输入，而更加丰富多彩。不过，随着中原文化的强有力推动，长江流域在夏商之际踏入了青铜时代的门槛。

第二章 夏商周三代的长江文化

第二节
雄奇南国：来自商代的回响

三千多年前，奔腾的长江水在雄奇的南国上，谱写了长江文明的壮丽乐章，多年以后，这段神秘而瑰丽的历史依然令人神往，吸引我们走近这条从远古奔腾而来的长江，仔细聆听来自商代的回响。

一、殷人的南征

商代青铜文化能够迅速发展，缘由就在于殷人既掌握了高超的青铜铸造技术，又有效地控制着铜锡原料基地。当时的长江中游，尚未出现足以与殷人抗衡的政权实体。

在如今的湖北省武汉市黄陂区，殷人建立了一座盘龙城，除开疆拓土外，主要是控制长江中下游的红铜产区，为其青铜器（青铜是红铜加入锡、铅的合金）的制造提供原料。湖北盘龙城所出商代铜圆鼎（图2-6）就是殷人用此区所采的铜矿为原料制作而成的。

发生在商代后期的"武丁伐荆"，也与长江中游的红铜资源有关。有卜辞记："乙未（卜），贞：立事于南，右从（我），中从舆，左从曾。"从字体看，此卜辞属武丁偏晚期遗物。武丁是"复兴殷道"的一代名王，如《诗·商颂·殷武》所记："挞彼殷武，奋伐荆楚。"商代，殷人称南国土著为荆，《诗·商颂·殷武》

图2-6 湖北盘龙城出土的商代铜圆鼎

033

中写道："维女荆楚，居国南乡。"所谓南乡本来是指大别山、桐柏山以北和伏牛山以东的中原南部，后来随着殷人逐步向南开拓而同步向南展宽。殷人南下，荆人在殷人的压力下，多数臣服，少数逃散。《诗经》与卜辞所记是否为同一件事，不得而知，但都记录了武丁的南征。在无强大敌手的情况下，武丁的南征毫无悬念地成功了。

殷人早在商代早期就建立了盘龙城这一军事据点，但在武丁之前，商朝曾几度中衰，"诸侯或不至"。铜矿可能为某些诸侯所觊觎，甚至一度失去控制。武丁伐荆，亲临长江中游，无疑是要竭力开发这里的铜矿。

殷人凭借强大的兵力向南推进，商文化随之向南播散。盘龙城所在的江汉地区因近水楼台先得月，受商文化的影响既早且深。盘龙城出土的陶器，表明此处已受到二里岗下层文化因素的影响。这里的二里岗文化中商文化的因素从少到多，影响力由弱到强，最后发展到以商文化因素为主体。

中原商文化也曾吸收长江流域的某些文化因素，郑州二里岗出土的印纹硬陶、釉陶与盘龙城所出者差别甚小，而与江西吴城同期遗址所出者差别甚大。若说二里岗的印纹硬陶、釉陶是在盘龙城的影响下发展起来，那是不无道理的。

盘龙城扼长江中游，居南方通中原的要冲。殷人因此把它作为跳板，深入到今江西、湖南境内。分布于江西赣江、鄱阳湖流域的吴城文化遗址，是与中原商代同时的青铜文化遗址，其主人是三苗还是扬越尚难论定。从出土的众多器物可知，商文化至迟在商代早期偏晚，就与当地土著文化发生了接触，后者受到前者强烈的影响。这里出土有与二里岗上层和殷墟第一、二期十分相似的青铜容器、工具和武器，以及相似的陶器，其他诸如建筑遗址、墓葬、文字等，也与中原有某些相同或近似的特点。

湖南出土的众多商代青铜器表明殷人曾经光临此地。近来发现的商代遗址和墓葬，更证实了这一点。石门皂市商代遗址出土的长体锥形实足的分裆鬲，夹砂红陶附加堆纹的大口缸、斝、爵、大口尊等，与郑州二里岗上层所出同类器物基本相同。其中分裆鬲、斝、爵、大口尊等为本地初见的器形，系由中原直接传入。

殷人在长江中游的频繁活动，促进了当地文化的迅速发展。

第二章 夏商周三代的长江文化

二、恢宏的城市

长江流域迄今已发现并发掘的大型商代建筑基址，有位居中游的湖北盘龙城遗址，以及位居上游的四川成都十二桥遗址和广汉三星堆遗址等。

盘龙城遗址修筑于商代二里岗期上层，略晚于郑州商城，是迄今所发现的第二早的商城。盘龙城规模不大，仅在大型建筑区的周围筑出城垣，城垣南北长约290米，东西宽约260米，部分地段残高1~3米，夯筑方法同郑州商城几乎一样。

城内东北部地势较高，是夯土筑成的，现已发现有三座建筑基址，前后平行，方向一致。它们的夯土台，应是高台建筑的雏形。已发掘的1号建筑基址（图2-7），是先挖坑并打夯筑基，再立柱建屋的。根据残存的柱穴和墙基，可判断此建筑基址前方（南部）的2号基址，面阔小于前者，进深则大于前者，似为一座大空间的厅堂，即位于"寝"前的"朝"。假如判断不误，那就是迄今所知最早的"前朝后寝"布局的建筑群实例了。

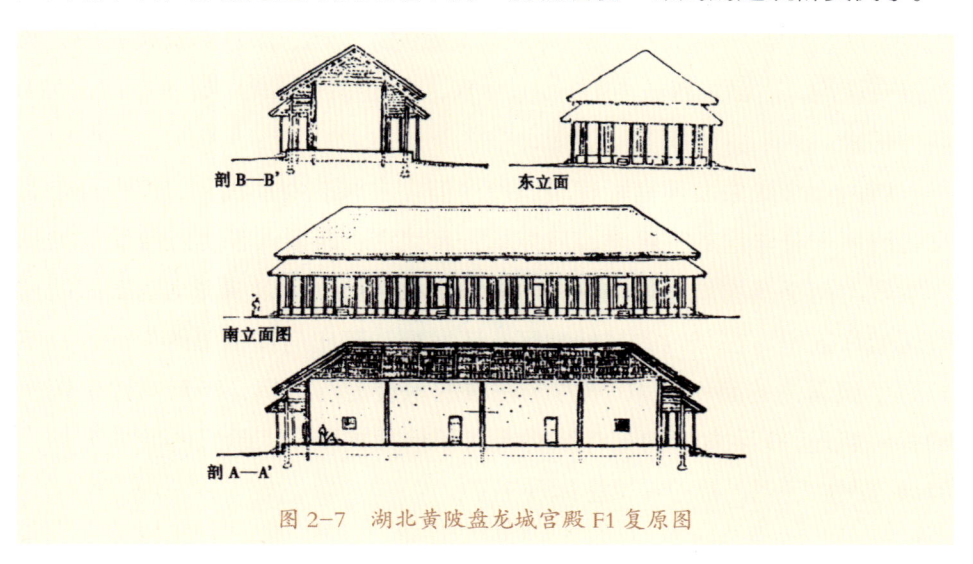

图2-7 湖北黄陂盘龙城宫殿F1复原图

《考工记·匠人》记商代王宫正殿的建筑为："殷人重屋，堂修七寻，堂崇三尺，四阿重屋。"盘龙城建筑群虽不是商朝的宫殿建筑，但也是殷人为镇守南土而修筑的军事据点，因而规格颇高。已发掘的1号基址若复原，其面貌为：建筑在高数十厘米的夯土台基上，中有四室，外有回廊，四周

035

有台阶的四坡重檐茅顶大殿。正与"茅茨土阶""四阿重屋"的记载相吻合。重檐屋盖是凹曲屋面出现之前,高大建筑为防雨、防晒,保证良好的通风和日照条件,同时保持体形高耸壮观的一个成功的创造。[1] 这种建筑式样在此后三千余年里一直作为主体殿堂的定制,比如帝制社会末期明清北京故宫的太和殿即是此种式样集大成者。

盘龙城的建筑基址多方面地继承了二里头宫殿建筑的建筑手法,并有所发展。在中国古代建筑的发展史上,有承先启后的地位。

长江上游的川西平原,大约在商代已有政权实体。古蜀国的废墟——三星堆遗址,已被陆续发掘,其代表器物为青铜人面像(图2-8)。在这里发现了当时建筑的巨大城垣,其断面呈梯形,基宽40余米,顶宽20余米。三星堆古城的东、西、南三面筑有城垣,城外掘有壕沟。古城东西长 1600~2100 米,南北宽约 1400 米,总面积约 2.6 平方千米。

图2-8 四川广汉三星堆出土的青铜人面像

城内迄今尚未发现宫殿建筑遗址,但在古城的中轴线上,集中分布着文化堆积十分丰富的三星堆、月亮湾、真武宫、西泉坝等四处台地,1986 年发现的两个器物坑也处在这一中轴线上。因此,可以猜测当时蜀国的宫殿区就在这里。在城内的其他地区,还发掘清理出房屋密集的生活区,不仅有平民居住的面积仅 10 平方米左右的木骨泥墙小房,而且有显贵居住的面积超过 60 平方米的穿斗结构大房和抬梁式厅堂。阶级的明显分化,等级的严格区别,都已在这里体现出来。[2]

---

[1] 以上参见湖北省博物馆等:《盘龙城1974年度田野考古纪要》,《文物》1976年第2期;杨鸿勋:《从盘龙城商代宫殿遗址谈中国宫殿建筑发展的几个问题》,《文物》1976年第2期。

[2] 四川文管会等:《广汉三星堆遗址一号祭祀坑发掘简报》,《文物》1987年第10期;《广汉三星堆遗址二号祭祀坑发掘简报》,《文物》1989年第5期。

川西平原还有另一座与三星堆古城几乎同时创立并具有相当规模的商代古城，即早期的成都十二桥遗址。1985年至1986年，在成都市西部发掘了属于商代的大型木结构建筑群，总面积达1500平方米有余。其中发现了大型宫殿木结构建筑庑廊部分的遗迹。在主体建筑周围，发现了密集排列的小型干栏式建筑遗迹（图2-9），它们是大型木结构宫殿的附属建筑群。大型主体建筑与小型干栏式建筑相互连接，错落有致而浑然一体，组成规模庞大的建筑群体。

图2-9 四川成都十二桥出土的商代干栏复原

十二桥商代木结构建筑使用圆木、方木、木板和圆竹、竹篾、茅草等就地所取之材。采用打桩法、竹篾绑扎法、榫卯联结法等独特的营造方式，有人认为其结构比中原地区同时的大型建筑所用的纵向梁架更为先进。[①]

这两座地处川西平原腹地的古城，一南一北，或已初步形成功能分区的蜀国早期城市体系。三星堆城是中心城市，早期成都城则是次级城市。这种现象颇为奇特，在东方早期文明史上是罕见的。商代长江流域有壮观的城市拔地而起，在某些方面较之中原地区似尚有过之。

三、精巧的玉器

商代是我国源远流长的制玉工艺的重要发展时期，安阳殷墟仅妇好墓出土的各种精美玉器即达755件。盘龙城商代早中期遗址和墓葬出土玉戈达29件，新干商墓和三星堆1、2号器物坑出土大批玉器，这些事实告诉人们商代长江流域的玉器文化并不比黄河流域逊色。

盘龙城李家嘴M3出土的一件大玉戈，长94厘米、内长21厘米、内宽11厘米、援长71厘米、援宽11厘米、厚0.5厘米，是目前所发现的商代早中期最大的玉戈（图2-10）。

[①] 四川文管会等：《成都十二桥商代建筑遗址第1期发掘简报》，《文物》1987年第12期；段渝：《巴蜀古代城市的起源、结构和网络体系》，《历史研究》1993年第1期。

新干商墓出土玉器 1000 余件，有礼器琮、璧、瑗、璜、玦等；武器戈、矛等；装饰品项链、镯、笄型坠饰、蝉、柄形器等，另有神人兽面形饰及羽人各一件。就这批玉器的品类、造型、风格而言，在不同程度上表现出良渚文化的遗风。如玉琮，即良渚文化的绪余。玉琮上所饰的"蝉"纹，也是良渚文化玉器上的一种兽面纹的蜕化型。还有笄形坠饰，上端有带孔的榫，下端尖锐，这是良渚文化常见的器形。

新干出土的一件玉雕羽人（图 2-11），通高 11.5 厘米，作侧身跪坐状。运用浮雕手法，表现其大眼高鼻和微张的嘴，戴高羽冠，头顶后部采用掏雕的技法琢出三个相套的连环。臂蜷曲于胸前，蹲腿，脚与臂部平齐。其肋下至腿部刻有羽翼，腰背至臂部阴刻鳞片纹和羽纹。《楚辞·远游》载："仍羽人于丹丘兮，留不死之旧乡。"王逸注云："人得道生毛羽。"洪兴祖补注云："羽人，为仙也。"

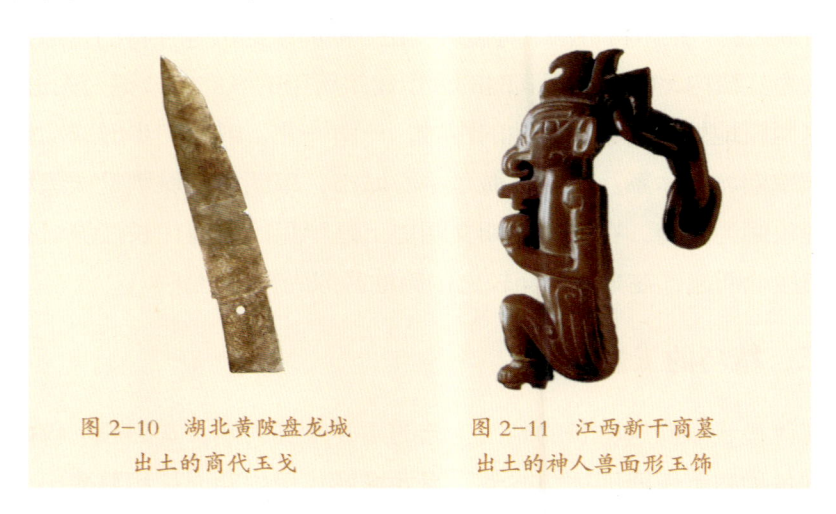

图 2-10　湖北黄陂盘龙城出土的商代玉戈　　图 2-11　江西新干商墓出土的神人兽面形玉饰

《山海经·海外南经》记："羽民国在其东南，其为人长头，身生羽。"这件玉雕羽人似乎表明，商代赣江流域的土著越人已有羽化成仙的思想。另外，这件羽人头顶后部的链环，琢磨得异常精巧，代表了当时玉雕工艺的最高水平。[①]

广汉三星堆一带在 20 世纪 20 年代就有玉器出土，近几年来出土尤多。

---

① 李学勤：《新干大洋洲商墓的若干问题》，《文物》1991 年第 10 期；彭适凡、刘林：《谈新干商墓出土的神人兽面形玉饰》，《江西文物》1991 年第 3 期。

第二章　夏商周三代的长江文化

三星堆一带所出玉礼器有璧、琮、璋、瑗、环等。其中以玉璋尤为引人注目。其特点是大而薄，长度一般在 20~60 厘米，也有长达 100 厘米的，厚仅 1 厘米左右。玉璋又分为牙璋和边璋两大类。图 2-12 边璋（K2③：201-4），反映出当时高超的玉石加工技术。此边璋边长 54.4 厘米，上宽下窄，射部和柄部两面各阴刻两组图案，每组 5 幅，各幅图案之间由两条平行线分隔。图案中有作立状和作跪状的人物形象、大山、太阳，以及勾连云雷纹、手纹等，是一件含有丰富文化信息的艺术珍品。

牙璋则别具特色，上面多有加工精细的扉棱，以及云形纹、鸟纹等多种纹饰。如图 2-13（K1：235 附 5），长 38 厘米，其射部镂刻成鸟形，器身两面各刻一璋形图案，器身与柄之间有三组阴刻平行线纹，在两条平行线之间刻有齿状扉棱，柄与身之间有一圆形穿孔。

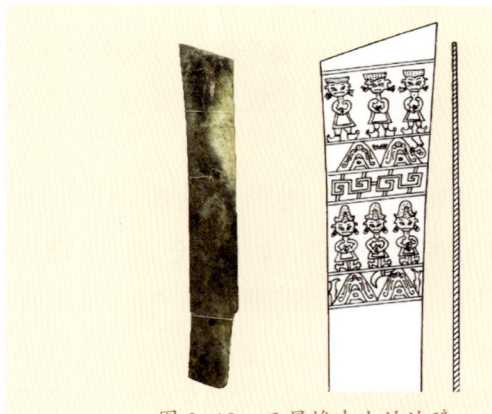

图 2-12　三星堆出土的边璋　　　　图 2-13　三星堆出土的牙璋

也有人说上述玉器不是璋，而是刀形端刃器[①]。可是，牙璋脆薄，不能装柲作为兵器或工具，只能作礼仪用器。这种器物最早见于河南偃师二里头，蜀地所出者应是中原文化播散的遗存。

武器和工具类有戈、剑、刀、凿、斧、锛、锥、杵、矛等，许多器物上面也刻有云雷纹、平行纹以及钻有圆形穿孔，线条平直而细腻，刃部磨得较薄。显然，古蜀人对玉石器制作的工艺流程，从采料到打制、磨制、

---

① 夏鼐：《商代玉器的分类、定名和用途》，《考古》1983 年第 5 期。

切割、镂刻等，已经积累了丰富的经验。分布于长江流域的其他商代遗址和墓葬，也有为数不多的玉器出土，姑且略而不论。

四、奇特的文字

殷商时代，中原地区出现的甲骨文，又称“契文”“甲骨卜辞”“殷墟文字”或“龟甲兽骨文”，是迄今为止中国发现的年代最早的成熟文字系统，是汉字的源头。不过长江流域到新石器时代晚期已出现了成熟的文字。到殷商时期，四川巴蜀文字的出现更是令人注目。

巴蜀文字按其特点可分为两系，一为方块表意文字，一为符号象形文字。方块字的起源可上溯到商代晚期，在三星堆遗址出土的多件陶器及玉器上，发现有相同的刻画符号（图2-14），说明其含义已约定俗成，应是较早的文字。

成都十二桥遗址出土的陶纺轮上，有“丹”字和“亦”字，原简报认为应属甲骨文字系统，但也有人认为也是抽象化、线条化了的蜀地方块表意文字。这些方块字比较成熟，它以象形为基础，发展出了指事、会意的象形结构，其水平接近于商代甲骨文。

至于象形文字，即铸刻在巴蜀青铜兵器、乐器、礼器、生活用器以及铜、石等印章和其他器物上的各种非纹饰、图案的符号，如等（图2-15），有人说可能也滥觞于商代晚期，但证据尚嫌不足，其主要出现于春秋战国时期。

巴蜀文字可能是中国先秦文字中除汉字外唯一可认定的文字，与汉字不属于同一系统。

图2-14　三星堆玉盘上的刻画符号

图2-15　四川雅安荥经同心村出土青铜罍上的图案符号

第三节
青铜时代：西周的遗音

尽管殷商时期在长江流域已经出现了诸如盘龙城、三星堆等成熟的青铜文明，然而青铜器在整个长江流域的全面普及则要到西周才完成。对于长江而言，西周是一个属于青铜的时代，向世人展示着独具魅力却悠远古老的遗音。

一、青铜的南传

在西周，长江下游地区由于周人的南进，青铜文化取得了较大的进步，尤其是与这里在商代尚处萌芽阶段的青铜文化相比，其进步就更为显著了。近几十年，在长江流域的安徽、江苏、浙江等省，陆续出土了许多西周时代的青铜器，主要有：江苏镇江市丹徒烟墩山宜侯墓及其衬葬坑出土的鼎、簋、鬲、盂、觚、盘及角状器等；母子墩出土的礼器鼎、簋、鬲、尊、卣、壶，兵器矛、叉、镦、箭镞及车马器；江苏南京市溧水区乌山岗沿山1、2号墓出土的鼎、卣、盘、戈等；江苏丹阳市司徒乡出土的20余件鼎、尊、盘、瓿等礼器；安徽黄山市屯溪区1号墓出土的鼎、鬲、尊、盂、卣、盘及五柱器等。

上面列举的数批青铜器，除个别出自窖藏外，大多出自土墩墓。所谓土墩墓，是宁镇地区和皖南地区土著的一种特殊墓葬形制，其主要特点是平地起封土，无坑或浅坑。扩散所及至太湖流域。土墩墓出现于西周早期，在春秋战国之际，因被土坑竖穴木椁墓所取代而渐渐消失。土墩墓主要有两种，一种为一墩一墓，一种为一墩多墓。前者一般规模较大，且有青铜器随葬，如宜侯墓、安徽屯溪墓、大港母子墩墓等，无疑是当地上层贵族所专用的特殊葬制。后者数量多，延续时间长，主要随葬印纹硬陶、原始瓷器等，随葬器一般不丰。

这种葬制的特殊性，源于该区域有别于中原的文化背景，这种文化背景导致用于随葬的青铜器在器类及其组合、形制与纹饰等方面颇具特色。

凡土墩墓出土的青铜礼器，大多是鼎、簋共出，但其配置形式为一鼎一簋、二鼎二簋或四鼎二簋，与中原西周时期的鼎簋配置形式不同。而且屯溪1号墓、烟墩山宜侯墓、母子墩诸墓中所出青铜器多两两成对配置，这种配置形式在同时的中原墓葬中是罕见的。这里的西周早中期铜器群中，罕见中原所习见的酒器觚、爵、觯，晚期的铜器群中则不见食器盨、簠，却流行中原地区在西周中期即已消失的尊、卣（图2-16）等。

这里的青铜器的形制与纹饰比较复杂。有学者将土墩墓出土的青铜器分成四类，即中原型、仿中原型、土著型、近土著型。

有些青铜器是直接由中原传入的，如烟墩山墓出土的宜侯簋（图2-17）、丹徒大港母子墩出土的伯簋、安徽屯溪1号墓出土的父乙尊等，仅寥寥数件。较多的是融中原、土著两种文化元素于一体的青铜器，许多器物虽有刻意模仿中原同类器的倾向，但在形制、纹饰上表现出许多地方特色。如大港母子墩出土的尊，其形制非常接近中原西周中期的同类器，但尊腹上的环带纹饰却是带有土著风格的动物变形带状纹，

图2-16 安徽屯溪出土的西周凤纹提梁铜卣

图2-17 江苏丹徒烟墩山出土的西周早期饭食器宜侯矢簋

而为其他地区所未见。同墓出土的簋，形制比较接近同期同类中原器，但兽面纹已变得面目全非，其口沿下和圈足上的纹饰更富于地方特征。该墓出土的鸟兽扁壶，形制也酷似同期同类中原器，纹饰则是该地区青铜器所特有的云雷纹，而且图案结构任意勾画更改，不遵守中原纹饰那种对称原则。总之，这类器物与真正的中原青铜器相比，是粗看似同而细看实异，器形

相似而细部相异。中原青铜文化因素已被当地工匠糅进土著文化的风格之中,从而创造了一种独特的风格。随着当地青铜文化的继续发展,地方特色也不断加强。至两周之际,这种地方风格成熟了。

有些器物如宜侯墓出土的角状器、屯溪1号墓出土的五柱形器(图2-18)等,用途不明,也不见于其他地区,姑且视为纯土著型器物。

此地的青铜器,还有造型轻巧的作风。如出土于母子墩的鸳鸯形尊,造型富有韵律感,清新活泼,与中原青铜器厚重而端庄的作风迥然不同。

图2-18 安徽屯溪1号墓出土的五柱形器

上面所述的各类青铜器除几件有可能来自中原外,其余全部应该为本地所铸造。但有车马器同出,可知墓主或其先人是北来的。

皖南地区的古铜矿开采于西周,铜陵木鱼山遗址经碳-14测定,距今3015年,相当于西周早期。

中原出土的青铜器绝大部分为锡青铜,但皖南和宁镇地区所出青铜器或为铅青铜,或为铁青铜。铁青铜主要出自皖南地区,这与皖南在西周早期就已出现了"硫化铜矿—冰铜—铜"的生产工艺有关。至于铅青铜,出土得更为广泛,江苏金坛区鳖墩西周土墩墓出土的整坛青铜块,经过光谱及化学定量分析,铜占58.83%,铅占39.2%,锡仅有微量。

这里出土的青铜器都是通体合铸的,铸造技术一般较差,不如中原器精美。而且,诸如鼎、鬲等器物,通体范痕未经打磨修饰即行使用,表面显得比较粗糙,暗淡无光,器底则满积烟炱和带有修补斑痕,为典型实用器。

西周的中原青铜礼器大多铸有铭文,但这里出土的同期青铜器不见铭文,屯溪3号墓出土的一件青铜簋上有一立人和弓箭形徽记,显然不是文字。或许当地土著在当时尚未习惯于华夏文字,语言与中原不通。[1]

---

[1] 马承源:《长江下游土墩墓出土青铜器的研究》,载《上海博物馆集刊》第4集,上海古籍出版社,1987。杨立新:《皖南古代铜矿的发现及其历史价值》,《东南文化》1991年第2期。

二、青铜的韵律

湖北各地较普遍地出土有西周青铜器。2012年6月,考古工作者在宜昌万福垴发掘出土青铜鼎1件、甬钟12件。

甬钟可分为细阳线乳钉界格钟、细阳线圈点界格钟、阴线界格钟三类。万福垴所出第一类(A型)甬钟(图2-19)年代应在西周早期偏晚阶段至西周中期偏早阶段;第三类(C型)甬钟(图2-20)年代应在西周中期偏晚阶段。第二类(B型)甬钟在随州叶家山也有出土,其形式演变介于第一类与第三类之间,年代应在西周中期。甬钟(TN03E20:1,图2-21)钲部至鼓部一侧刻有"楚季宝钟厥孙乃献于公公其万年受厥福"铭文,其铸造年代为西周中期,而钟体铭文与甬钟铸造年代不同,应该是钟铸造完成使用过一段时间后再进行錾刻而成。

铜鼎立耳外撇,圆鼓腹下垂,柱足,与长安普渡村西周墓003号鼎形态较为接近,年代应为西周中期(图2-22)。

在周文化影响甚微的湖南,据高至喜先生统计,已出土62件西周铜器。这些青铜器的出土地点相当集中,"基本上都出在湘水流域,又大多数集中在湘水中游的湘潭、湘乡和衡阳一带。出这类铜器的地区,与已发现的出印纹硬陶的商周遗址和出土春秋越式铜器及越人墓葬的区域大体吻合"[①]。这批青铜器的器类也较简单,主要是乐器,计有铙22件、甬钟18件、镈6件。容器仅鼎、瓿、罍、簋、爵等10余件,中原风格不明显。

图2-19 万福垴出土编钟A型

图2-20 编钟C型　图2-21 编钟B型及铭文

图2-22 青铜鼎

[①] 高至喜:《论湖南出土的西周铜器》,《江汉考古》1984年第3期。

乐器也是土著风格。据高至喜先生研究，康昭之际，仰击的铙演变为悬击的钟，由南向北传播，镈最初流行于湘水流域，本来也是越人的乐器。湖南省博物馆于1989年收集的一件铜铙，钲部以齿纹为主的纹样似为兽口，越风尤为浓郁。

如上所述，当时生活在湘水流域的土著居民们，尽其所能地铸造了一批颇具特色的青铜器。这里的土著居民为扬越人，他们早在商代就获得了中原的青铜冶铸技术，铸造了不少精品。而且他们还可能据有红铜基地，当时铜绿山铜矿便是归扬越所有。

三、青铜的威仪

包括四川、滇北、滇西、黔北在内的长江上游地区，散布着众多的族群，由于社会发展的不平衡，此时已进入青铜时代的还只是生活在四川盆地的蜀与巴。

西周前期巴人的青铜冶铸水平如何，我们不得而知。但有迹象表明，巴人已进入了青铜时代。川西的成都平原，则是另外一种情形。彭州市竹瓦街曾出土过两批窖藏的青铜器，40件，有容器罍9件、尊1件、觯2件；有兵器戈18件、戟3件、钺5件、矛1件、锛1件等。其中两件觯内分别有铭文"牧正父己"和"覃父癸"。

9件罍（部分见图2-23、图2-24），分两批出土，第一次出土5件，冯汉骥先生称之为"列罍"，并指出川西在抗战期间也曾出土一大四小共5件罍。①联系到新都木椁墓所出青铜器大都以5件或5件的倍数为

图2-23 西周羊首兽面纹铜罍
四川彭州市竹瓦街出土

图2-24 西周羊首耳涡纹铜罍
四川彭州市竹瓦街出土

---

① 冯汉骥：《四川彭县出土的铜器》，《文物》1980年第12期。

一套，"五"在古蜀地区应有某种特殊的含义。那么，第二次出土的4件罍，显然是缺了1件。

"列罍"的作用，应与周人礼器中的列鼎相似。罍是用于储酒备酌的器物，常与尊配合使用。《礼记·明堂位》记天子禘祭时，"尊用牺、象、山罍"，并说山罍是"夏后氏之尊也"，将罍归于尊属。罍与尊至迟在商代晚期，已成为蜀人的主要礼器。至西周，罍的重要性更加突出，形成了"列罍"制度。新都战国木椁墓出土铜印一枚，印文为一组"巴蜀符号"，据沈仲常先生所述，其"下半部中置一罍，罍的两侧各站一人，手中所持的器物，似为抬罍工具，上半部的左右两侧各有一部向上的铎，中间一图案似为酒器罍的图案化形象"[①]。铜印的出现虽已晚至战国，此时罍在蜀地铜礼器中的地位也比以前大大降低，但罍在图案中仍居重要位置，与铎、甲并列。可见，罍是蜀地传统的重要礼器。

上述9件罍的形制、纹饰，有着明显的中原文化因素，纹饰中的兽纹、夔纹、雷纹、涡纹以及器身饰立棱和立体怪兽等，都与商末周初的中原器相同，因此有可能是从中原传入的，但也不能排除当地仿铸的可能性。一件羊头饰大铜罍，顶端所谓饕餮纹实为人头像，颇有三星堆人头像的遗风。

至于兵器，诸如蜀地出土的戈，虽能在中原找到原型，但时至西周，同类的戈在中原已接近消失，在这里却是刚刚出现，而且流传的时间很长，从西周直至战国。其他兵器如戟、矛、钺、镞，也都不同程度地反映出地方特色。

除竹瓦街的两批窖藏外，成都平原甚少出土西周时代的青铜器。较之三星堆两个器物坑出土的大批青铜雕像，蜀地在这一阶段的青铜冶铸业明显地退步了。这两个不同阶段的青铜文化发展状况，可以表明外来文化的影响是决定当地青铜文化发展水平的至关重要的因素。[②]

[①] 沈仲常：《新都战国木椁墓与楚文化》，《文物》1981年第6期。
[②] 以上参见王家佑：《记四川彭县竹瓦街出土的铜器》，《文物》1961年第11期；冯汉骥：《四川彭县出土的铜器》，《文物》1980年第12期；沈仲常：《新都战国木椁墓与楚文化》，《江汉考古》1981年第2期；孙华：《巴蜀文物杂识》，《文物》1989年第5期。

第四节
动荡岁月：春秋战国的风云

在绵延的历史长河中，春秋战国时代是一个重要的节点。它上承西周，下启秦汉，是中国历史上的一个特殊时期。西周以来分封制的格局大体消失，代之以群雄逐鹿的格局，为长江文化的发展增添了浓墨重彩的一笔。

一、吴越争霸

长江下游的江东，北有吴国，南有越国。东周的吴就是西周的宜，或称"句吴"，两个字音都有几个字形，不须详述。越即戉，或称"于越"，两个字音也都有几个字形，也不须详述了。吴、越虽是两国，土著却是一族。

"断发文身"是吴、越两国人民共同的习俗。王充《论衡·书虚篇》曰："禹时吴为裸国，断发文身。"《左传·哀公七年》载子贡对吴太宰嚭说："太伯端委以治周礼，仲雍嗣之，断发文身，赢（裸）以为饰。"孔颖达疏："赢以为饰者，赢其身体以文身为饰也。"吴人的这种习俗，与史书所说越人"文身断发"或"被发文身"如出一辙。不仅如此，吴人文身的式样及目的也与越国之人完全相同。《春秋谷梁传·哀公十三年》载："吴，夷狄之国也，祝发文身。"范宁注："祝，断也。文身，刻画其身以为文也。必自残毁者，以避蛟龙之害。"同样，越国流行的"黑齿""凿齿"等习俗在吴国也极为普遍。《管子·匡君小匡篇》载春秋时齐桓公云："南至吴、越、巴、牂牁、𣲗、不庾、雕题、黑齿。荆蛮之国，莫违寡人之命。"崇拜鬼神是吴越人普遍具有的特征，具体表现在越人的鸡卜和吴人的骨卜上。在丧葬习俗上，吴、越两地均盛行土墩墓。

在民族性格上，吴、越两国有着相同的特性，即都尚武，以轻悍好斗著

图 2-25 湖北江陵望山一号楚墓出土的越王勾践剑

称于世。《越绝书·越绝外传记地传》曰:"锐兵任死,越之常性也。"《吴越春秋·夫差内传》载吴人"王刚猛而毅,能行其令;百姓习于战守,明于法禁"。吴、越人的这种好勇轻死的民族特性至汉代犹存,《汉书·地理志》载:"吴、粤(越)之君皆好勇,故其民至今好用剑,轻死易发。"湖北江陵望山一号楚墓出土的越王勾践剑(图2-25)即是越人尚武的绝佳证明。

他们长期在比较闭塞的状态中生活,突然开放,华夏文明的芬芳气息扑面而来,于是载欣载奔。可是,他们为角逐而忙碌,文治滞后于武功,精神滞后于物质,只好借重于外来的智囊。吴国的执政大夫伍员和伯嚭,以及越国的执政大夫范蠡和文种,都是楚人。前两人为自己的父辈复仇,后两人为自己的君王雪耻,一切为了战争,无怪乎在官制、法制、礼制乃至币制等领域,殊少建树。没有自己的学者,唯一的例外是寿梦的幼子季札,此人熟知中原的礼乐,然而他既是吴越最早的一位学者,也是吴越最后一位学者。在这样的状态下,当然不能形成健全的社会机制,只有近视的动机和短期的行为。无怪乎其兴也骤,其衰也骤。

在这一时期,吴越文化随着吴、越两国的强大,遂著称于世。青铜冶炼、造船、航海、纺织、稻作农业、渔业等物质文化,都在当时居先进行列。杭州半山越国遗址出土的战国水晶杯(图2-26)即是越国发达物质文化的见证。

与楚文化相比,吴越文化更具开放性、包容性。在春秋战国时期,吴、越两国不断吸收齐鲁文化和楚文化的有益成分,从而创造出辉煌而又独具特色的地方文化。伍子胥营建阖闾城和范蠡筑造会稽城,孙子著兵法,吴公子季札到鲁国观礼,

图 2-26 杭州半山越国遗址出土的战国时期水晶杯

等等，都无不清楚地显示出吴越文化善于吸收、融会外来文化所焕发出来的活力和博大的包容、凝聚精神。春秋晚期的吴墓所出的文物，以及战国早期和中期的越墓所出的文物，都打上了楚文化的烙印。例如：江苏南京市六合区程桥吴墓三座和苏州市虎丘吴墓一座，有楚式的鼎、簋、盉、盘、匜与吴式器同出。绍兴市坡塘狮子山306号墓，也是楚式的鼎、盉与越式器同出。值得一提的是，浙江省博镇馆之宝之一的春秋伎乐铜房屋模（图2-27）也出自该墓。战国时期吴越地区已流行土坑墓，而故有的土墩墓和石室墓濒于绝迹，一是受楚文化的影响，二是受中原文化的影响。至于椁周填白膏泥、青膏泥，则无疑是仿效楚俗。

吴越文化的开放性还体现在它具有对外扩展的开放型冒险性格和相当雄健、恢宏的"拓边精神"。吴越人较早地掌握了制造和驾驭舟楫的本领，"以船为车，以楫为马，往若飘风，去则难从"。早在四五千年之前，他们就滋生了一种朝江海外拓展的文化心理，开辟了一条走向海洋、走向世界的通途。他们舍生忘死，率领船队前仆后继地来到太平洋各岛屿，并抵达美国、墨西哥、秘鲁等美洲国家，奠定了中国古代航海事业的基础。[①]

图2-27 春秋伎乐铜房屋模

二、楚国辉煌

春秋战国时期，地处长江中游的楚国，经历了由弱变强的过程，建构起辉煌的楚文化。

无论这些先进的文化因素来自何处，南方抑或北方，本国抑或外国，

[①] 石钟健：《古代中国船只到达美洲的文物证据——石锚和有段石锛》，《思想战线》1983年第1期；《论悬棺葬的起源地和越人的海外迁徙》，《贵州社会科学》1983年第1期；[美]杨江（译音）：《马来—玻里尼西亚与中国南方文化传统的关系》，《浙江学刊》1991年第1期等。

楚人概不拒斥。楚王身体力行，如公元前538年楚灵王会诸侯于申县，派人问礼于宋、郑两国的上卿，宋向戌献上公侯会合诸侯的礼仪六项，郑公孙侨也献上伯爵、子爵、男爵会见公爵的礼仪六项。举行盟会时，楚灵王让行人伍举跟在自己后面，要他随时纠正自己的差错。不料伍举自始至终不提任何意见，楚灵王问他何以如此，他说："礼，吾所未见者有六焉，又何以规？"由此可知，就连专管外交的伍举也未曾见过上述六仪之礼，不敢置喙。无怪乎楚人要如饥似渴地吸收对自己有用的外来文化因素了。但是，楚人从来不满足于模仿，在他们看来，模仿只是创造活动的准备工作。对于外来的文化因素，他们总是始则仿行，继而改作，终于别创。外求诸人以博采众长，内求诸己而独创一格，这就是楚文化变落后为领先的基本缘由。

楚人开疆拓土，所倚仗的不只是占优势的武力，还有占优势的文化。文化与国家的关系，也像水与舟以及风与翼的关系。楚人出方城，北上中原以争霸，东下淮域以争铜，虽胜败无常，但所得者多而所失者少。文化的播散，大致与版图的扩大同步。中原的文化本来就比较发达，因此，楚人对中原既有侵吞之意，也有艳羡之情。春秋五霸，主要是两霸，一为楚，一为晋。楚晋角逐，究其实，就是长江中游文化与黄河中游文化的碰撞和交融。论财富和甲兵，占优势的是楚国。《左传·僖公二十三年》记晋公子重耳在流亡中经过楚国，受到楚成王以诸侯相见之礼隆重款待，楚成王问："公子若反晋国，则何以报不谷？"重耳答："子女玉帛，则君有之。羽毛齿革，则君地生焉。其波及晋国者，君之余也。其何以报君？"重耳的话固然有客套的成分，可是当时楚国确实比晋国富。楚成王接着说："虽然，何以报我？"所谓"虽然"，改为现代汉语，就是"尽管这样"。可见，楚成王也相信自己的国家最富。五年以后发生的楚晋城濮之战，仅就战车和甲士的数量来说，楚师比晋师多。后来的楚晋邲之战和楚晋鄢陵之战，无论孰胜孰败，仅就兵力来说，楚师仍不比晋师弱。可是，楚穆王以前的楚人心里有数，自己的精神文化不如北方的邻居。楚国贵族引经据典，赋诗断章，这些经典和诗章都来自中原。不过到楚庄王时，楚国的精神文化已经不让中原专美了。湖南长沙陈家大山楚墓出土的《人物龙凤帛画》

第二章　夏商周三代的长江文化

（图2-28）是目前中国已知的最早帛画，可谓楚文化之精华。湖北包山二号楚墓所出土的彩绘漆奁（图2-29）含有楚人婚嫁图像，彰显着楚人独特的精神世界。湖北随县曾侯乙编钟（图2-30）下层居中的镈钟乃楚惠王熊章所赠，显示了楚文化在中国南土的中心地位。

楚人本来只有巫学，巫学特别发达。所谓巫学，不是今人所理解的求神问鬼和装神弄鬼，也不限于巫术、巫法、巫技，即不全是原始的迷信和宗教，其中也荟萃着早期的科学和艺术。所谓早期的科学，主要是天文、历数、医药。所谓早期的艺术，主要是诗歌、乐舞、美术。《史记·日者列传》引贾谊云："吾闻古之圣人，不居朝廷，必在卜、医之中。"（按：卜和医都是巫的专长）。可见，这位西汉的大儒对古巫是非常推崇的。《论语》记孔子云："南人有言曰：'人而无恒，不可以作巫医。'善夫！"（按：巫、医即卜、医，南人即楚人）可见，孔子这位儒宗也赞赏楚巫。

图2-28　湖南长沙陈家大山楚墓出土的《人物龙凤帛画》

图2-29　湖北包山二号楚墓出土的彩绘漆奁

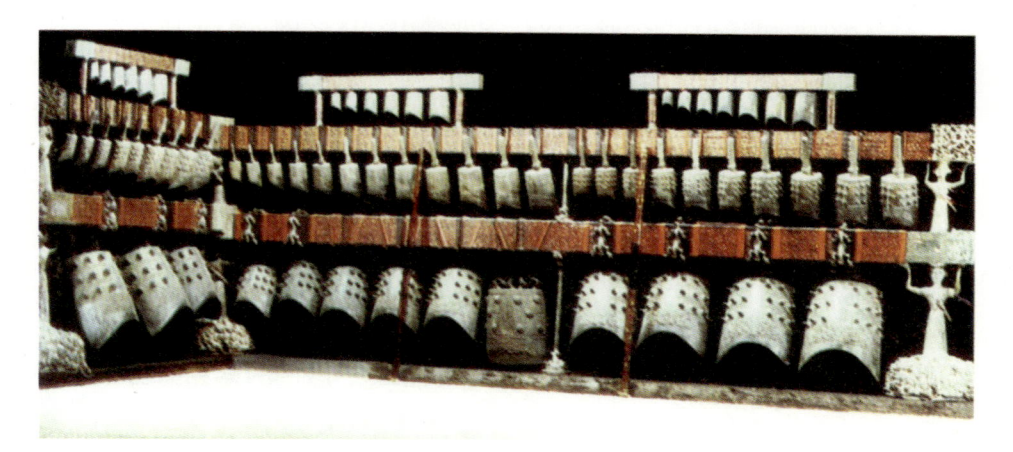

图2-30　湖北随县曾侯乙墓出土的编钟

巫学与后起的宗教不同，尽管都是有神论，但宗教力图使神左右人，而巫术力图使人左右神。宗教的前提是人与天相分，巫术的前提是人与天相合。楚国东北的陈国和宋国，巫风也较盛。然而，陈人是虞人的后裔，宋人是殷人的遗民，他们在华夏这个大族群中只是两个小支系，况且位于中原，受着姬、姜两个大支系的包围。后来楚化的陈人老子创立了道家学派，楚化的宋人庄子发展了道家学说。先秦的道家是从巫学异化出来的无神论者，但其天人合一的思想则是未曾割断的巫学脐带。楚人以为道家不始于老子而始于鬻子，鬻子即商末周初楚人的大酋兼大巫鬻熊，可见楚人崇奉道家。尽管如此，其他学派在楚国也通行无阻。对学术和学者，楚国从来没有专用任何一家，也从来没有排斥任何一家。任何学者到了楚国，无论为官为民，都不会觉得难堪。楚昭王曾经邀请孔子到楚国去，意欲任之以政。叶公子高（沈诸梁）是楚惠王时的名臣，曾经向孔子问政。楚威王礼聘庄子为相，庄子辞不受命，楚威王听之任之。赵国的大儒荀子到过秦国，到过齐国，而从政、著书、终老于楚国。这些，都是后话了。正像政策上能宽待不同的民族，工艺上能兼采不同的长技一样，学术上楚国也能优容不同的流派。如果没有博大的襟怀和宏大的气度，楚国就不会创造出那么伟大的文化业绩。

三、蜀水巴山

春秋战国时期蜀国的都城，应在今成都市辖区之内。据东晋人常璩所著《华阳国志·蜀志》："地称天府……其宝则有璧玉、金、银、珠、碧、铜、铁、铅、锡、赭、垩、锦、绣、罽、氂、犀、象、毡、牦、丹黄、空青、桑、漆、麻、纻之饶……周失纲纪，蜀先称王。"始王为蚕丛，其次为柏灌（柏濩），其次为鱼凫，其后不详，约当战国早中期之际有王名杜宇，杜宇禅位于开明，开明传十二世。公元前316年，秦灭蜀。

对春秋时期的蜀文化，限于考古资料太少，目前尚难置喙，只能寄希望于今后的考古发现了。从已有的考古资料来看，战国时期的蜀文化粲然可观，在长江上游无疑是领先的。

成都市百花潭中学10号墓是一座战国早期的小型蜀墓，出土铜器47

件，可分为：兵器 22 件，戈最多，矛其次，剑、钺和刀都很少；匠器 12 件，有斧、凿、削等；容器 7 件，有鼎 1 件、壶 1 件、甑 1 件、鍪 2 件、釜形器 2 件；此外，有杂器 6 件。葬具为船棺，状如独木扁舟。船棺为巴人和蜀人所特有，大约始于春秋战国之际，有向南扩散的迹象。铜釜形器为尖底，同出的一件陶釜形器也是尖底，显然是土著的独特风格。戈是蜀式戈，其类型上承西周而下启战国。铜壶最为上品，器周遍饰金属（铅）嵌错的图像，但它是中原式的。图像从上到下分为三圈，每圈又以壶肩的两个环耳为界分成左右两幅。图像所表现的是生产、生活和战斗的场景，有采桑、弋射、礼射、宴乐和水陆交战（图 2-31）。水陆交战图像与河南卫辉市山彪镇 1 号墓出土的一对水陆攻战纹鉴的图像相仿，但也有不同。类似的铜壶还有两件：一件现藏故宫博物院，为"水陆交战纹壶"；另外一件相传出土于成都的白马寺，已残，器腹底缘和圈足的纹饰与百花潭中学 10 号墓所出铜壶相同。李学勤先生《试论百花潭嵌错图像铜壶》一文认为：成都先后发现两件同类的嵌错图像铜壶不是偶然的，"估计两壶铸于蜀国的可能性较大"。

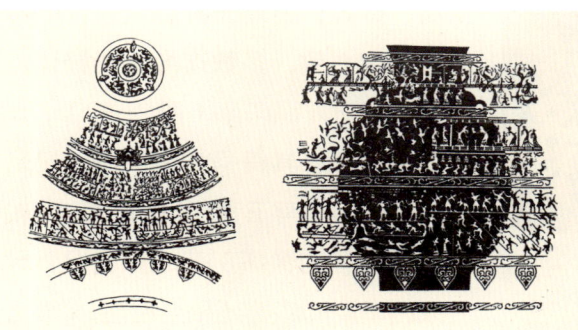

图 2-31　四川成都百花潭出土战国嵌错铜壶的水陆攻战及宴乐纹饰（展开）

成都市新都区马家乡的一座大型木椁墓是战国中期的，早年曾被盗，但从一个腰坑中仍清理出铜器 188 件。葬具也是船棺，表明墓主是蜀人。然而，墓制为"甲"字形，椁用枋木叠砌，除棺室外，还有 8 个边箱和 1 个腰坑，椁室和腰坑周围以白膏泥填塞，这些都颇有楚文化色彩。所出的鼎、敦、缶、甚、盘、匜、壶、甗、豆、钟和少数剑，也与楚器雷同。鼎共出 5 件，其中 1 件的盖内有铭文"邵之飤鼎"（图 2-32）。"邵"即"昭"，

图 2-32 战国"邵之飤鼎"铜鼎

是战国时期楚公族三大姓之一;"飤鼎"是常见的楚器,铭文字体也是楚式的。无疑,楚文化已播散到四川盆地的西部,而且受到了蜀国王族的重视和欢迎。但从整体来看此墓及其出土文物,蜀风仍较楚风为盛。戈为三角援和援两侧有短胡的蜀式戈,多数剑是柳叶形扁茎无格的巴蜀式剑,钺是舌形或称烟荷包式的巴蜀式钺,鍪、釜、甑也是巴蜀式器,陶器则与早期蜀文化遗存一脉相承。器物的组合有九件套和五件套之别:纯礼器为九件套,基本上是楚式器;纯兵器为五件套,基本上是蜀式器。此外,还有一些礼器和兵器各出五件。如此组合,显示了周礼的蜀化和蜀礼的周化,是在华夏文化与蛮夷文化交融中出现的特殊文化现象。

在蜀国的铜兵器、铜工具和铜印章上,常有"巴蜀图语"。"巴蜀图语"可分为两种:一种是图像性的符号,即手掌、花蒂、水波、房屋、人头和虎、鸟、蝉等;另外一种是文字性的符号,少数与中原文字一致,多数迄今未能释读。马家乡木椁墓出土了一方铜印章(图2-33),印文是一组"巴蜀图语",其符号为铎、罍、日月星三辰、人物和族徽,颇有王者气象和神秘意味。

图 2-33 马家乡木椁墓出土的铜印章印面

蜀国的髹漆工艺起步较迟,可是进步较快。战国早期的漆器还相当粗陋,如荥经县出土的奁、耳杯、双耳长盒、双耳长杯等,都是厚木胎,经刮削成型,髹黑漆或红漆,没有花纹。一些漆器上面有刻画的"成草"两个字,"成"应即成都的古称,"草"通"造"。战国中期的漆器已比较精致,如青川县出土的壶、卮、奁、耳杯、盒、双耳长盒、碗、匕等,虽以厚木胎居多,但也用薄木胎和夹纻胎,而且有悦目的花纹了;扁壶、圆盒和双耳长盒形制独特,是典型的蜀式漆器。鸱鸮壶的造型与商代青铜鸱鸮尊相似,颇能传神,而纹饰亦佳。一些漆器上面有烙印的"成亭"两个字,"亭"似宜作市亭解。荥经在成都西南,

第二章 夏商周三代的长江文化

离秦、楚较远；青川在成都东北，离秦、楚较近：这个地理因素，是在衡量他们的髹漆工艺水平的时候必须予以考虑的。

巴人多山居，北起大巴山，南到武陵山，东邻楚，西邻蜀，中心在长江支流嘉陵江下游至乌江下游一带。如果把独立的部落集团当作方国看待，那么，巴国不止一个。战国晚期秦、楚交争的巴国，应是川东的巴国。《华阳国志·巴志》说："土植五谷，牲具六畜。"有"桑、蚕、麻、纻、鱼、盐、铜、铁、丹、漆、茶、蜜"之利。

迄今已知的东周巴文化遗存，大致都是战国时期的。巴县冬笋坝、广元市昭化区宝轮院、重庆市涪陵区小田溪等地发掘的先秦巴墓，都是战国墓，而且年代偏晚。

以船棺为葬具，这是巴、蜀都有的葬俗，而巴甚于蜀。青铜容器鍪、釜、甑也是巴、蜀都有的，孰先孰后，不易判定。至于其他青铜容器，则是巴少于蜀。青铜兵器，巴人以剑、钺为主，适与蜀人以戈、矛为主相反。巴式剑（图 2-34）即柳叶形扁茎无格剑，既可击刺，亦可投掷。小田溪 1 号墓出土巴式剑 8 柄，其中 7 柄集合在一起，长短有序，估计就是投掷所用的。剑身基部有类似蜀式图语的花纹，多为虎纹。巴式钺多为圆刃折腰钺，与蜀式钺有亲缘关系。原有的短三角形援戈已见不到，这时巴人所用的戈主要是与楚式戈类同的中胡二穿戈和长胡三穿戈。此外，还有少量援身为长方形、援端为三角形的直内戈，形制与湖北荆门市所出的"兵辟太岁"铜戚一致而花纹比较简单。矛是楚式的，没有土著特色。巴人的乐器是錞于（图 2-35），年代越晚錞于越多。巴式錞于多用虎钮，显然与民族信仰有关。这个时期的錞于顶盘尚无图像，或者只有少量简单的图像。

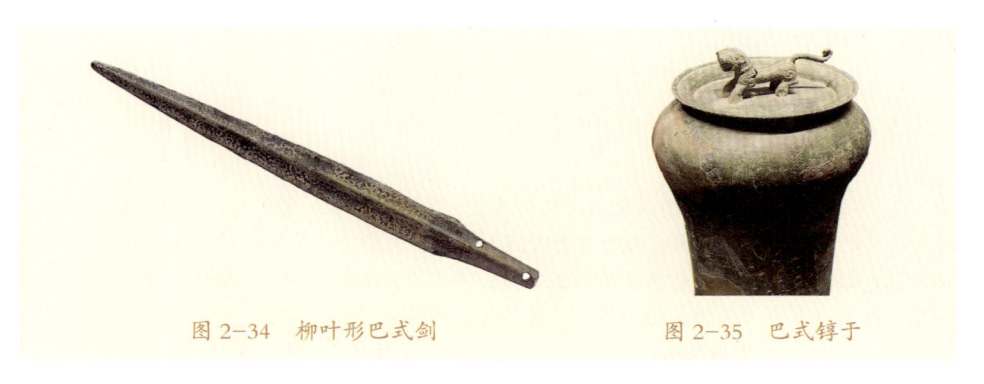

图 2-34　柳叶形巴式剑　　　　图 2-35　巴式錞于

巴国蹈蜀国覆辙，也被秦国攻灭。但秦国对蜀地的统治是直接的，比较严酷；对巴地的统治是间接的，比较宽松。由此，战国晚期蜀文化有衰退迹象，巴文化则仍有上升趋势。小田溪巴墓出土的错金编钟和错银铜壶，都是巴器的精品。涪陵古称"枳"，战国晚期一度被楚军攻占，当地的巴文化遗存带有较多的楚文化因素是合乎情理的。①

长江上游除了巴人和蜀人，还有分布在滇北、黔北、川西的少数民族，先秦的中原人士对他们还浑然无知，汉代则称之为西南夷。西南夷是一个总称，其中有许多不同的民族。他们都生息在高原上，或聚居平坝，或散居草原、山丘、峡谷。

春秋战国时期，在这些少数民族中，滇人建立了最强盛的国家，创造了最发达的文化。滇国的中心在今滇池坝，即今昆明市及其周围地区，气候温和，风光秀丽，物产丰饶。它的北部和中部有铜矿，它的南部有锡矿。滇人的青铜时代，大约始于春秋中期或春秋早期。春秋晚期及战国时期，滇人的青铜文化已多姿多彩了。在云贵高原上，滇池坝是一个文化交流的十字路口。因此，滇文化与周边的其他文化有某些显而易见的共性。

楚顷襄王时，有将军庄蹻率所部深入云贵高原，到了滇池坝，变服从俗而为滇王。庄蹻所走的路应是早已由商贩走通的路，但他只走了东面的一半，还顾不上去走西面通到南亚的另外一半。张增祺先生认为：云南玉溪市江川区李家山春秋晚期的24号墓出土的一颗蚀花肉红石髓珠，以及春秋、战国之际的22号墓出土的一颗浅绿色透明玻璃珠，都应该是从南亚传来的。②

古代云贵高原的少数民族为开辟东方和西方文化交流的通道所作出的贡献，值得后人追念和铭记。

---

① 李绍明、林向、徐南洲主编《巴蜀历史·民族·考古·文化》，巴蜀书社，1991；林向：《近五十年来巴蜀文化与历史的发现与研究》，载《巴蜀历史·民族·考古·文化》论文集，巴蜀书社，1991；李复华、王家佑：《巴蜀文化的分期和内涵试说》，载《巴蜀历史·民族·考古·文化》论文集，巴蜀书社，1991。

② 张增祺：《中国西南民族考古》，云南人民出版社，1990，第335-339页。

第二章 秦汉时期的长江文化

长江从涓涓细流汇聚为浩浩巨川，蜿蜒曲折地奔涌于华夏大地，养育着生生不息的中华儿女。中国的历史恰似这条古老的大江，在曲折中不断发展壮大，每一次历史转折都激荡起文明的浪花。秦汉时期是中国历史上重要的转折期，华夏大地经过长期分裂，进入大一统的时代，长江流域亦在此时经历了光彩夺目的文化旅程。

第一节
江河并流：秦代的变局

在文化的最深层次，即心理和价值观方面，长江流域与北方黄河流域仍具有十分鲜明的异质性。秦统一中国，实质上是居于关中的秦文化向东、向东南推进的过程，在推进过程中秦文化逐渐与当地文化融合，由此引发了长江文化的变局。

一、始皇南巡

秦始皇（图3-1）统一六国后的第二年（公元前220年）开始修筑"驰道"，以供巡狩之用。为了"示强，威服海内"，秦始皇先后五次巡视全国，足迹所至，北到今天的秦皇岛，南到江浙（杭州西湖有一处秦始皇缆船石见图3-2，相传即是当年始皇南巡的遗迹）、湖北、湖南地区，东到山

图3-1　秦始皇像　　　　　图3-2　杭州西湖秦始皇缆船石

东沿海，并在邹峄山（在今山东邹城）、泰山、芝罘山、琅邪、会稽、碣石（在今河北昌黎）等地留下刻石，以表彰自己的功德。此外，又依古代帝王惯例，于泰山祭告天地，以表示受命于天，谓之"封禅"。

公元前218年，秦始皇开始了第三次出巡，这一次他目的地是南方。秦始皇乘船自长江开始了江南之行，在途中视察了巴蜀地区，又于江南之滨拜谒了吴王夫差的墓葬，标志着大秦对东南地区的统治范围已经覆盖到长江流域之南。此次出巡主要目的是加强秦朝对南方地区以及长江流域的控制力，同时也是为了显示皇帝的威仪。

公元前210年，秦始皇最后一次巡游，南下云梦（在今湖北），沿长江东至会稽（在今浙江绍兴），又沿海北上返山东莱州，在西返咸阳途中于沙丘（今河北邢台附近）病逝。史称秦始皇南巡到会稽，祭奠大禹，经由陵水道，遇到了狂风暴雨，在如今杭州西湖边宝石山上岸，把船的缆绳系在了一块大石头上，后来，人们就把这块大石头称为秦王缆船石。这块缆船石北宋时期被雕刻为一座大佛头，至今矗立在西子湖畔，向人们诉说着这段远去的历史。

二、开凿运河

秦统治者还对江南航运进行了开发，使诸郡行船进入长江主流，这成为江南运河的开端。秦始皇为了加强对东南地区的统治和经营，在太湖流域自然河道和春秋战国以来所开运河的基础上，动工开凿了江南运河。

《越绝书》卷二《越绝外传记吴地传第三》云："秦始皇造道（通）陵南，可通陵道，到由拳塞，同起马塘，湛以为陂，治陵水道到钱唐，越地，通浙江。秦始皇发会稽适戍卒，治通陵高以南陵道，县相属。""陵道"就是塘路。"陵水道"就是与塘路并列的水路。王充《论衡》卷四《书虚篇》称这条运河为"通陵江"。又，"秦始皇东巡，望气者云：'五百年后江东有天子气。'始皇至，令囚徒十万人，掘污其地，表以恶名，故改之曰由拳县。"唐代李吉甫《元和郡县图志》卷二五"润州丹阳县"条云："丹阳县，本旧云阳县地。秦时，望气者云有王气，故凿之以败其势，截其直道，使之阿曲，故曰曲阿（县）。"宋代乐史《太平寰宇记》引《吴录·地理志》云："春秋吴朱方，后名谷阳。秦望气者云：'其地有天子气。'始皇使赭衣徒三千人凿长坑，败其势，改曰丹徒。"南朝宋刘桢《京口记》云："龙目湖，秦王东游观地势云：'此有天子气。'使赭衣徒凿湖中长冈使断，因改名丹徒，今水北注江也。"上引所谓"天子气""王气"云云，实际上是秦朝统治者对东南地区政治形势的评估。"遏水为堰""掘污其地""截其直道""凿长岗"等措施，也就是一项又一项的运河开凿工程。动辄"发会稽适戍卒""令囚徒十万""使赭衣徒三千"，可见工程之艰巨。秦始皇以他的雄才大略，通过一系列工程，终于在江南地区构建了以江南运河为主航线的水上交通圈。正如魏嵩山、王文楚两位先生所说："秦始皇实为江南运河的创始人。"[①]

三、沟通漓湘

秦始皇二十六年（公元前221年），秦定六国后，命尉屠睢率10余万人进军岭南。为解决秦军的给养运输供应问题，秦始皇决定"使监禄凿渠运粮"。史禄在海阳山（即古海阳山，今广西兴安县境）主持开凿了一条长达30公里、宽约2丈的水道，这便是著名的灵渠。

灵渠的建成，不仅为秦军取得统一南越的胜利创造了重要条件，而且沟通了漓江、湘江（图3-3），连接起长江与珠江两大水系，使其成为黄河文化向南辐射的又一重要渠道，从而有力地促进了岭南文化的进步和发展。罗香林先生在《世界史上广东学术源流与发展》一文中说："由西汉至南北朝……广东与中原的交通，亦以西安为中心。由西安经汉中沿汉水而下，至洞庭湖，溯湘水而至粤桂交界。中原的学术思想，由此交通孔道，向广东传播。东汉时期，印度佛教，以至海外各国的文化，亦多自越南河内以及广东的徐闻、合浦与番禺等地的港口传入，而扼西江要冲的苍梧，遂成为中原学术文化与外来学术文化交流的重心。"

灵渠在世界航运工程史上也占有光辉的地位。它的修成，不仅对沟

[①] 魏嵩山：《杭州城市的兴起及其城区的发展》，载《历史地理》创刊号，上海人民出版社，1981。

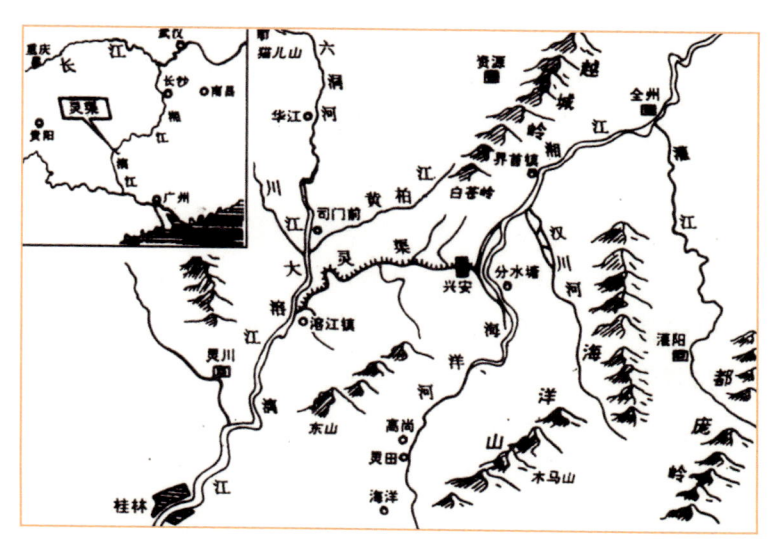

图 3-3　湘漓水源示意图

通古代交通有相当重要的作用，而且直到明清时代还被称为"三楚两粤之咽喉"。

灵渠在中国古代水利工程史上也是一项伟大的创举，它的建成对我国古代水利技术的发展有着深远的历史意义。从秦代灵渠所大致包括的凿渠、修筑抬高海阳河水位的拦河坝和分水工程来看，其工程布置和施工技术已达到了相当高的水平，充分显示了我国古代劳动人民的智慧和创造精神。

四、亡秦必楚

长江流域文化深层的价值观取向与关中的秦文化对立。这种对立不仅存在于秦统一中国之前，也持续于秦统一中国之后。秦军对长江中、下游的占领，秦朝政治、经济、文化制度在此地的推行，并未缓和这一对立，反而在一定程度上激化了这一对立，各地反秦势力依然存在。尤其是秦在故楚暨东南地区的残暴统治，使当地人们普遍产生了一股反秦暴政、眷恋故国的心理，"楚虽三户，亡秦必楚也"。

六国贵族，如楚国大将项燕的后代项梁等反秦之士，纷纷会集吴中。秦始皇东巡会稽之时，围观者当中就有不少反秦志士。湖州乌程县（今湖州）东北十六里有一处古地名称作"掩浦"，一名"项浦"，据晋顾长生《三吴土地记》云："昔项羽（图3-4）观秦皇舆御，曰：'可取而代之也。'项梁闻而掩其口，即此处，因名之。"这些反秦志士隐匿在民间，暗中为起兵反秦作准备。《史记》卷七《项羽本纪第七》载"每吴中有大徭役及丧，项梁常为主办，阴以兵法部勒宾客及子弟，以是知其能"。

后项梁、项羽反秦旗帜一举，果然有江东八千弟子纷起响应。秦朝政府很清楚当时东南地区的政治形势。秦始皇帝常曰："东南有天子气。"于是东游加以镇压。由此，我们可以认为，开始于秦二世元年（公元前209年）的秦末农民战争，从文化史的意义上看，乃是长江流域的楚文化与关中的秦文化冲突激化的结果。其证据是起义的发动者陈胜、吴广、刘邦（图3-5）、项羽均系楚地人，而且这些起义者与秦人具有完全不同的价值观。这从公元前206年秦亡后，项羽"心怀思欲东归，曰：'富贵不归故乡，如衣绣夜行，谁知之者。'"和秦始皇夸耀"六合之内，皇帝之土"，以及关中秦人蔑视地说楚人"沐猴而冠"等言论和事实中也可得到证明。这种对立的意识形态一直延续到汉初，至汉武帝时代才发生根本变化。

图3-4 项羽像　　　　　　　图3-5 刘邦像

第二节
江山一统：西汉的新生

西汉，中国历史上大一统的王朝，前后共有两百余年时间。它的建立结束了秦朝末年的动荡岁月，巩固了中央集权制度，促进了社会经济的恢复发展。与此同时，长江文化也迎来了新生。

一、饭稻羹鱼

西汉时期长江流域的物质文化取得了惊人的成就。秦汉时期长江流域的粮食作物主要有水稻、粟、高粱、小麦、黍、稷、芫菁、芝麻等。水稻是长江流域最主要的农作物。司马迁《史记·货殖列传》说："楚越之地，地广人希，饭稻羹鱼。"《汉书·地理志》曰："江南地广，或火耕水耨，民食鱼稻。"《华阳国志·蜀志》载："绵与雒各出稻稼，亩收三十斛，有至五十斛。"从考古资料来看，水稻遗址遍及长江流域各省区，真实反映了当时的农业生产状况。

粟，也是长江流域重要的农作物之一。如汉高祖二年（公元前205年）六月，"关中大饥，米斛万钱，人相食。令民就食蜀汉"。汉武帝时，"山东被河灾，及岁不登数年，人或相食，方二三千里。天子怜之……下巴蜀粟以赈焉"。元鼎二年（公元前115年），武帝又下诏："水潦移于江南……方下巴蜀之粟致之江陵。"这反映出四川是汉代重要的产粟地区。此外，江苏、安徽、湖北等省也有出产粟。

麦、黍、稷等北方所产的旱地作物，在南方长江流域地区同样也种植，但不普遍。如麦，在《华阳国志·蜀志》汶山郡（治所在汶江，今四川茂县北）条下有载："土地刚卤，不宜五谷，惟种麦。"黍、稷，在《华阳国志·巴志》中也有"川崖惟平,其稼多黍。旨酒嘉谷,可以养父。野惟阜丘,彼稷多有。嘉谷旨酒,可以养母"的记载。此外,左思《蜀都赋》在描绘汉、三国间成都平原风光时,也有"沟渠脉散,疆里绮错,黍稷油油,粳稻莫莫"之句。

此外,芋盛产于蜀地,是人工栽培的对象,是兼具主食和蔬菜功能的食物。甘薯是岭南地区常见主食。甘薯属薯蓣科,《齐民要术》卷一〇引杨孚《南裔异物志》云:"甘薯似芋,亦有巨魁;剥去皮,肌肉正白如脂肪,南人专食以当米谷。"

渔业是秦汉时期长江流域的一大优势产业,时有"江湖之鱼,莱黄之鲐,不可胜食"的说法。《史记·货殖列传》曰:"楚越之地……饭稻羹鱼。"《汉书·地理志》云:"江南地广……民食鱼稻,以渔猎山伐为业"(图3-6);又说:"巴、蜀、广汉……民食稻鱼,亡凶年忧。"(图3-7)由于渔业发达,其生产技术也得到了进一步的发展。首先,渔业生产工具和渔法已呈多样化。当时的捕鱼工具主要是网罾、鱼叉和鱼钩等。这些捕鱼工具在考古发掘中多有出土,如江苏盐城市汉盐渎古城遗址、宝应汉射阳城遗址和高邮邵家沟遗址等,都出土过陶质渔网坠。另外,江苏睢宁汉代画像墓中的《捕鱼图》,更生动地描绘了当时渔业生产的繁忙景象。其次,人工养殖技术也有了新的发展。《水经·沔水注》载:汉代襄阳侯习郁曾"依范蠡养鱼法作大陂,陂长六十步,广四十步,池中起钓台",又"引大池

图3-6 成都出土的汉代《弋射收获图》画像砖

图3-7 汉代四川画像砖上的渔猎收获图

水于宅北,作小鱼池,池长七十步,广二十步",其陂池中"常出名鱼"。这种养鱼池在考古发掘中不乏例证,如成都天回山东汉崖墓出土的陶水塘,呈长方形,内有鱼、螺、莲等。成都市区东郊等处也出土过类似的陶水塘,可见当时劳动人民已普遍利用陂塘养鱼了。

二、完善都江堰

秦汉时期长江上游的水利开发,主要是在四川和云南。四川地区的水利工程,在战国末年以来都江堰的基础上,进一步扩大了成都平原的水利灌溉范围。

公元前256年,秦国派李冰到蜀地做郡守。作为郡守,李冰上任后自然需要考察蜀郡的详细情况。他发现由于四川盆地的特殊地理环境——四面高、中间低,使得雨水流向盆地中间。另外,不同年份的降雨量是不同的,加上横断山脉的冰川融化,导致每年从山上流下来的水量也是不同的。有些年份,流下来的水可以直接流入四川内部的河道,有些年份则会导致河道无法完成排水任务,引得水患频发。因为四川盆地往外排水的主要通道是长江,所以解决水患问题的关键在于建立通往长江的通道。为了从源头上解决岷江的问题,李冰(图3-8)主持建造了都江堰。都江堰的运作很复杂,但最重要的是它可以自我养护,通过岷江的天然力量和周围的地势,及时排出多余的泥沙,挡住洪水(图3-9)。同时,成都地区多出了五六十万亩良田,土质肥沃适宜耕种。

孝文帝末年以庐江文翁为蜀守,穿湔江口,灌溉繁田千七百顷。都江堰灌区开始向东北方向扩大。不仅如此,蜀人还在都江堰工程建成以后利用河水来漂运木材,

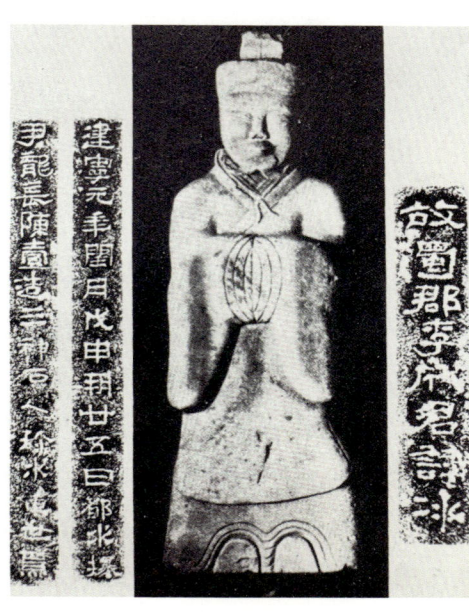

图3-8 李冰塑像

大大提高了运输效率。《华阳国志·蜀志》曰:"岷山多梓柏大竹,颓随水流,坐致材木,功省用饶。"成都市新都区汉墓就曾出土有"放筏"的画像砖,真实而生动地再现了当年筏运事业的兴盛景象。

在都江堰等大型灌溉工程兴修、完善的同时,西汉时期小型灌溉系统也在长江流域得到了普遍的发展。四川眉山和成都等地的东汉墓,经常发现水田与池塘组合的模型,几乎

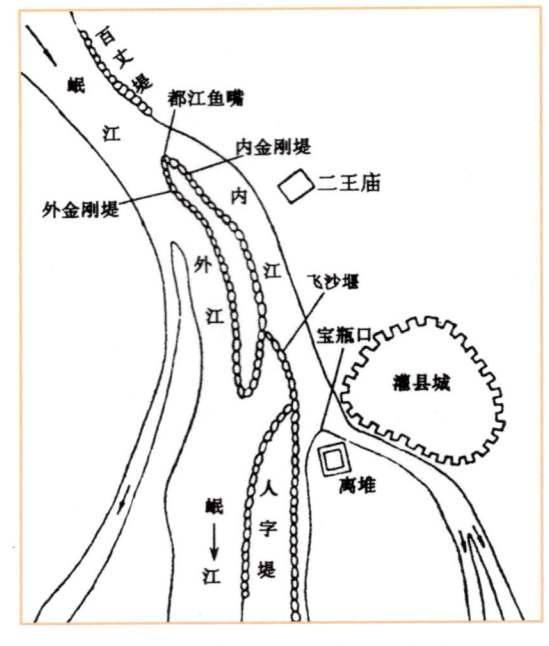

图 3-9　都江堰工程布置示意图

每个模型都有从池塘通向水田的灌溉系统。事实上,秦代到西汉时期长江流域的水利建设在中国农业史上占有重要的地位,它为魏晋南北朝时期南方农业生产的飞速发展创造了条件,并对今后中国农业生产的发展历程产生了极其深远的影响。

三、吴王的反叛

公元前 154 年,西汉发生以吴王刘濞为首的七个诸侯国起兵对抗中央的叛乱,虽然不久叛乱被平定,但是诸侯国的势力没有从根本上得到遏制,它们依然威胁着大一统王朝。但是,吴王刘濞等南方诸侯也推动了长江流域的开发,以及文化的发展。

秦汉时期长江流域虽然没有出现像秦阿房宫、汉长安城这样宏大而辉煌的建筑,但由于汉高祖刘邦分封诸子,仍然留下了不少王室宫苑。吴王城,是吴王刘濞的都城,建于广陵(今江苏扬州)。据《后汉书·郡国志》:"广陵,吴王濞所都,城周十四里半。"当时吴国"国用富饶",刘濞在此营造了不少富丽堂皇的王宫建筑。此后,江都王刘非、广陵王刘胥等也在此

大修宫馆。从当时的文献记载来看，有章台宫、显阳殿等大型建筑。

在经济发展的前提下，西汉时期分封于长江流域的诸侯王招贤养士，也是此地人才会集的一个因素。如梁孝王刘武，就"招延四方豪杰，自山以东游说之士，莫不毕至"。孝王死后，梁国一分为五，这里的吴王刘濞和淮南王刘安招贤养士的规模更大："招致天下亡命者"，"它郡国吏欲来捕亡人者，颂共禁不与"。这些诸侯王招贤养士甚至"招致天下亡命者"的目的，固然是企图与朝廷分庭抗礼甚至谋反，但在这些被招来的人才中确实包含了不少文化层次较高的人才。同时，由于礼遇士人，也为人才的出现创造了良好的环境。因此，这些地区成为人才荟萃之地。如司马相如的汉大赋《子虚赋》就是在梁国客居时写成的。而吴国的江都（今江苏扬州西南）和淮南国的寿春（今安徽寿县）也先后聚集了一批名人儒士，如齐人邹阳、吴人枚乘和严忌等等。淮南王刘安养士的规模更大："淮南王安为人好书，鼓琴……亦欲以阴德拊循百姓，流名誉，招致宾客方术之士数千人"，衡山王刘赐"亦心结宾客以应之"。这些宾客中有不少辞赋、黄老、纵横及五经的名士、学者。虽然以后诸侯国割据势力被消灭，这些曾一度聚集起来的众多人才星散云流，但对当地文化的熏陶和提高，其作用是毋庸置疑的。

值得一提的是，西汉的著名文学家凡是辞赋有成就者，多与长江流域有关联，例如司马相如、扬雄均为蜀人，司马相如的《甘泉》《羽猎》《长杨》等赋皆为赋中名篇，也是世界文学中的不朽之作。贾谊虽为洛阳人，所作的《吊屈原赋》《鵩鸟赋》却是在长江流域的长沙所作，这种现象绝非偶然，"赋"这种文体，其主要特点是想象力丰富，手法铺张，辞藻华丽，长江流域的浓厚浪漫气息的文化氛围，有利于培养辞赋作者，而这种文化氛围与刘濞等诸侯王的提倡与建设又有一定的关联。

四、大夏国的邛杖

秦汉时期陆路交通和贸易的最高成就，莫过于"丝绸之路"的开辟。

从文献和考古资料来看，秦汉时期的"丝绸之路"除由张骞通西域而开辟的由西汉都城长安通往中亚的运输线外，还存有一条从中国四川、云南经缅甸、印度、巴基斯坦到达中亚的商道,即后人所说的"西南丝绸之路"或"南方丝绸之路滇缅道"。从时间上来说,"西南丝绸之路"的开辟要早于张骞所辟丝绸之路。

《史记·大宛列传》中有一段很著名的文献记载:张骞从西域出使回来以后,向汉武帝报告说:"臣在大夏时,见邛竹杖、蜀布。问曰:'安得此?'大夏国人曰:'吾贾人往市之身毒。身毒在大夏东南可数千里。其俗土著,大与大夏同,而卑湿暑热云。其人民乘象以战,其国临大水焉。'"大夏,即今阿富汗的北部。身毒,据夏鼐先生考证,当指印度。由此可见,早在张骞"凿空"西域之前,四川地区出产的"蜀布"和"邛竹杖"就已经从今印度转徙到了那遥远的帕米尔高原以西的中亚市场上,这使得经过千辛万苦来到中亚地区的张骞大为震惊,并在回国复命时将这一惊人的发现报告给汉武帝。

秦汉时期的西南丝路,主要可以分为西路和南路两条。南路的第一段称"五尺道",因是在峭壁上凿孔架桥为道,处所险恶,以其栈道宽仅五尺而得名。西路的第一段古称青衣路,以其始于雅安地区(古青衣)而得名,又称西夷道、邛笮道等。通过西南丝路,长江流域出产的丝绸、漆器等物远销到印度、中亚地区。在印度史书《国事论》(*Arthasastra*)中,曾经提到"脂那"(Cina)之地产丝及红黑两色或黑白两色之织皮。据饶宗颐先生《蜀布与Cinapatta——论早期中、印、缅之交通》一文的研究,"脂那"乃秦之对音,此处系指四川。由此可知,中国四川与印度之间商业往来在秦代已经比较密切了。到汉代,四川出产的丝绸等物仍直接贩运到今巴基斯坦境内之印度河流域,然后转手远销大夏,甚至有可能到达了希腊、罗马。与此同时,四川临邛等地制作的铁器也输入到越南北部地区。[①]

[①] 夏鼐:《中巴友谊的历史》,《考古》1965年第7期;饶宗颐:《蜀布与Cinapatta——论早期中、印、缅之交通》,载《历史语言研究所集刊》第45本,1974年,第561-584页;童恩正:《试谈古代四川与东南亚文明的关系》,《文物》1983年第9期;童恩正:《略谈秦汉时代成都地区的对外贸易》,《成都文物》1984年第2期。

第三节
江流不息：东汉的绵延

长江流域的文化特色，在西汉时期基本确定下来。东汉时期的长江文化沿着西汉时期确定下来的趋势向前发展，不过其发展速度和规模较之前代空前地增加增大，延续了西汉武帝以来的文化新生。

一、二牛抬杠

牛耕在秦汉时期已在长江流域普及。秦昭王在南郡推广铁器的同时，也将牛耕推广到长江流域。云梦睡虎地秦墓竹简云："以四月、七月、十月、正月肤田牛。卒岁，以正月大课之，最，赐田啬大壶酉（酒）束脯，为皁（皂）者除一更，赐牛长日三旬；殿者，谇田啬夫，罚冗皁者二月，其以牛田，牛减絜，治（笞）主者寸十。有（又）里课之，最者，赐田典日旬；殿，治（笞）卅。"这里所说的"田牛"，就是指耕牛。在当时，牲畜比较缺乏，一般都是人力耕作。因此，政府和百姓均将耕牛视为宝物，千方百计加以保护。每年举行四次耕牛评比大会，成绩优秀的，田啬夫和饲养员都得奖励；成绩较差，使牛瘦弱生病的，则要受罚。

到东汉时期，牛耕（图3-10）继续在长江流域推广、普及。章帝建初八年（公元83年），王景为庐江太守，"先是百姓不知牛耕……景乃驱率吏民，修起芜废，教用犁耕"，解决了当地"地力有余而食常

图 3-10 汉代牛耕的情景

不足"的问题,"由是垦辟倍多,境内丰给"。东汉光武帝建武五年(公元29年),任延为九真郡太守,民间"俗以射猎为业,不知牛耕,民常告籴交阯,每致困乏,延乃令铸作田器,教之垦辟。田畴岁岁开广,百姓充给"。庐江郡治舒县(今安徽庐江西南),当时辖境相当于今安徽巢湖、舒城、霍山以南,长江以北,湖北英山、武穴、黄梅和河南商城等县地。九真郡在今越南中部,不属长江流域的范围。由此可知,东汉建立后,一批勤于政事的"循吏"在南方地区任职,在所辖地区积极推广中原地区先进的生产技术和生产工具,为改变本地原有的生产风俗和经济面貌作出了重要贡献。从这两则文献记载中我们可以推测,至迟到东汉初年,长江流域已普及牛耕。

在北方移民的影响下,在"循吏"的锐意经营下,在北方先进技术的带动下,南方地区的农业生产风俗悄然变化。到东汉末年,牛耕技术对许多南方人来说已不再陌生。考古发掘在今福建、广西等地发现了汉代的铁犁铧,广东佛山澜石东汉墓的陶水田模型中则包含了犁田模型,进一步证明这些地区已经开始使用牛耕。至迟到东汉末年,广东一些地区已经开始插秧。佛山市郊澜石出土的陶水田模型中,农民就在不同的田块中犁地、插秧和收割。

牛耕在两汉画像石上也有具体的表现。1984年3月,江苏泗洪重岗汉代画像石墓中曾出土一幅《耕种图》。画面上部为二牛二人犁地图,二牛抬杠,共拉一犁,前有一人牵牛,后面一人左手扶犁、右手扬鞭,吆喝驱牛前进。从画面上看,牛体硕壮,头上双角内弯,腹下特意刻画出雄性生殖器官,当为雄性水牛。它生动地反映了西汉江苏淮河流域地区的牛耕情况。出土于江苏睢宁双沟的牛耕图画像石(图3-11),图画中表现的是东汉时的耕种场面。画面中一农夫扬鞭扶犁,犁田方式仍是二牛抬杠,但牛前已不再用牵牛人,这反映出江苏地区牛耕技术从西汉到东汉所产生的进步。①

---

① 尤振尧:《江苏泗洪汉代农业画像石研究》,《农业考古》1984年第2期;武利华、王黎琳编《徐州汉画像石》,江苏美术出版社,1985;徐州博物馆:《论徐州汉画像石》,《文物》1980年第2期。

图 3-11　江苏睢宁双沟出土的牛耕图画像石

二、马臻与鉴湖

秦汉时期，是长江流域水利事业大发展的时期。秦汉时期长江三角洲和巢湖流域修建了大量水利设施。据《越绝书》卷二《越绝外传记吴地传第三》记载，"秦始皇造道（通）陵南，可通陵道，到由拳塞，同起马塘，湛以为陂，治陵水道到钱唐，越地，通浙江。秦始皇发会稽适戍卒，治通陵高以南陵道，县相属。"秦始皇三十七年（公元前210年），"使赭衣徒三千，凿京岘东南垄""秦凿丹徒曲阿"。这些文献虽然现在还没有较为确切的解释，但多数学者认为这些水道是杭嘉运河和丹徒运河的滥觞，并为隋代江南运河的开通奠定了基础。到汉代，长江三角洲地区的水利工程显著增加，其中最著名的当推鉴湖。

鉴湖，又称镜湖，是长江以南最古老的大型水利灌溉工程之一。刘宋时期孔灵符《会稽记》曰："汉顺帝永和五年（公元140年），会稽太守马臻（图3-12）创立镜湖，在会稽、山阴两县界，筑塘蓄水高（田）丈余，田又高海丈余。若水少，则泄湖灌田；如水多，则开湖泄田中水入海。所以无凶年。堤塘周回五百一十里，溉田九千余顷。"会稽太守马臻针对虞绍平原北临沧海、南傍群山、内多沼泽，又面临海水倒灌、洪旱灾害及土地

图 3-12　马臻像

盐碱化严重的情况，发动民众在会稽山北麓以会稽郡城为中心，东到曹娥江、西抵钱清江之间，修筑了一座狭长形大型蓄水陂塘——鉴湖（图3-13）。

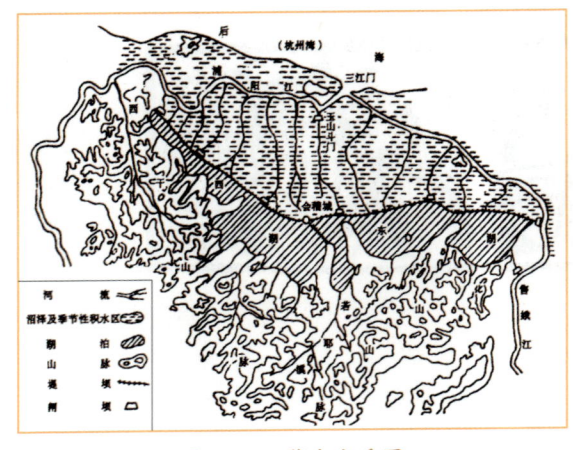

图 3-13　鉴湖水系图

鉴湖集"三十六源水"于一身，加上斗门、闸、堰与涵道等一整套设施，上蓄洪水，下拒咸潮，"若水少则泄湖灌田，如水多则闭湖泄田中水入海"，形成了科学的排灌体系，使山会平原9000余顷农田旱涝无虞，《宋书·孔令符传》称其"膏腴之地，亩直一金"。与此同时，鉴湖形成的东西向的带状水域，成为连接绍兴城乡的主要水道，平添舟楫之利。从东汉至南宋，鉴湖工程效益至少持续8个世纪。但马臻因筑鉴湖，淹及部分田园坟冢，为豪强所诬，蒙冤被杀。越人思其功，将其遗骸从洛阳迁回山阴（今浙江绍兴），安葬于鉴湖之畔，并立庙祭祀他。

三、大墓的奇迹

马王堆汉墓位于湖南省长沙市芙蓉区东郊四千米处浏阳河旁的马王堆街道，是西汉初期长沙国丞相、轪侯利苍的家族墓地。马王堆汉墓于1972—1974年先后进行3次考古发掘，墓葬的结构宏伟复杂，三座都是北侧有墓道的长方形竖穴墓，椁室构筑在墓坑底部，墓底和椁室周围，都塞满木炭和白膏泥，然后层层填土，夯实封固。二号墓的主人是汉初长沙丞相轪侯利苍，一号墓的主人是利苍妻，三号墓的主人是利苍之子。除一具保存完好的女尸外，墓葬共计出土棺椁（图3-14）、丝织品（图3-15）、帛书、帛画、漆器、中草药等遗物3000余件，堪称长江流域考古史上的奇迹。

秦汉时期，我国的天文、历法是当时世界上最先进的。《汉书·五行志》关于太阳黑子的记录比欧洲的相应记载早900余年，这是公认的事实。1974年在湖北云梦发现的秦简，其中有《日书》甲乙种。其中记载的天文、历法知识相当丰富。而马王堆汉墓出土的帛书《五星占》（图3-16）和《天文气象杂占》（图3-17）两部书，更具体地证明

图3-14　马王堆一号汉墓出土的彩绘黑地漆棺

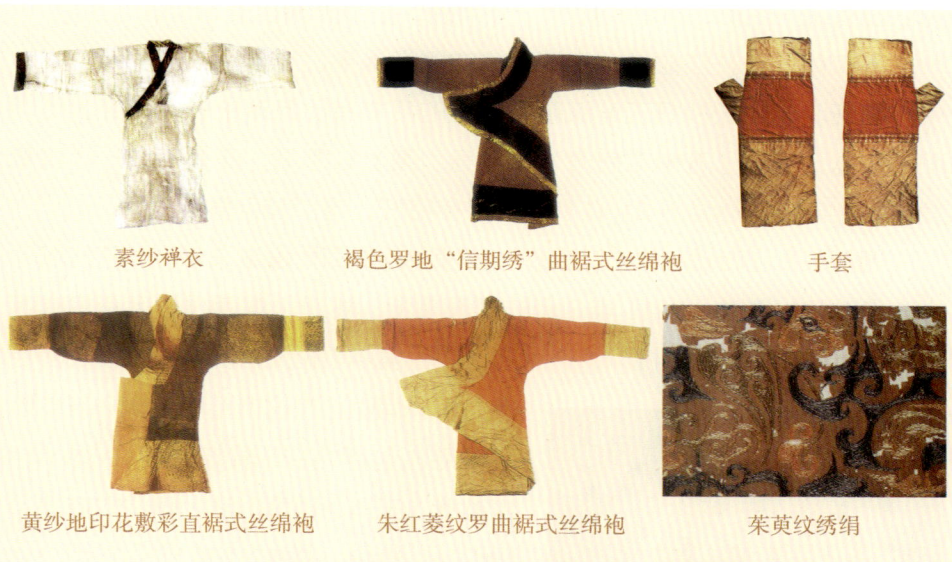

素纱禅衣　　　　褐色罗地"信期绣"曲裾式丝绵袍　　　　手套

黄纱地印花敷彩直裾式丝绵袍　　朱红菱纹罗曲裾式丝绵袍　　茱萸纹绣绢

图3-15　湖南长沙马王堆一号汉墓出土的部分丝绸服饰

图3-16　《五星占》和"T"形帛画　　　　图3-17　《天文气象杂占》

了我国古代天文学和历法学的高水平。帛书《五星占》约 6000 字，包括两部分，前面是占文，后面是五星位置。此书成书年代约在汉文帝时期，即公元前 170 年左右。此书不仅精确地记载了土星、金星和木星的会合期，而且如实地描述了它们的动态，在科学史上有重大价值。《天文气象杂占》是一种方术书，但所记录的自然现象却是很有用的科学资料，书中有 29 幅彗星图像，是极为珍贵的天文图谱。

与此同时，秦汉时期的地理学已达到极高的水平。在长沙马王堆汉墓中发现的西汉时期三幅地图，表明了当时测绘水平已达到相当的高度。这三幅地图所绘的分别是长沙国南部驻军、地形和一个县的平面图，其绘制方法已有统一图例，测绘的比例十分精确，是中国现存最古老的地图。

不仅如此，长江流域在秦汉时代的医学水平，也从马王堆的考古资料中得到证明。在长沙马王堆汉墓中发现的帛书有《足臂十一脉灸经》《阴阳十一脉灸经》《五十二病方》和《导引图》等医书。而马王堆一号汉墓发现的女尸，竟然经历 2100 多年仍保存完好，这都是世界罕见的。

近年来，江西省南昌市又发现了震惊中外的海昏侯墓，堪称长江流域考古史上的又一奇迹。2011 年 3 月的某天晚上，新建区观西村村民看见有可疑人在村附近的墎墩山掘洞，无意间让海昏侯墓重见天日。墓内文物之多令考古人员惊叹，在这座墓里发现一万多件陪葬品，包括金器、钱币（图 3-18）、青铜器、玉器、铁器、漆木器、陶瓷器、纺织品、竹编、草编、简牍等。其中的金器总重量达 120 公斤，是历来在汉墓中发现数量最多的一次。堆积如山的五铢钱也有约 400 万枚，重量达 10 吨，四五位考古人员花了一个月时间才完成铜钱污泥的清理，一位考古人员足足用了半年时间去点算这些钱，数量之多可想而知。

海昏侯墓园由两座主墓、七座祔葬墓及一道外藏坑等组成，面积约 4.6 万

图 3-18　海昏侯墓出土金饼

平方米。由于墓主遗骸已粉化，考古人员起初未能确定墓主身份，最终在主棺内发现一枚刻有"刘贺"两字的玉印，才令墓主人的身份获得确定。刘贺的父亲刘髆，是汉武帝刘彻第五子，天汉四年（公元前97年），刘髆被封为昌邑王，是西汉第一位昌邑王。后元元年（公元前88年）正月，昌邑王刘髆去世，谥号哀，史称昌邑哀王。始元元年（公元前86年），刘贺嗣位，成为西汉第二位昌邑王。刘贺曾被权臣霍光立为皇帝，随即被废，仅仅当了27天皇帝，不过史书上记载在此期间他却干出1127件坏事，平均每天40多件，看来这样的记载并不符合事实。考古学家对其陵墓展开一系列的研究，其中发现有孔子画像（我国目前发现最早的孔子画像），还有《诗经》《礼记》《论语》《春秋》等书籍，儒家思想浓厚。《论语》中的《知道》篇是2000多年来从没有出现全貌的典籍，终于在刘贺墓中得以展露真实面目。

从刘贺如此重视儒学典籍来看，真实的刘贺应该没有史书上所说那么昏聩，很可能是因为他与霍光之间发生了矛盾争执，最后霍光为了整治他，才联络毫无实权的皇太后来废除刘贺皇位。史书中，霍光列出的刘贺那些荒唐事，很多都是无中生有，颇有鸡蛋里挑骨头的味道，让人不得不对史书中那段历史的真实性产生怀疑。希望海昏侯陵墓考古的进一步开展，能还原那段不为人知的历史真相。

四、道教的起源和发展

道教源于黄老神仙之术、阴阳五行之说以及流行于汉代的各种巫术，其苗头在西汉成帝年间已初步展现。成帝时齐人甘忠可撰《包元太平经》可能对后来的太平道产生重要影响。至东汉中期，作为宗教的道教初步形成。

东汉时期，长江流域成为道教成熟与发展的重要区域。《后汉书·刘焉传》载，顺帝年间，沛国丰县人张陵到蜀郡鹄鸣山（今四川仁寿，一云四川崇庆）学道，"造作道书以惑百姓，从受道者出五斗米，故世号'米贼'"。其子张衡和其孙张鲁相继传道，是为五斗米道，它在后世发展成为天师道。约略同时，上层统治者也祭祀老子，推动了道教的流播。四川大邑县鹤鸣山道观（图 3-19）就建于东汉时。

五斗米道在东汉末年影响颇大。张鲁任益州督义司马后，在汉中建立起政教合一的独立王国，"雄踞巴蜀垂三十年"。他自称"鬼君"，初入教者称"鬼卒"，教中设"祭酒"。百姓有病，令自首其过。

图 3-19 四川大邑县鹤鸣山道观

犯法宽容三次后方用刑。又在路旁设立义舍，放置米肉，行人量需取用。汉中也成为受道教影响风俗变化最大的地区。大致同时，琅琊（今山东临沂）人于吉创立太平道，撰写《太平清领书》，即道教著名典籍《太平经》。东汉末年张角等利用太平道发动"黄巾起义"。黄巾起义后被镇压，直接导致朝廷对道教的打击。尽管如此，道教还是在东汉时期成为全国性的宗教，至今在长江流域依然具有重要的影响。

五、佛教的传入

关于佛教传入中国的时间，有西周传入、春秋战国传入、秦始皇时传入、武帝时传入、东汉明帝时传入等多种说法，现在一般认为佛教大致在西汉末至东汉初年传入内地。早期佛教依托中国传统的黄老神仙方术，首先得到上层社会的一些人的信奉，代表人物是光武帝刘秀之子楚王刘英。《后汉书·光武十王列传·楚王刘英》载，刘英"更喜黄老，学为浮屠，斋戒祭祀"。他们的宗教仪式如"洁斋三月，与神为誓"，已略具佛教宗教仪式之感。明帝虽对刘英的政治野心存有戒心，但对他习浮屠却持肯定态度。《四十二章经》大致也在这一时期被译成中文。先秦秦汉时期的鬼神观念包括鬼魂报应生人和精灵投胎观念，与佛教也有相合之处，为佛教在中国生长提供了心理土壤。

东汉后期，异域僧人来到洛阳，大量的佛经得到翻译，并流行于世间。

这些佛经主要有安息僧人安世高翻译的小乘禅法书《安般守意经》，大月氏僧人支谶（支娄迦谶）和天竺僧人竺佛朔翻译的大乘佛教般若学《般若道行经》《般舟三昧经》。此外，大月氏僧人支曜、安息居士安玄等，以及汉地人士严佛调、孟元士、张少安等人也参与了佛教典籍的翻译工作。这一时期佛教造像开始出现。典型者如四川乐山汉代佛像（图3-20），不仅头部有佛光，且身披袈裟，右手上举，伸五指，手掌向外，系佛教中的施无畏印；彭山佛像插座（图3-21）的佛像旁有二侍者，则是佛教中"一佛二胁侍"的造型。[1]

图3-20　四川乐山汉代佛像　　图3-21　四川彭山佛像插座

与后代不同，佛教初入中土对社会风俗的影响基本上集中于社会上层，人们对佛教的理解也仅限于修性和升仙。《三国志·吴书·刘繇传》的下述记载曾被作为东汉末年佛教改变民间社会习俗的证据：笮融在彭城"大起浮屠祠，以铜为人，黄金涂身，衣以锦采，垂铜槃九重，下为重楼阁道，可容三千余人，悉课读佛经，令界内及旁郡人有好佛者听受道，复其他役以招致之，由此远近前后至者五千余人户。每浴佛，多设酒饭，布席于路，经数十里。民人来观及就食且万人，费以巨万计"。这个故事也见载《后

---

[1] 任继愈主编《中国佛教史》，中国社会科学出版社，1981，第1卷第2章；闻宥：《四川汉代画像选集》，群联出版社，1955；南京博物院：《四川彭山汉代崖墓》，文物出版社，1991，第37-38页。

汉书·陶谦传》，所述略同。其实从这段文字提供的信息得出的应正好是相反结论。无论是起浮屠祠，还是读经、浴佛，都是上层人士所为；而"课读佛经""复其他役""多设酒饭"则表明绝大多数百姓对佛教相当淡漠。这种情形与同一时期道教的影响力形成鲜明反差。再考虑到文献记载的崇佛仅笮融一例，我们有理由认为，就风俗而言，初入中土的佛教在东汉日常生活中并未留下有很大意义的痕迹。

第四章 魏晋南北朝时期的长江文化

魏晋南北朝，又称三国两晋南北朝，是中国历史上政权更迭最频繁的时期，主要分为三国（曹魏、蜀汉、东吴）、西晋、东晋十六国和南北朝时期。长期的军阀割据和连绵不断的战争，使这一时期中国文化的发展受到特别的影响。该时期，南北方形成了对峙的局面，长江文化却在这一对峙过程中获得了长足的进展。

第一节
江通万里：吴、蜀的并峙

"天下大势，分久必合，合久必分。"东汉末年群雄并起，最终形成魏、蜀、吴三国鼎立的格局。吴、蜀二国在长江流域东西并峙。战乱使得经济受到严重挫伤，然而北方人口的大量南迁，加之吴、蜀政权的经营，客观上促进了长江文化的发展。

一、用武荆州

长江中游的荆州地区，"沃野千里，士民殷富"。从地理位置看，"荆州北据汉、沔，利尽南海，东连吴、会，西通巴、蜀"，是中国南北与东西交通的咽喉与战略要冲。从汉末乱世到魏晋南北朝时期，荆州始终是兵家用武之地。

汉献帝初平元年（公元190年），刘表（图4-1）出任荆州牧，治襄阳。他在南郡地方大族中庐人蒯越、襄阳人蔡瑁的支持下，消灭了当地的割据势力，统治荆州达十八年。荆州当时管辖长沙、零陵、桂阳、南阳、江夏、武陵、南郡、章陵八郡。在刘表的治理下，社会秩序比较安定。大批土地得到开垦，户口日增。刘表在恢复生产、发展经济的基础上，实行尊重士人、发展文化的政策，从而吸引了大批知识分子，从函谷关以西及兖州、豫州来归附刘表的学士文人数以千计。

图4-1　刘表像

第四章 魏晋南北朝时期的长江文化

刘表本人是汉末名士,号称"八顾"之一,著作有《周易章句》5卷、《丧服后定》1卷、《荆州占》2卷、《新定礼》1卷。他在荆州开立学官,博求儒士。在他的统治下,荆州成为当时长江中游的文化中心,学术氛围非常浓厚,知识分子相当活跃。对于汉末襄阳学术的兴盛,当代学者极为重视,认为襄阳学术是后来六朝学术的先驱。[①]

在汉末居住及活动于荆州的士人中,有不少是政治家,而其政治倾向则有拥曹与兴汉之分。前者以颍川人荀攸、杜袭,京兆人杜畿,江夏人李通等为代表,建安初年曹操迎汉献帝都许后,这些人便陆续离开荆州,去投奔曹操。后者则以琅邪人诸葛亮,颍川人徐庶、司马徽,襄阳人庞统等最为有名,他们积极替刘备出谋划策,并得到信任与重用。

刘备(图4-2)于建安六年(公元201年)投奔刘表,在荆州地区居住了八年之久。他虽有关羽、张飞、赵云等猛将,但深感左右人才不足。在徐庶与司马徽的推荐下,他亲自到隆中,拜访诸葛亮,"三顾茅庐",从此两人紧密合作,如鱼得水。由于刘备延揽人才的成功,当曹操乘刘表病死的机会攻打荆州时,刘备"奔江南,荆、楚群士从之如云"。刘备依靠荆州士人的

图4-2 蜀主刘备像

支持,联合孙权,共同抵抗曹操,取得赤壁之战的重大胜利,然后又以荆州为基地,西取益州,建立蜀汉政权,对长江上游的开发作出了重大贡献。

二、赤壁之战

三国时期是中国历史上一个充满战争与变革的时代,魏、蜀、吴三国形成鼎立并且互相牵制的局面,在这个时代,吴蜀两国曾经结成联盟,共同抵抗强大的曹魏,双方有多次交锋,其中最重要的便是赤壁之战。

当时,曹操率领20万大军南下,攻下荆州,沿长江而下,使东吴的

[①] [日]谷川道雄:《六朝时代的襄阳与江陵》,载《古代长江中游的经济开发》,武汉出版社,1988,第210页。

军民陷入了恐慌之中。吴国的统治者孙权（图4-3）经过一番思考，最终决定与蜀汉政权的刘备联合起来，抵抗曹操。他派出使者与刘备联系，并且命令周瑜率领水军迎战曹操。

周瑜率领3万水军，在赤壁附近与曹操对峙。赤壁是长江中下游的一个地名，也是一座山峰，因为呈红色而得名，山下有一片宽阔的水域，适合水战。周瑜命令手下将领黄盖假装投降曹操，向曹操献上了装满硫黄、麻油等易燃物品的船只。曹操没有识破黄盖的诡计，接受了他的投降，并命令他率领船只靠近自己的水军。黄盖趁机点燃船只上的火药，引发了一场大火。火势迅速蔓延到曹操水军的连环船上，造成了惊人的杀伤力和混乱。曹操水军大部分军士被火焰吞噬或溺水而死，少数逃生者也被南方联军追杀。火攻成功后，南方联军乘胜追击，向曹操陆军发动了猛烈的攻击。曹操陆军虽然人数众多，但是士气低落，阵型混乱，无法有效抵抗南方联军的冲击。南方联军在周瑜、关羽、张飞、赵云等名将的率领下，屡次突破曹操陆军的防线，曹军大败，逃回北方。

图4-3 吴主孙权像

赤壁之战胜利，使吴国将统治区域扩大到荆、扬、交、广四州。公元222年，孙权在武昌（今湖北鄂州）称吴王。公元229年，他以建业（今江苏南京）为都城，正式称帝。孙吴政权的建立，加快了江南的开发，使长江中下游以南的广大东南地区，逐步发展成为经济文化发达地区，推动了我国古代经济文化重心的南移。

南渡人口中，不少人在江南建立了家业，如分布在南京中央门外幕府山、中华门外邓府山、西善桥，太平门外栖霞山甘家巷等地的三国吴墓，经发掘出土的砖、铅质买地券及刻文墓砖中，有不少关于主人祖籍的记载。其中有的来自九江，有的来自江夏竟陵，有的来自广陵堂邑，他们都在建业附近"买地""买宅"，定居下来。建业本名秣陵，在汉代是一个小县。建安十六年（公元211年）孙权由京口（今江苏镇江）"徙治秣陵。明年，

第四章 魏晋南北朝时期的长江文化

城石头，改秣陵为建业"。到吴黄龙元年（公元229年），已具备建都的条件，足见其人口增长之多，经济、文化发展之快。

三、蜀锦斑斓

蜀锦是两汉至三国时蜀郡（今四川成都一带）所产特色锦的通称。两汉时期，长江流域的纺织业可以分为丝织业、麻织业两大类，其中以丝织业最为发达，代表了当时纺织业的先进水平。锦是以二色以上的彩色经丝（或纬丝）用多重组织织成的美丽多彩的丝织品，在长江流域多有出产，其中尤以四川成都最为发达，时有"锦里"之赞。扬雄《蜀都赋》说："若挥锦布绣，望芒兮无幅。尔乃其人，自造奇锦。纨缥缣绵，缦缘庐中，发文扬彩，转代无穷。"这不仅说明了汉代四川织锦业的发达，也说明了四川织锦花色品种的繁多。"纨"是用作被面装饰的锦，"缥"是锦带，"缣"是蜀锦的品种之一，"绒"是锦制的鞋绊，"缦"是旌旗上的锦直幅，"缘"是衣饰用锦。又据刘歆《西京杂记》所说，汉成帝曾令益州官吏留下三年税输，为宫廷织造"七成锦帐，以沉水香饰之"，由此可见蜀锦之豪华富贵和织锦技艺的高超。由于蜀锦（图4-4）生产十分发达，故当时的成都还获得了"锦城"的称号。

在三国时期，蜀锦以其独特的质地、图案和色彩，广泛销售于魏、蜀、吴三个国家。这种行销三国的现象反映了蜀锦在当时的市场的影响力和受欢迎程度。曹操给手下将

图4-4 蜀锦

士发放奖励，就经常赐予蜀锦，而曹叡后来送给倭王的国礼中，最重要的就是"锦三匹"。而孙权更是主动出资资助蜀锦的生产，以此换得大量价格优惠的蜀锦。诸葛亮主政蜀汉后，积极推广蚕桑发展，专门设置锦官，负责蜀锦的技术传授、生产销售等环节，使得蜀锦从产量、质量到价格上都极具竞争力，进一步地抢占了魏、吴两国国内的纺织品市场。正是得益于"蜀锦"贸易体系的支撑，诸葛亮才能够以一州之地，屡次率兵，出祁

山北伐，打得曹魏闻之色变。不过，纵然诸葛亮有着极其出色的个人能力，将蜀国治理得井井有条，奈何蜀汉国力太弱，在诸葛亮死后29年，蜀汉就灭亡了，刘备"兴复汉室"的夙愿也化为了泡影。

四、寻找宝岛

公元229年，孙权在武昌（今湖北鄂州）登基称帝，昭告天下，改元黄龙。这不得不提起一个古地名——夷洲，也就是我们现在说的台湾地区。当然，当时孙权派人出海并不确定会到什么地方，在当时，除了夷洲外，古人认为海的对面还有一个亶洲。但在孙权看来，不管海的对面有什么，总归是有地方可以纳入版图的，于是他开始往东经略海外。

公元230年春，孙权命将军卫温、诸葛直率1万名士兵，带领一支庞大的舰队，从章安（今浙江台州市椒江区）出发，驶向了茫茫大海。历经千辛万苦，当卫温和诸葛直的舰队终于穿越海峡，抵达夷洲时，展现在他们面前的这个"新世界"是什么样子呢？三国末年吴国丹阳太守沈莹所著的《临海水土志》是这么记载的："夷洲在临海东南，去郡二千里。土地无雪霜，草木不死。四面是山，众山夷所居。……此夷各号为王，分划土地人民，各自别异。人皆髡头穿耳，女人不穿耳。作室居，种荆为藩鄣。土地饶沃，既生五谷，又多鱼肉。舅姑子妇，男女卧息共一大床……"意思就是说夷洲在临海郡（治今浙江临海市）东南两千里，这里四季无雪霜，草木常青。到处都是山，聚集了很多夷人。这些夷人有各自的首领、土地、百姓。这里的男人削发、穿耳洞，女人不穿耳洞。他们的房子没有围墙，只以荆棘作为藩篱相互区隔。此处土地肥沃，既有五谷，又有各种海产。夷人没有男女之防，一大家子都睡在大通铺上。

此外，沈莹还记载了夷洲许多独特的民俗，如"凿齿""猎头"等，这些民俗在历史上与台湾高山族是一致的。因此无论是从地理位置、自然气候，还是从物产资源、风俗民情的角度来说，夷洲正是现在我国的台湾地区。沈莹所著的《临海水土志》，被公认为是世界上最早记录台湾的文献之一，沈莹也可能是最早研究台湾的学者。不幸的是，此书早已失传，只有部分内容因为被摘录在《太平御览》中而保存了下来。

第二节
天堑风云：两晋的转折

晋朝（公元265—420年）分为西晋与东晋两个时期，两晋共传15帝，历155年。其中西晋为中国历史上的大一统王朝，而从东晋开始中国的政治和文化重心发生南移，故对于长江文化的发展而言，两晋是一个重要的转折期。

一、八王之乱

公元263年，司马昭派钟会、邓艾灭蜀。两年后，司马炎代魏建晋称帝。公元280年，晋灭吴，中国重新统一。西晋太康年间，全国出现了繁荣景象，史称："太康之中，天下书同文，车同轨。牛马被野，余粮栖亩，行旅草舍，外闾不闭。民相遇者如亲，其匮乏者，取资于道路，故于时有'天下无穷人'之谚。"晋武帝司马炎死后，由于统治阶级内部争权夺利引发"八王之乱"，使黄河流域出现了大混乱。

"八王之乱"是一场皇族为争夺皇位而引发的内乱，由于有八个皇族参与，故得名，堪称中国历史上最严重的皇族内乱之一。历时十六年，战乱不断，对当时全国不少地区造成严重破坏，使秩序一度崩溃，给社会带来灾难。

起先，司马氏对江南地主阶级采取笼络政策，至太康末年，江南名士陆机和陆云始入洛阳。据《晋书》卷三六《张华传》载，陆机和陆云"初入洛，不推中国人士"。后来由于二陆的诗文比安平（今山东益都西北）人张载、张协、张亢兄弟的诗文更受洛阳权贵们的欣赏，故《晋书》卷五五《张载传》有"二陆入洛，三张减价"之称。尤其陆机的诗文"弘丽妍赡，英锐漂逸",可称之为"一代之绝"。临淄人左思,被陆氏兄弟视作"伧父",直到其《三都赋》撰成,"竞相传写,洛阳为之纸贵",陆机才深为"叹服,以为不能加也"。南北之间,文人相轻,从不了解到了解,需要一个过程。可惜陆机与弟陆云、陆耽都卷入了"八王之乱",被成都王司马颖所杀,这种黑暗的政治生态下,大量文人名士开始逃离北方。

接着,北方少数民族大量涌入中原(图4-5)。永嘉五年(公元311年),洛阳被匈奴族建立的汉国武装攻破,晋怀帝被俘。此后,90万北方男女南迁,世家大族率领宗族、宾客、部曲一起渡江,"中州仕女避乱江左者十六七"。长江流域又一次成为人们的避乱之所,经济文化继续向前发展,对全国影响日益扩大。

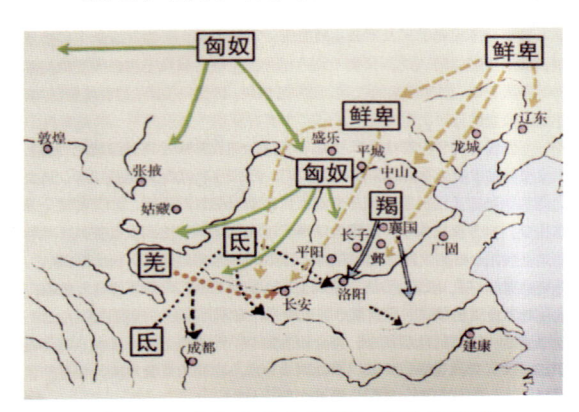

图4-5 北方少数民族涌入中原的路线

二、衣冠南渡

西晋八王之乱后,我国北方出现了十六国纷争的局面,而立足于江南的东晋政权则相对稳定,统治时间长达一个多世纪。继东晋之后,南朝宋、齐、梁、陈四个政权更替并与北朝政权相对峙,时间加起来也有一个半世纪以上。这些建立在南方的政权,对保存与弘扬中华文明,对长江流域经济的开发与文化的发展,都作出了特殊的贡献,促成了秦汉以来我国经济、文化重心的第一次南移,史称"衣冠南渡"。

西晋末年,少数民族大量迁居内地,人口日渐增多,与汉族之间的矛盾也日益加深。内地的地主官僚,用少数民族人作佃客、奴婢的现象,十分普遍。如羯人石勒就曾被东瀛公司马腾贩卖于茌平人师欢为田奴。洛阳晋墓出土的男女陶俑,面形发须与汉人多有不同,反映了西晋统治阶级劫掠少数民族人充当"胡奴"的真实情况。八王之乱中,东海王司马越联络鲜卑段部,成都王司马颖引招匈奴五部,都企图借少数民族的兵力扩大自己的势力，这就给少数民族上层贵族带来了入主中原的可乘之机。永嘉五年（公元311年），匈奴族汉赵政权首领刘聪派刘曜、王弥、石勒围攻洛阳，晋怀帝司马炽被俘。两年后，司马炽被杀于平阳（今山西临汾），晋愍帝司马邺在长安即位。建兴四年（公元316年），长安被刘曜攻破，愍帝被俘，不久被杀。次年，晋元帝司马睿在渡江士族与江南士族的共同支持下，建立东晋政权。

永嘉之乱时，长江以南就广泛流传着各种谚语，如"永嘉世，九州空，余吴土，盛且丰"和"永嘉中，天下灾；但江南，尚康乐"等。这些谚语被刻在墓砖上，反映了当时人们对江南的向往。

永嘉之乱后，人口大批南渡的原因，主要是北方的战乱。南渡规模之大、人口之多，远远超过东汉末年。当时，北方士族带领宗族、宾客、部曲，会合流民，聚众南下。如《晋书》卷六二《祖逖传》载，范阳祖逖本"北州旧姓"，"及京师大乱，逖率亲党数百家，避地淮泗"，后再迁至京口。其兄祖纳、弟祖约，亦皆南渡。高平郗鉴，当永嘉之乱时，"举千余家，俱避难于鲁之峄山"，而郗鉴后受司马睿诏，渡江至建康。河东郭璞，"潜结姻妮及交游数十家，欲避地东南"，因至江东。山东士族徐邈，"永嘉之乱，遂与乡人臧琨等率子弟并闾里士庶千余家，南渡江，家于京口"。也有独自逃亡的，如河内郭文，在洛阳沦陷后，"步担入吴兴余杭大涤山中"，靠"区种菽麦，采竹叶木实，贸盐以自供"。据谭其骧先生统计，当时南渡人口共约90万之众，约占北方人口八分之一。南渡人口以侨居今江苏者为多，约26万。侨民聚集之地，长江以南以今之江宁、镇江、武进等市（区）为最多；长江以北以今之江都、淮阴诸县（区）为最众。东晋初年将相大臣，很多来自侨姓士族。琅琊王氏、颍川庾氏、谯国桓氏、陈郡谢氏、太原王氏左右东晋政局，实行门阀政治百年之久。北方人口的大量南迁，加快了中原文化与长江文化的交流，使长江流域的经济文化提高到一个新的水平。

三、东山再起

东晋王朝的建立，是中国历史的一个转折点，长江流域进入短暂的稳定期，开始在文化经济各方面成为北方政权的竞争者。其间，谢安（图4-6）对东晋的政局的稳定作出了重要贡献。

谢安运筹帷幄，取得淝水之战的重大胜利，奠定了比较稳定的江南政局，他在历史上也因主导淝水之战而声名鹊起（淝水战后形势图见图4-7）。由于谢安的名气和声望，朝廷多次派官员前来邀请他出任要职，但每次都被他拒绝。他不愿同流合污，更愿享受山水之乐。然而，随着时间的推移，谢家的声望逐渐下滑，为了振兴家族，谢安决定重返政坛，接受桓温的聘请，出山做官，为谢家挽回荣耀。

图4-6 谢安像

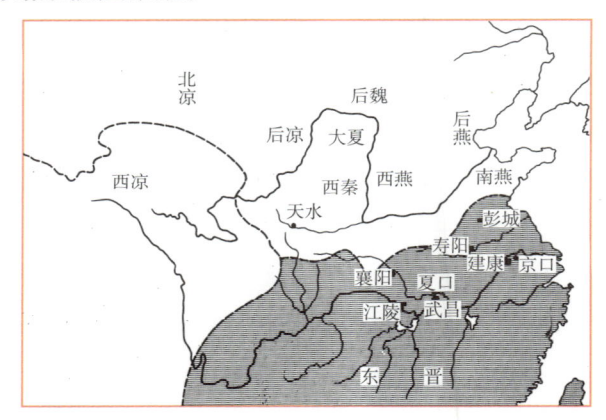

图4-7 淝水战后形势图

这一决定引起了众人的好奇，送行队伍中有人说谢安过去曾多次拒绝朝廷邀请，长期隐居东山，但现在他终于出山了。于是，"东山再起"这个词应运而生，而这词最初只是指谢安重新出山做官这件事，后来才演变成失势后再次崛起的意思。

谢安不仅能谈玄，还以玄理来解释儒经。他把清谈作为应世的手段，而以治理天下为己任。

太元十年（公元385年），晋孝武帝立国子学，但"学生多顽嚚，因风放火，焚房百余间。是后考课不厉，赏黜无章，有育才之名，无收贤之实"。在社会上崇尚虚无、放任享乐的风气的冲击下，重建儒学还相当困难。

四、书画双绝

东晋时期，长江流域的书画艺术尤为发达。这一时期是我国书画"变古制"而创辟新书画的转变时期，"书圣"王羲之（图4-8）和大画家顾恺之正是这一特定时代所造就的书画家的代表。

王羲之（公元303—361年），字逸少，出身于高门士族琅邪王氏，常居会稽山阴（今浙江绍兴）。官至右军将军，故又称王右军。他"颐养闲暇"之余，尽山水之游，潜心钻研书法。其书法卓绝，在楷书、草书、行书方面均达到了"尽善尽美"的程度。相传王羲之曾为山阴

图4-8 王羲之像

道士写《道德经》《黄庭经》以换取白鹅。南朝宋的羊欣在《采古来能书人名》中称王羲之"博精群法，古今莫二"。梁武帝萧衍评王书"如龙跃天门，虎卧凤阙，故历代宝之，永以为训"。唐太宗李世民盛赞王书"详察古今，研精篆隶，尽善尽美，其唯王逸少乎！……心慕手追，此人而已"。后人尊王羲之为"书圣"，历代无数书家受其影响，至今不衰。

王羲之传世诸帖中，最著名者是《兰亭序》，是王羲之、谢安等42人于会稽山阴之兰亭雅集赋诗时，王羲之为诗集作的序，这件作品被后人称为"天下第一行书"。原迹传被唐太宗殉葬，现存只有唐代名家摹本，其中冯承素摹本被公认为神品。《兰亭序》在内容上，文笔优美，辞令娴雅；在书法上，寓骨力于姿媚之中，笔势遒劲，体态圆融冲和，潇洒出尘，是王羲之新书体的代表作。《兰亭序》的艺术价值，不仅体现在精妙的笔墨技巧上，还体现在与作者融为一体的文化与情感表达的深刻性上。

东晋画家中成就最高的，是晋陵无锡人顾恺之。《晋书》卷九二《顾恺之传》称他"尤善丹青，图写特妙。谢安深重之，以为有苍生以来未之

有也。恺之每画人成，或数年不点目睛，人问其故，答曰：'四体妍蚩，本无关于妙处，传神写照，正在阿堵中。'"说明他画人物注重点睛传神。他还重视意境的刻画与环境的烘托。画嵇康时，他常说："手挥五弦易，目送归鸿难。"画裴楷时，"颊上加三毛，观者觉神明殊胜"。他为谢鲲画像，人画在岩石中，说："此子宜置丘壑中。"他要给殷仲堪画像，"仲堪有目病，固辞"。他说："明府正为眼耳，若明点瞳子，飞白拂上，使如轻云之蔽月，岂不美乎！"果然效果很好。俗传恺之有三绝：才绝、画绝、痴绝。他热爱绘画，确实到了如痴如醉的程度。顾恺之的人物画，最有名的是表现妇女形象的《列女图》（图4-9）、《洛神赋图》（图4-10）和《女史箴图》（图4-11）。山水画有《雪霁望五老峰图》《庐山图》等。花鸟画有《鹅鹄图》《笋图》《凫雁水鸟图》《水雁图》等。

图4-9 《列女图》局部

图4-10 《洛神赋图》局部

图4-11 《女史箴图》局部

五、法显西行

魏晋时期，玄学盛行。汉末由支谶传入的大乘般若学的"一切皆空"思想，与玄学家"以无为本"思想十分合拍，便在中原地区大为流行。永嘉之乱后，晋室南渡，佛教徒为了适应当时的政治形势与社会变化，十分注意在长江流域发展势力。他们纷纷南下，传教译经。名僧与名士交往，进一步取得了社会上层人士对佛教的支持。东晋时期的僧人，大多长于清谈，玄释兼通，使佛教在长江流域的影响逐步扩大。以教派而论，则以本无宗、即色宗和心无宗最为流行。

东晋时期活跃于长江流域的僧人很多，法显是其中的重要代表。法显俗姓龚，平阳武阳（今山西临汾西南）人。出家后，他"常慨经律舛阙，誓志寻求"。晋安帝隆安三年（公元399年）他与同伴从后秦京城长安出发，长途跋涉，历经艰难险阻，到达印度。他游历了印度各地后，又到达了释迦牟尼的诞生地迦毗罗卫城（今尼泊尔境内）。数年中，除巡礼佛教圣迹外，他努力学习梵语梵文，抄写梵本经、律、论。然后，只身一人到师子国（今斯里兰卡），逗留一年，又得到一批"汉土所无"的经、律梵本。当他由海路回到国内时，已是安帝义熙八年（公元412年）。在建康道场寺，他与佛驮跋陀罗一起翻译佛教经典，译出《摩诃僧祇律》《方等》《泥洹经》《杂阿毗昙心论》，总字数达百万余言，使道场寺成为长江流域重要的佛教中心。后来他又到长江中游的荆州传教，卒于辛寺，享年86岁。

在法显译出的佛经中，最重要的是六卷《泥洹经》（即小本《涅槃》）。法显首次把佛教的"佛性论"思想介绍到中国，所谓"佛性论"，就是说"一切众生"都有"佛性"，都能"成佛"。但根据六卷《泥洹经》的观点，这"一切众生"，是不包括那种"断善根"的人——"一阐提"人在内的，尽管六卷《泥洹经》不够圆满，但它启发与推动了当时佛教各派的争鸣，对南北朝时期佛教的发展产生了深刻影响。此外，法显撰述的《佛国记》，记述了古代中亚、印度等国的地理、历史、风土人情、佛教状况，具有重要的文献价值，是一部经过实地考察、记载翔实的史地名著，至今仍是举世公认的不朽之作。

第三节
澄江如练：南北的结界

南北朝是南朝和北朝的统称，始于420年刘裕建立南朝宋，止于589年隋灭南朝陈。南北朝时期中国南方和北方经长期战争，最终各自统一为一个或几个国家，形成南北并立的局面。该时期，南北朝的分界线基本维持在淮河一线，但长江依然是南北政治、文化交流的重要结界。

一、宋齐梁陈

长江南岸的建康，是东晋（公元317—420年）与南朝宋（公元420—479年）、齐（公元479—502年）、梁（公元502—557年）、陈（557—589年）的都城（图4-12、图4-13、图4-14、图4-15）。历史上将这五个王朝与三国时的孙吴政权合称为"六朝"。六朝的政治中心在江南，促进了江南经济文化的开发，推动了我国古代文化重心的第一次南移。

图4-12　宋都建康地形图　　图4-13　齐都建康地形图

图 4-14　梁都建康地形图　　图 4-15　陈都建康地形图

　　宋是南朝的第一个朝代，它的建立者刘裕，字德舆，小名寄奴。他出身平民，家境贫苦，从底层一步步爬到了帝王的位置，可以说是智勇双全，骁勇善战，有勇有谋。刘裕在位时确实做出了很大的功绩，宋收复了很多失地，并且统一了长江流域。然而宋最大的问题在于宗族内部不和，总是在互相残杀。最终于公元479年灭亡。

　　宋朝灭亡后，萧道成建立了齐。由于宋后期宗族内部混乱，萧道成经刘彧的提拔之后，战功显赫，在后期基本上属于独揽军权的状态，所以有了篡权的机会。不过，齐是南朝所有国家里存在的时间最短的一个国家，只有24年。宗族内部混乱，再加上北魏又南下，内忧外患是齐灭亡的重要原因。

　　梁的建国皇帝是萧衍，他是南朝历史上在位时间最长的皇帝。他在位期间国力还是很富强的，一度超过北魏。萧衍吸取前朝的教训，为了避免宗族内部混乱，他对宗室的态度很是宽松，给予他们很高的社会地位和政治地位，使得他们没有动乱之心。不过和前面的朝代一样，梁也避免不了子孙后代为了皇位手足相残的命运。这仿佛是每个王朝的宿命。最后被手揽大权的陈霸先灭国。

　　陈霸先建立陈，被称为陈武帝，陈朝也是极为特殊的朝代，因为它是我国唯一一个皇帝的姓氏与国号一样的朝代。陈朝后主陈叔宝是有名的昏君，最终来自北方的隋军杀了陈叔宝，陈朝灭亡，隋朝统一，结束了长达

几百年的南北分裂局面,南北朝结束。

二、《文心雕龙》与《文选》

南北朝时期,是中国文学迈向自觉的关键时期。南朝刘勰的《文心雕龙》(图4-16)是这方面的代表作。刘勰是北方南渡人士之后,世居京口(今江苏镇江)。他好学而家贫,皈投沙门僧祐,通晓佛教经论,同时又崇尚儒学。梁天监中,曾任东宫通事舍人,晚年出家为僧,改名慧地。《文心雕龙》完成于南齐末年。全书10卷,50篇,分上下两编。上编论述文学的基本原理和各种文体的源流演变,下编则为创作论、批评论和统摄全书的"序志"。

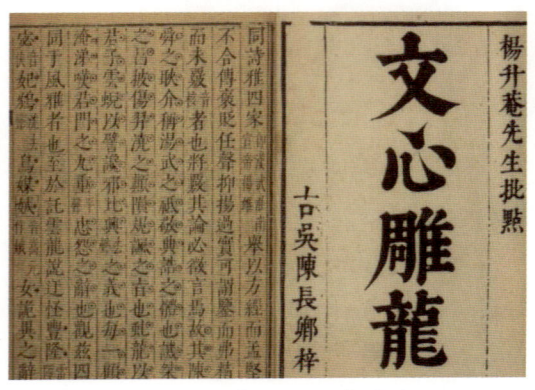

图4-16 《文心雕龙》书影

刘勰写此书的直接动机,是有感于当时文坛上"辞人爱奇,言贵浮诡","未能振叶以寻根,观澜而索源",他想通过此书建立正确的文学准则,以纠正时弊。其主要成就,一是他以历史的观点阐明了特定社会环境对于一个时代文学风气的重大影响,提出了"文变染乎世情,兴废系于时序,原始以要终,虽百世可知也"的著名论点,强调从文学以外的历史现实变化中来理解文学的变化。他系统讨论了历代文风的先后继承和变革的关系,指出文学的历史发展的规律是"参伍因革",每一个时代的文学对于前一个时代的文学都有所继承和创新。有创新,文学才能发展。二是刘勰比较全面地说明了文学内容和形式的关系,他说:"情者文之经,辞者理之纬;经正而后纬成,理定而后辞畅:此立文之本源也。"他强调思想内容决定形式,同时也看到二者是不可分割的,主张文质相称、华实相副。关于文学的本源和准则,他指出"文源于道"。所谓"道",就是"自然之道",艺术美应该是自然美的反映。《文心雕龙》对创作的各个环节进行了总结,在构思过程、写作技巧、篇章剪裁、声律安排、字句锤炼,乃至比兴、夸张等修辞手法方面，做了精辟的论述。所以，它是一部体大思精的文学批评巨著，说明我国古代的文学理论在南朝时期的长江流域已走向成熟。

文学理论的兴盛，提高了人们的文学鉴赏水平。文人们对于日益增多的文学作品，产生了编选的愿望。通过编选，有所去取，同样也能反映编者的文学观点。南朝时期选家所编的总集，以梁昭明太子萧统（图4-17）所编《昭明文选》（图4-18）影响最为深远。萧统信佛能文，颇具文学情趣。他主张文质并重，认为文章应"丽而不浮""典而不野"。在《文选》序中，他谈到选文标准，认为经史诸子都以立意记事为本，不属辞章之作，只有符合"事出于沉思，义归乎翰藻"的作品才能入选，可见他企图用文笔之辨来划分文学与非文学的界线。他把收集的诗文按文体分成赋、诗、表、启、赞、论、碑文、墓志、行状、祭文等39类，汇编为30卷。今本《文选》60卷，是唐李善重新编卷的。唐代科举应进士试者，必须熟读《文选》，足见此书影响之深远。

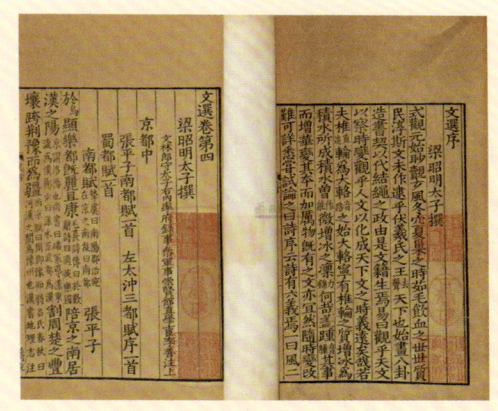

图4-17 昭明太子像　　图4-18 《昭明文选》书影

值得注意，六朝时期，女子文集灿若群星。和前人相比，这一时期的妇女所做的文集，无论是数量还是集内卷数都有所增加。而妇女创作的单篇文学作品数量就更多了，涉及诗、赋、诔、颂、铭以及书笺等多种文体，表现出可与男性作家相媲美的创作能力。六朝时妇女文学作品的主题，从内容上看大致有凄楚的弃妇呻吟、幽怨的思妇情怀、沉重的身世之叹及深刻的感物咏怀；而情感的真挚动人、形式的机巧新颖及赋事喻物的形象生动，更是女性文学作品的特色。东晋南朝时期突出的文学才女，有谢道韫、鲍令晖、韩兰英、刘令娴、沈满愿等，她们都生活在长江流域。

三、"徐庾体"

梁、陈时期，诗文讲究"绮艳"。徐摛、徐陵和庾肩吾、庾信父子"出入禁闼，恩礼莫与隆比"。他们提倡的这种诗文风格，世号为"徐庾体"。

徐庾体继承了《诗经》变风化雅的传统，反映了当时文人"好为新变，不拘旧体"的创新精神。徐陵编纂的《玉台新咏》，将自汉迄梁凡略涉女性的诗篇均网罗其中。书中固然有许多艳体诗，但也不乏有价值的作品。如《古诗为焦仲卿妻作》："孔雀东南飞，五里一徘徊"，刻画了富有反抗性格的妇女形象，对礼教进行了揭露与鞭笞。它对研究我国古代女性的爱情生活，至今仍有十分重要的价值。

庾信在梁元帝时出使西魏，梁亡后被迫留在北方。他的诗风由"绮艳"转为"鲜俪"。强烈的"乡关之思"，使他写出了《哀江南赋》这样苍劲沉郁的作品。他对南北文风的融合，起了一定的作用。唐代诗人杜甫称"庾信平生最萧瑟，暮年诗赋动江关"；"庾信文章老更成，凌云健笔意纵横"。他在《春日忆李白》中又说"清新庾开府，俊逸鲍参军"，将庾信与鲍照相提并论，足见南朝时期的诗歌创作对唐代诗人的影响。

在这一时期，庾信等文人对南北文化的交流、长江文化的北进作出了重要贡献。《北史》卷八三《王褒传》载西魏军攻陷江陵后，庾信好友王褒"与王克、刘毂、宗懔、殷不害等数十人俱至长安"。西魏统治者宇文泰十分高兴，说："昔平吴之利，二陆而已，今定楚之功，群贤毕至。"宇文觉称帝后，拜宗懔为车骑大将军、仪同三司。此后，宗懔又与王褒在麟趾殿刊定群书。宗懔晚年著《荆楚岁时记》，系统记载了长江中游一带的各种风俗，以寄托对故乡的思念。庾信作《哀江南赋》，抒发其"乡关之思"。《北史》卷八三《庾信传》载庾信在陈朝时"与周通好，南北流寓之士，各许还其旧国。陈氏乃请王褒及信等十数人。武帝（宇文邕）唯放王克、殷不害等，信及褒并惜而不遣"。另外，庾信、王褒等对北朝文学及书法也产生了很深的影响。

除此之外，颜之推由梁入北齐入周入隋，沈重由梁入周入隋，陆德明由陈入隋入唐，姚察由梁入陈入隋，其子姚思廉由陈入隋入唐，对北朝及隋唐的文学、经学、史学都产生过重大影响。

四、四百八十寺

唐代诗人杜牧的《江南春》中"南朝四百八十寺，多少楼台烟雨中"，说的是南朝皇帝和大官僚好佛，在京城（今南京市）大建佛寺的事情。

佛教在西汉之际传入我国，先在中原地区传播开来，然后向南方扩展。南朝时期，长江流域的佛教极为繁盛。从寺院及出家僧尼的数量看，较前朝有很大增加。如东晋时有寺院1768所，僧尼24000人。南朝刘宋时有寺院1913所，僧尼36000人。萧齐时有寺院2015所，僧尼32500人。萧梁时达到鼎盛，有寺院2846所，僧尼82700余人，仅京师建康就有佛寺700余所。陈朝有寺院1232所，僧尼32000人。这些寺院与僧尼，大多分布在长江流域。

从译经的品种与数量看，译经也有很大发展。唐代僧人道宣曾说："宋、齐、梁等朝，地分圮裂，华夷参政，翻传并出，至于广部，绝后超前。"他对南朝的译经给予很高的评价。根据《大唐内典录》的记载，南朝译经人数为68人，译经总数达387部，1936卷；又据《开元释教录》记载，南朝译经人数为40人，译经总数为563部，1084卷。这个时期翻译的佛经，大小二乘，空宗有宗，经、律、论藏，应有尽有。著名译者有来自天竺的僧人求那跋陀罗，华籍译人智严、宝云、智猛、慧严、慧观及谢灵运等。

南朝时期，长江流域佛教繁盛的原因，首先是由于统治阶级的大力支持和扶植。南朝诸帝大都崇信佛教，达官贵人、文人学士亦多信佛。梁武帝萧衍舍道从佛，他广建佛寺，盛造佛像，多次"舍身"同泰寺，严格戒律，禁断酒肉，并重视译经，举办法会，亲自登台讲经说法。他还著书立说，宣扬佛经义理，堪称是南朝皇帝中佞佛的典型。

南北朝时期，由于国家的分裂，佛教也随之分为具有不同特点的两种类型。北方的佛教，比较注重实际的修行。南方的佛教，因玄风的影响，比较注意于讲经、说法与研究义理。南朝时期长江流域的佛教，虽然从玄学的依附状态逐步走上了独立发展的道路，但清谈之风仍深深影响着佛教。佛教"义学"，往往兼通儒学、老庄之学。

梁武帝萧衍在佛教思想方面，倡导三教同源说，把老子、周公、孔子等都说成是"如来弟子"，并认为他们"止是世间之善，不能革凡成圣"。他认为三教同源，但应以佛教为中心，同时包容儒、道，这完全是出于当时的政治需要。佛教在梁武帝手里虽被提到国教的高度，但这种佛教实际上已是吸收了儒、道二教，儒学化、玄学化了的宗教。

第五章 隋唐时期的长江文化

公元六世纪末至十世纪初,中国历史进入隋唐大一统时期。流星王朝隋朝经过三十余年的辉煌与黯淡,最终为新兴的唐朝所替代。隋唐国家走向统一,有利于国家政令的施行,南北文化交流亦畅通无阻。在这个时期,国家广泛推行科举制度,对佛教、道教政策较为宽容。因公干、述职等缘故,长江流域知识分子、官吏、僧道人士频繁北上,到达京师长安及东都洛阳,扩大了长江文化的影响。

第一节
江河汇通：隋代的功过

隋唐是中国历史上政治、文化、经济繁荣的黄金时代。在这段时间里，中国建设了世界上最长的大运河，沟通了海河、黄河、淮河、长江、钱塘江五大水系，南北方政治、经济得到进一步的融合，长江文化的发展也迎来了一个空前的高峰。

一、江南的安抚

经过长达7年的准备之后，隋开皇九年（公元589年），隋文帝（图5-1）命晋王杨广统帅51万大军进军江南，以期完成全国统一的任务。隋军从长江上游的永安（今重庆奉节县）、中游江陵（今湖北江陵县）、下游广陵（今江苏扬州市）等地，对偏安江南一隅的陈朝政权进行军事合围。经过两个月的战斗，陈朝都城建康（今江苏南京市）被隋军攻陷，陈朝灭亡。隋朝获"州三十，郡一百，县四百"。至此中国大陆历经数百年的分裂割据局面宣告结束，全国重新走向统一发展的轨道。

隋文帝讨平陈朝之后，为安抚江南百姓，诏令江表免除徭役十年，其余诸州并免当年租赋，以缓和长江流域百姓和隋王朝的矛盾。与此同时，晋王杨广斩杀了佞臣陈湘州（隋改为潭州，治所在今长沙市）刺史施文庆、散骑常侍沈

图5-1 隋文帝像

第五章 隋唐时期的长江文化

客卿、太市令阳慧朗、刑法监徐析、尚书都令史暨慧等人。开皇十年（公元590年）十一月，江南贵族发动叛乱，隋文帝命晋王杨广为扬州总管，镇守江都（今扬州），叛乱很快即被平定，而扬州总管每年进京述职朝觐一次成为制度，直到开皇二十年（公元600年）杨广被封为皇太子才告终。

要加强对长江流域地区的进一步控制，首先要恢复经济。隋政权采取了一系列的措施：其一，开皇九年（公元589年）以后，先后任命鄂州刺史周法尚为永州（治今湖南永州市）总管，刑部尚书杨异为吴州总管，丹州（今陕西宜川）刺史杜彦为洪州（治今江西南昌市）总管，王世积为荆州总管，韦洸为江州（治今江西九江市）总管；开皇十二年（公元592年）十一月，任命豫州刺史权武为潭州（治今湖南长沙市）总管；开皇十五年（公元595年）十月，改任韦世康为荆州总管。由于长江流域数百年与北方处于隔阂状态，地方官对当地的风俗民情缺乏深层的了解，因而，隋文帝下令各地方官相互协作，共同探讨，处理一些较为棘手的问题。同时，针对长江流域各地普遍出现物重钱轻的情况，隋文帝诏令广铸铜钱以适应长江流域经济恢复发展的需要，并采取扶持的措施，从而为这一地区经济日后繁荣奠定了坚实的基础。

其次要镇压反叛。六朝时期，各个地区发展水平参差不齐，民风各异。全国统一完成后，隋朝派往长江流域的地方官采取教化百姓、移风易俗的措施，但初期却适得其反。开皇九年（公元589年），由于江表自东晋以来刑法疏缓，世族大家凌驾于寒门百姓之上，于是各地官吏均想"尽变更之"。加上当时长江流域各地谣传隋政权想要把世族迁徙至关中，远近为之惊骇，结果江南士族阶层联合反叛。先是婺州（治今浙江金华）汪文进、越州（治今浙江绍兴）高智慧、苏州沈玄恞率先起兵反隋，自称天子，置署百官。隋文帝速遣大将、越国公杨素为行军总管，南下讨伐，将领来护儿、史万岁等英勇作战，经过3个月的平叛战争，江南地区才得以安定下来。

长江流域各地的反叛对隋文帝触动很大，用武力征服固然容易，但要把不同文化氛围、不同风尚习俗的百姓重新纳入统一的文化范畴之内，那将是一项十分艰巨的任务。用中国传统文化，采取稳妥的抚慰等治理方式，循序渐进，移风易俗，无疑是至关重要的。隋文帝颁布诏书鼓励各地办学

101

授业，随后长江流域各地长官纷纷在辖区内广设学校，用儒家君臣伦理思想广施教化，获得了相当大的成就。同时，开皇十五年（公元595年）七月，隋文帝诏令苏威持节巡抚江南各地，了解到许多情况，为隋王朝从各个层面对长江流域地区实施治理提供了翔实的依据。就这样，在武力征服的前提下，隋朝派往长江流域各地的官吏尊奉隋最高统治者的意旨，依据辖区内的实际状况，吸纳任用当地人参与治理，行之有效，这不仅有利于恢复当地农业生产，而且保持了这些地区社会的相对稳定。终隋开皇（公元581—600年）、仁寿（公元601—604年）之世，长江流域的主要城市，如扬州、江陵、成都等，基本上都已恢复到六朝时代的发展水平；这些地区及更为边远地区的民风也有所改变。①

二、南北大运河

隋朝时期陆路南下，交通不便，而开凿直通南北的大运河，皇帝不仅可从水路直接南下巡视，有利于南方地区的稳定，加快江南地区开发的步伐，而且可将江南地区的农产品等战略物资源源不断地输送到洛阳及长安，加快隋朝整体经济的发展，并增强隋朝的军事力量。

图5-2 隋炀帝像

隋大业元年（公元605年）三月，炀帝（图5-2）诏尚书右丞皇甫议征发河南、淮北诸郡百姓，前后达百万人次，开凿了通济渠，即"自西苑（东都洛阳）引谷、洛水达于河，复自板渚引河历荥泽入汴，又自大梁之东引汴水入泗，达于淮"。不久，又征发淮南百姓10余万开邗沟，自山阳至扬子入长江，渠宽40步，渠旁修筑御道，栽植柳树，从洛阳可直达江都。炀帝多次

---

① 王永平：《杨素、杨玄感父子与江左文士之交往：从一个侧面看隋代江南文化的北传》，《南京理工大学学报（社会科学版）》2005年第5期；郑云波：《论杨素在隋平陈战争中的贡献》，《牡丹江师范学院学报（哲学社会科学版）》1998年第2期。

第五章 隋唐时期的长江文化

南巡，都是从这条水路上通过的。大业六年（公元610年），炀帝为实现从江都东巡会稽的设想，开凿了自京口至余杭，沟通长江与钱塘江间航运的江南运河，全长400余公里，宽10多丈，龙舟可畅通无阻。大运河的开凿，不仅沟通了海河、黄河、淮河、长江、钱塘江五大水系，有利于维护中央集权制国家的安全，而且也促进了南北文化、经济的交流与发展，加速长江流域地区的开发，具有重要的意义。[①]

大运河的开凿，在隋朝末年所体现出来的直接作用，只是达到了方便隋炀帝巡游各地享乐的目的。当然，其对于江南物资的北运，以及出兵高句丽也有一定的帮助。但人们看到的也只是它带给长江流域各地百姓的永无休止的盘剥掠夺和无尽的劳役。如营建洛阳显仁宫，采海内奇禽异兽草木之类，以充实园苑等。隋大业二年（公元606年）三月，诏吏部尚书牛弘等议定舆服、仪卫制度，开府仪同三司何稠负责营造，江南各地官吏奉旨严加督办，各地均索取百姓资产，朝贡皇帝。

另外，隋炀帝亲征高句丽，江南地区亦受到不同程度的冲击。大业七年（公元611年），江淮以南兵众乘船行数百里载着军粮，和大军前往平壤。征发江淮以南水手1万人、弩手3万人、岭南排镩手3万人，同时，诏令河南、淮南、江南造戎车5万乘，送到高阳（今河北高阳东），供征讨高句丽之用。这种通过大运河对长江流域肆意无度的剥削和掠夺，直到大业十四年（公元618年）隋炀帝在江都被杀才告结束。当然，作为统一王朝，国家对外征伐，全国一盘棋至关重要，江南地区和全国其他地区一样，在隋炀帝征伐高句丽的过程中，均受到不同程度的影响，对此，我们应放在当时的历史环境下探讨，以便得出较为客观的结论。

隋代南北大运河的开通，对长江文化的发展具有极其重大的、积极的意义。首先，它为中国南北文化的持续广泛交流创造了极其有利的条件。白寿彝先生在其所著的《中国交通史》一书中引《旧唐书·职官·水部郎中》说："隋唐底，合能通舟楫与不能通舟楫者，总计之，凡天下水泉，三亿二万三千五百五十九，其在遐荒绝域，迨不可得而知矣。其江河，

[①] 邵金凯：《隋炀帝开凿大运河述论》，《淮阴师范学院学报（哲学社会科学版）》2008年第4期。

自西极达于东溟，中国之大川者也。其余百三十五水，是为中川。其又千二百五十二水，斯为小川也。若渭、洛、汾、济、漳、淇、淮、汉，皆亘达方域，通济舳舻，从有之无，利于生人者也。"其意是说，江、河、渭、洛、汾、漳、淇、淮、汉等都是天然水道，且全是自西而东，不能在南北的沟通上发挥作用，所以大运河（图5-3）在中国水道交通运输上的地位，比江河更为重要。它的开通，不仅利于天下货物及人员等的运输，同样也为南北文化的交流提供了极大的便利。

图 5-3　隋唐大运河示意图

其次，它有力地促进了沿运河城市的经济文化发展。随着大运河的开通，沿运河的淮安、扬州、苏州、杭州四个城市更加繁荣，时称"四大都市"。杭州在运河开凿前，还是一个新兴的小郡城，居民只有 15380 户；但自大运河开通后，其地位日趋重要，从此一跃成为东南交通的枢纽，一个"川泽沃衍，有海陆之饶，珍异所聚，故商贾并凑"的商业城市。扬州虽然在运河开凿前已是南方重要的经济都会，而大运河的开通更使扬州的地位蒸蒸日上，成为当时首屈一指的全国经济大都会，在唐末更是有"扬一益二"的称号，足见大运河的开通对扬州及其周边经济发展的强力推动。不仅如此,到唐中后期,前来扬州交易的域外商旅越来越多,进而也使得扬州成为当时国际贸易的重要城市之一。楚州的淮安和淮阴也自隋代大运河开通后成为南来北往的必经之地,遂发展成运河沿线的重要商业都会。繁忙的夜市给当时的文人骚客和海内外客商留下了深刻的印象,唐代诗人陈羽《宿淮阴作》诗云:"秋灯点点淮阴市,楚客联樯宿淮水。夜深风起鱼鳖腥,韩信祠堂明月里。"唐代诗人项斯《夜泊淮阴》诗云:"夜入楚家烟,烟中人未眠。望来淮岸尽,坐到酒楼前。灯影半临水,筝声多在船。乘流向东去,别此易经年。"这些都是大运河开通后淮阴、淮安经济发展的写照。而运河沿岸江南的其他都市,如苏州、润州、常州等地,也在原来的基础上获得进一步发展的机遇,变得更加繁荣了。

三、文化的交融

隋代南北的政治统一和大运河的开通等,使魏晋以来中国南北文化半封闭的状态完全被打破,长江文化与黄河文化这两种不同原质的文化在这一时期又进一步会合起来。这种融会和合流,在政治制度、宗教思想、音乐、绘画、书法等方面均有充分的反映。

史学大师陈寅恪先生曾对隋唐的政治制度作过开创性的研究,他在《隋唐制度渊源略论稿》中认为,隋唐制度有三源:"一曰(北)魏、(北)齐,二曰梁、陈,三曰(西)魏、周。"具体而言,隋朝的舆辇制度就是依南朝梁、陈旧制而成的,其他如服饰制度等也大致如此。(隋朝服饰可见图5-4。)虽然李唐王朝定都黄河流域的关中长安,但源于长江流域的礼乐文化在隋朝就逐渐得到体认和奉行;唐奉隋制,唐朝舆服制度的多个方面,都有江南长江文化的痕迹和烙印。当然,这些都是当时

图5-4 隋骑马女俑(左)、隋双髻女俑(右)

南北文化交流融会的成果，也是源于江南长江文化的贡献。

隋代宗教思想南北融会合流的趋向更为明显。如佛教，虽然隋朝立国时间短暂，前后不过38年，但因为隋文帝醉心佛教，自上而下采取了一系列发展佛教的措施，故而佛教在南北朝发展的基础上，得到了突飞猛进的发展。而在发展进步的总体基准上，表现为南北交流频繁并互通有无。又如隋代道教，从中国道教发展长河看，其正处在一个转折点，为唐代道教的兴盛和教理的发展储备能量，堪称道教发展史上的一个短暂而重要的时期。隋炀帝继位后，更加重视道教，在其南下巡游江都的船队中，道士和佛教僧尼一样，也是隋炀帝非常重视的重要人群。有学者总结隋代道教发展，认为道教上清经法已传到北方，南北方各具特色的道教逐渐融会，形成一种新的特色，茅山宗在隋代得到了长足的发展，它不仅巩固了在南方的传统势力范围，而且逐渐占据北方，其中茅山宗领袖人物王远知功不可没。隋代南北道教融会合流，是以南方茅山宗为主轴，吸收了佛教的某些教义教理，兼采南北道教的特点，为唐代道教的进一步融会兴盛准备了条件。

隋代的绘画艺术，同样兼具南北之风格特征。郑午昌先生说："炀帝大业元年，营显仁宫于洛阳；自长安至江都，置离宫四十余所；四年，又造汾阳宫；土木频兴，其间绘画之饰施，穷极奢侈。加以当时京洛一带寺院道观等建筑，靡不以绘画为饰，我国壁画之风，盖至是号称极盛。故工匠派之绘画，极巧至精；非工匠派之绘画，亦因炀帝之好，不堕先绪……一时巨匠名士，争起用世，展子虔自江南至，董伯仁自河北至。当董、展之相见也，初存轻视，后则互益。乃知南北朝以来南北异趣之画风，至是因政治区域之统一，君主专制之撮合，遂相调和。"[①] 隋代绘画风格也可从瓷器彩绘中窥见一斑（图5-5）。

图5-5 隋代洪州窑青瓷印花钵

中国书法在魏晋南北朝时期南北异趣，北方以方严为尚，以朴素遒劲为主；南方

---

① 郑午昌：《中国画学全史》，上海书画出版社，1985，第90页。

以流美为能，以清丽潇洒为主。至隋代，这一现象渐趋消失，出现了文化整合的现象。另有学者总结隋代书法的发展状况，云：概而言之，隋代书法由两晋南北朝书风衍变而来，既有北碑方硬险峻的特点，亦带有帖学精工秀美、平和的一面，往下很大程度地影响并启发着唐代书法，使其逐步趋向规范的新局，即是所谓上承汉魏六朝之余绪，下开唐人楷法之先河，属于南北朝书风向唐代书风过渡的阶段。因此隋朝是中国书法发展史上一个十分重要的时期。[①] 进入新世纪之后，大量的隋代墓志石刻出土面世，使墓志类总集不时出现，如王其祎、周晓薇编著《隋代墓志铭汇考》（全6册），刘文《陕西新见隋朝墓志》，韩理洲辑校《全隋文补遗》，罗新、叶炜《新出魏晋南北朝墓志疏证》等，其中前两本书编有拓片照片，由之也可见隋代令人赏心悦目的书法艺术。

隋代文学也结束了魏晋南北朝时期中国南北文学风貌各异的现象，而显现了南北文学合流的新气象。后来，初唐文人正是在这一基础上更是明确地提出南北文学"各去所短，合其所长"的主张，如此才能"文质彬彬，尽善尽美矣"，从而使唐代文学充分体现出南北文化汇流的汪洋浩瀚、蔚为壮观的繁盛局面。

隋代音乐，合南北音乐之长处，出现了融会合流的趋势。隋平陈之后，所获宋、齐旧乐器，以及江南的乐工，文帝常令乐工们在朝堂演奏，并十分推崇赞赏，诏令改作江南乐曲，以便迎宾和祭祀时演奏。同时，设立了专门机构，即在太常寺置清商署主管江南乐曲的改作、演排等。向达先生认为此时流传的《明君变》《长史变》，即为最早的俗讲话本，到唐代中后期即在各地寺院中风行。可见，隋朝继承的南朝梁陈的清乐及其歌辞，对唐代中后期俗讲文化的影响深远。经过参订的南朝梁陈音乐文化，以及大量乐工的北上，不仅适应了统一国家制礼作乐的需要，而且显示出经过长江流域数百年流传、洗礼锤炼的"华夏正音"极强的生命力。

当然，在文化交融的同时，由于北周诸帝及隋文帝对长江流域知名学者的招引，长江流域士人喜闻乐见的文学体裁享誉隋朝野上下，以至于引

[①] 刘立民：《隋代书法概论》，《广东教育学院学报》2003年第3期。

起一些出身于北方的士人强烈不满,这成为南北文化交流中的小插曲。隋承北周基业,北周与南朝梁、陈历次交战、往来过程中,长江流域许多知名文人因各种原因逗留北方。著名诗人、文学家庾信、王褒、周弘正等人,均逗留北方,并受到北周诸帝的垂青信任,南朝盛传的"徐庾体",即骈文,也随着这些名士北上而传入北方。晋王杨广所招引的文学之士,著名的有会稽余姚人虞绰,以及仕陈为太子洗马的琅邪临沂人王眘等,他们频繁参与江南文人学士组织的文学活动,和当地的文人交流互动,其所作诗歌,将江南诗歌的纤细与北方诗歌的豪迈完美地结合起来,形成一种崭新的诗歌风格,开创了唐代文学的先河。太子杨勇爱盛情招募天下才学之士,一时人才济济,仕居陈朝的明克让、刘臻皆归其门下,秦孝王俊召潘徽为学士。这些在长江流域素负盛名的文士儒生或被征北上,或留居藩府任职,因而有机会在新的环境下继续从事文学及学术活动,一些人因此颇有建树。隋朝南北文化交流、发展,为唐代中国文化的繁荣提供了可能。[1]

---

[1] 程千帆:《文论十笺》,武汉大学出版社,2008。

第二节
万古流长：唐代的长江艺术

一、鼙鼓惊破霓裳羽衣曲

唐天宝二年（公元743年）三月二十六日，唐玄宗登上长安城东新建的望春楼，面对由陕郡太守、水陆转运使韦坚历经两年建造，碧波涟涟的广运潭，检阅了满载于船舶、来自全国各地的土特产。而长江流域地区各个州县的农产品、手工艺品（唐代手工艺品风格可见图5-6、图5-7和图5-8）独领风骚，显示了这一地区经济的空前繁荣，获得了玄宗的青睐。

图5-6　唐代真子飞霜铜镜　　图5-7　江西省洪州窑遗址出土唐代洪州窑褐釉辟雍砚

铜镜　　　　　　鎏金银盖罐　　　　箱奁鎏金银构件——錾

图5-8　晚唐水邱氏墓出土的部分文物

据《旧唐书》卷一〇五《韦坚传》所载,长江流域各州郡所贡特产如下:广陵郡(治今江苏扬州):锦、铜镜、铜器、海味;会稽郡(治今浙江绍兴):铜器、罗、吴绫、绛纱;丹阳郡(治今江苏镇江):京口绫衫缎;晋陵郡(治今江苏常州):折造官端绫绣;豫章郡(治今江西南昌):名瓷、酒器、茶釜、茶铛、茶碗;宣城郡(治今安徽宣州):空青石、纸笔、黄连;始安郡(治今广西桂林):蕉葛、蚺蛇胆、翡翠;吴郡(治今江苏苏州):三破糯米、方丈绫;南海郡(治今广东广州):玳瑁、珍珠、象牙、沉香。上列9郡,其中江南道有7郡,岭南道2郡,故多是长江下游地区。驾船者头戴大笠,"宽袖衫、芒屦,如吴越之制",所载着的长江流域的土特产云集京城,既体现了长江流域经济发展的突出成绩,当然也是这一地区文化在京师乃至黄河流域的一次大亮相。西京长安士庶从中目睹了吴越民俗的文化,肇启了长江文化的勃兴,表明了长江流域经济已发展到了足以和北方经济相抗衡的程度。

然而好景不长,数十年的歌舞升平被一场动乱摧毁。天宝十四载(公元755年)十一月,唐河东、范阳、平卢三镇节度使安禄山以"清君侧"为名,发动蓄谋已久、旨在推翻唐政权的军事叛乱。唐王朝北方各地军队在叛军的疯狂进攻面前节节败退,唐玄宗在潼关失守后仓皇逃离长安至于蜀中(今四川成都),唐李思训名作《明皇幸蜀图》(图5-9)即反映了玄宗在四川逃难的画面。后八年(公元755—762年),唐王朝所辖的朔方、河东诸军与叛军进行了旷日持久的战争。宝应元年(公元762年),唐代宗下诏,"以二凶继乱,郡邑伤残,务在禁暴戢兵……凡为安史诖误者,一切不问"。这样,长达八年之久的安史之乱,才最终宣告结束。

图5-9 传为唐代山水画家李思训(一说李昭道)创作的大青绿设色绢本画《明皇幸蜀图》

安史之乱虽被平定,

但黄河流域经济发达地区,却因战争破坏而人口锐减,遍地哀鸿。有学者根据《旧唐书》《新唐书》的"地理志",以及唐宪宗元和年间宰相李吉甫撰写的《元和郡县图志》等史书记载,统计黄河流域(主要是今河北、河南、山西、陕西等省)10万户以上府州的人户都有大幅度下降。其中京兆府下降33%,河南府下降91%,汴州下降93%,魏州、相州各下降96%,冀州、沧州均下降93%,贝州下降80%,太原府下降3%,宋州下降96%。在此严峻形势下,唐中央政府不得不向长江流域各地寻找财赋来源。诗人杜甫对当时"河南、河北贡赋未入,江淮转输异于曩时"的情状十分了解,同一时期,唐德宗曾眼巴巴期盼江南漕运的粮米到达京师长安,并和太子击掌相庆,高兴地说道:"米已至陕,吾父子得生矣!"这激动的话语,足以说明安史之乱后,唐廷的经济来源大多倚重江南地区,其经济重心已开始转向长江流域。也就是说,中唐以后,唐王朝所需的粮食几乎全部依赖于漕运,长江流域的粮赋经漕运源源不断地北上,运抵两京。长江流域已完全成为中国经济发展的重心所在。

众多社会因素,显示长江流域在安史之乱后保持经济稳步增长。首先是农业粮食持续增收。据《新唐书·地理志》记载,安史之乱后至唐末,长江中下游地区共修筑水利工程57项,其中有明确记载的灌溉田亩数达3万余顷。太湖地区水稻单位面积产量比原来有很大的提高。长江中游的鄱阳湖、赣水流域,在唐中后期发展迅速。长江上游的四川地区,由于未受大的动荡和战争的摧残破坏,农业生产保持了持续增长的势头。即据此初步计算,其人口应有百万之多。这一地区出产的"麻"可和吴地的盐相媲美,杜甫诗有"蜀麻吴盐自古通,万斛之舟行若风"之句,这既说明了长江流域各地货物往来频繁,同时也显示出蜀麻在四川与其他地域贸易中的重要地位。

其次为手工制品进贡。长江上游剑南道的丝织业发展迅速,《隋书》卷二九《地理志》载这里"人多工巧,绫锦雕镂之妙,殆侔于上国"。蜀郡所出的锦闻名全国,其他郡也主要以锦、绫、罗、绵等丝织物充为贡品。景龙年间(公元707—710年),剑南道上献给安乐公主的"单丝碧罗裙",即为传世珍品。剑南道出产的麻纸是唐朝廷诏敕、文书、书籍的主要用纸。据《旧唐书》卷四七《经籍志》所载,开元时,"甲乙丙丁四部书各为一库……

两京各一本,共一十二万五千九百六十卷,皆以益州麻纸写"。唐中后期,蜀地所造的纸品种增多,《唐国史补》卷载"蜀之麻面、屑末、滑石、金花、长麻、鱼子、十色笺",在全国造纸行业中名列前茅。特别是薛涛、谢师厚所制的薛涛笺、谢公笺,更深受当时名流学者推崇。江南八道(淮南、浙西、浙东、宣歙、鄂岳、江西、湖南、福建),即长江中下游地区,是唐代中后期王朝的经济命脉所在。

最后为商业城市崛起。典型的代表为扬州,地傍东海,坐落在长江和大运河的交汇处,兼有海运、江运、漕运之便,加之长江流域各地贡赋先运集至扬州,扬州遂成为一个巨大的贡赋转运的集散地,这里的商品经营、对外贸易十分发达。远道而来的大食、波斯商人的经营活动,使扬州进入到国际商业城市的行列。长江流域的商业活动频繁。除白天贸易外,晚上还有夜市。各地的庙会、夜市和草市丰富了市民生活,增强了这一区域经济运行的速度,显示出长江文化的独特魅力。除上述的扬州、成都、苏州外,长江流域重要的商业城市还有润州、越州、杭州等。长江中游的洪州、潭州、江州、襄州也是有一定影响的城市。这些商业活动的开展,使长江流域各地的农副产品在转运交易中互相补充,不仅丰富了各个地区百姓的生活,而且有利于长江流域经济都会的增多和繁荣。

二、诗歌与书法的摇篮

图5-10 骆宾王像

1982年中华书局出版《全唐诗外编》一书,将20世纪初敦煌石窟中所见唐诗,以及见诸别本此前未收的唐诗共3000余首全部辑出。浩繁的5万余首唐诗,其中出自长江流域诗人之手的诗作占有很大比例,特别是在中唐以后,其存诗一卷以上的作者人数已达273人,与北方295人之数非常接近,这正是唐代中国文化重心南移的一个重要迹象。

有鉴于此,盛如梓在《庶斋老学丛谈》中云"唐诗人江南为多"。骆宾王(图5-10),

义乌（今属浙江）人，7岁即赋一首《鹅》诗，名震诗坛，与王勃、杨炯、卢照邻以文辞齐名海内，史称"初唐四杰"。他擅长五言诗，以《帝京篇》《于易水送人》两首诗最为著名。其中后者云："此地别燕丹，壮士发冲冠。昔时人已没，今日水犹寒。"显然，作者以咏史为引，表现离别悲壮激烈的情感。骆宾王也擅骈文，所作《代李敬业传檄天下文》（即《讨武曌檄》）亦为传世之作。此文很富于鼓动性和号召力，激昂慷慨又沉郁凝练，其中"请看今日之域中，竟是谁家之天下"等句，尤为后人所传诵。

盛唐时期长江流域著名的山水田园派诗人有襄州襄阳（今湖北襄阳）人孟浩然（公元689—740年），他的"春眠不觉晓，处处闻啼鸟，夜来风雨声，花落知多少"一诗，成为后人传唱咏颂的启蒙佳作。《扬子津望京口》《早寒江上有怀》等诗也很有名。另外流寓四川的"诗仙"李白（图5-11），流寓襄阳的"诗圣"杜甫（图5-12），是唐代诗界的两面旗帜，他们的名字随着他们的伟大作品千年不朽，广为传扬。会稽永兴（今浙江萧山）人贺知章的《回乡偶书二首》，奠定了他在盛唐诗坛的地位。除以上诗人之外，吴郡（今苏州）人崔国辅的诗也很出名。

图5-11　李白像

图5-12　杜甫像

中唐时期，大历（公元766—779年）十才子中，有三人来自南方，即吴兴人钱起、荆南人戎昱、鄱阳（今属江西）人（一说楚州人，即今江苏淮安人）吉中孚。晚唐时期，长江流域著名的诗人有澧州（今湖南澧县）人李群玉、丹阳（今江苏丹阳）人许浑、睦州寿昌（今浙江建德）人李频、苏州人陆龟蒙、池州人杜荀鹤与张乔、宜春人郑谷、越州山阴（今浙江绍兴）人吴融、寓居江东的温庭筠、襄阳人皮日休等。著名诗人杜牧长期任职江南各地，在这里写有大量的诗篇。

长江流域文化的蓬勃发展，还体现在这一地区出现了许多技艺精湛的书法家，他们的艺术实践和艺术造诣，在中国文化史上写下了辉煌的篇章。初唐书法四杰，除了排名最后的薛稷为蒲州汾阴（今山西万荣）人之外，其余三人均为长江流域人士。越州余姚（今浙江余姚）人虞世南，师从同郡僧人、善于摹写"书圣"王羲之书法的智永和尚（王羲之后裔），结果"妙得其体，由是声名籍甚"，唐太宗曾称虞世南有五绝，即德行、忠直、博学、文辞、书翰。虞世南晚年书名益高，与王羲之、欧阳询书法齐名。

杭州钱塘人褚遂良，博闻强识，尤其擅长隶书（图5-13）。唐太宗一次向魏征问起"虞世南死后，是不是没有书法大师了？"魏征回答，有褚遂良，他下笔遒劲，得到王羲之的书法之风。唐太宗曾诏令寻找王羲之的书法真迹，后又用御府的金帛求取，天下人争相将收藏书法进行捐献，当时没有人能辨其真伪。褚遂良一一辨其真伪，没有一处差错。大家十分佩服其才能。他的传世作品有《伊阙佛龛碑》《孟法师碑》《雁塔圣教序》等。

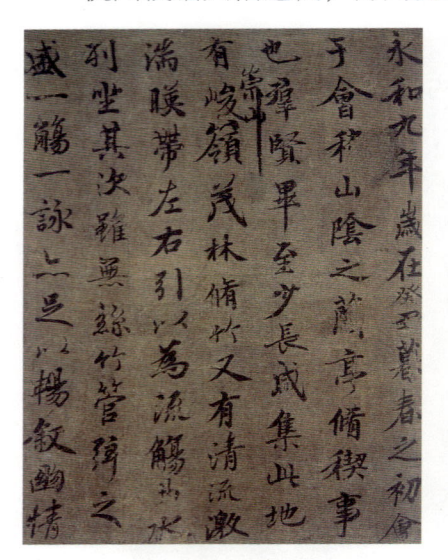

图5-13 褚遂良《临兰亭序》局部

潭州临湘（今湖南长沙市）人欧阳询书名最高，据《新唐书》卷一九八《欧阳询传》所载，"询初仿王羲之书，后险劲过之，因自名其体。尺牍所传，人以为法。高丽尝遣使求之，帝叹曰：'彼观其书，固谓形貌魁梧耶？'"欧阳询的儿子欧阳通"书亚于询"，当时号为大、小欧阳体。欧阳询"晚年笔力并刚劲……或比之草里蛇惊，云间电发。至其笔画工巧，意态精密、俊逸处，而人复比之孤峰崛起，四面削成，论者皆非虚语也"。现存欧阳询的作品有《九成宫醴泉铭》《温彦博碑》《皇甫诞碑》《化度寺邕禅师舍利塔铭》等。

此后，善书者又有广陵江都（今江苏扬州市）人李邕。据《旧唐书》卷一九〇中《李邕传》所载，李邕文章写得好，朝野上下不仅请他做碑志，而且又由于他书法精湛，也请他写碑志，"当时奉金帛而求邕书，前后所受巨万余，自古未有如是之盛者也"。《宣和书谱》评李邕书法曰："行草之名尤著，初学右军行法，既得其妙，复乃摆脱旧习，笔力一新"，说明李邕不囿成规，富于创新。李邕的代表作有《云麾将军李思训碑》《岳麓寺碑》《法华寺碑》等。另有吴郡张旭，《旧唐书》卷一九〇《张旭传》载其"善草书而好酒，每醉后号呼狂走，索笔挥洒，变化无穷，若有神功，时人号为张颠"。他的代表作是《古诗四帖》。《太平广记》卷二〇八记载了一老父酷爱张旭书法的故事，而唐文宗则把李白的诗、斐旻的剑舞、张旭的草书并称为"三绝"。另一草书名家为长沙人怀素。怀素自己作《草书歌》，云："含毫势若斩蛟蛇（龙），挫骨还同断犀象。兴来索笔纵横扫，满座词人皆道好。一点二笔（峰）巨石悬，长画万岁枯松倒。叫唠忙忙礼不拘，万字千行意转殊。壁间飕飕风雨飞，行间屹屹龙蛇动。"

张旭、怀素的草书（图5-14、图5-15）得到时人的一致好评，对此后的书法发展影响很大，李白作《草书歌行》，赞叹怀素"草书天下称独步"。中唐时人李肇慨然评述唐代书法名家，云："后辈言笔札者，欧、虞、褚、陆皆有异论，至旭，无非短者。"晚唐著名僧人学者贯休作《观怀素草书歌》曰"张颠颠后颠非颠，直至怀素之颠始是颠，师不谈经不说禅，筋力唯于草书朽（妙）……"，对张旭、怀素的草书予以高度评价。

图 5-14　张旭草书《肚痛帖》　　图 5-15　怀素《草书千字文》局部

中唐时代，越州会稽（今浙江绍兴）人徐浩（公元703—782年），工于书法，曾书四十二幅屏，八体皆备，草隶尤工，世人描述其书法风格"怒猊抉石，渴骥奔泉"。作品存有《法书论》《不空和尚碑》。会稽永兴（今浙江萧山）人贺知章（公元659—744年），书法善草隶，既有唐人的严谨作风，又有晋人流润飞扬的风姿，对晚唐和宋人书风影响巨大。"好事者供其笺翰，每纸不过数十字，共传宝之"。其书法存世极少，现可见的草书作品只有《孝经》，用笔酣畅淋漓，一气呵成，拉开了盛中唐草书浪漫风气的序幕。他撰并书的"飞来石"题刻，结字疏密匀称，端庄中寓俊秀，雄浑间透姿媚。苏州吴人沈传师工书，有楷法。除以上所列唐代长江流域著名书法家之外，当时工于书法的南方人士还有80余人。长江流域书法家的精湛艺术，提高了唐代书法艺术的整体水平，也使唐代成为中国书法发展史上最为辉煌的时期。[1]

三、音乐与传奇的兴盛

郑学檬教授认为唐代江南地域形成了大大小小的文士群体。这些人在当时是有名望的专门家，身怀绝技，为人们所崇仰，他们以文会友，以书相知、赋诗酬唱、以酒助兴，造成某种学术思想影响，成为全国思潮风尚形成的先声。他仔细探讨当时长江流域不同地域文士活动的异同，将其分为：贺知章与越州文士群体，李嘉祐、刘长卿和江南文士群体，韦应物和江南文士群体，元稹、白居易和江南文士群体，张祜和江南文士群体，杜牧和江南文士群体，睦州籍文士群体，陆龟蒙、"三罗"和江南文士群体等。[2]应当说明的是，上述文士群体的一些人并非出生于江南，如白居易、韦应物、元稹等，但他们均不同程度在江南地域任职，入乡随俗，和长江流域当地文士酬唱往来，发掘当地潜在的文化元素，并将其发扬光大，唱响长江流域文化的最强音，为长江文化的勃兴建功立业，这一点确实难能可贵。

---

[1] 费省：《唐代艺术家籍贯的地理分布》，载史念海主编《唐史论丛》第4辑，三秦出版社，1988年。

[2] 郑学檬：《点涛斋史论集：以唐五代经济史为中心》，厦门大学出版社，2016，第343-364页。

第五章　隋唐时期的长江文化

唐代乐舞十分兴盛（图5-16）。唐初诸帝都喜欢音乐，唐玄宗更堪称音乐专家。《旧唐书》卷二八《音乐志》载"玄宗于听政之暇，教太常乐工子弟三百人为丝竹之戏。音响齐发，有一声误，玄宗必觉而正之，号为皇帝弟子"；又"梨园子弟以置院近于禁苑之梨园，太常又有别教院供奉新曲。太常每凌晨鼓笛乱发于太乐别署，教院廪食常千人"。当时的臣僚宗室多通音律，如宁王善箫笛；汝阳王进，大臣宋璟、杜鸿渐等各通一器。安史之乱后，一些太常乐工、梨园子弟等宫廷音乐家流散民间，而大多数人则流落长江流域各地。白居易在江南遇见一乐叟。天宝年间享誉京城的歌唱家韦青、吉州永新（今江西永新县）女歌唱家许和子，皆流落江南。会昌时宰相李绅有《悲善才》诗，亦说贞元时琵琶演奏家曹善才的弟子流落江南的情形。

图5-16　1956年武昌何家垅出土的唐伎乐女俑

此后，长江流域出现了一些很有造诣的音乐家。名臣韦皋于贞元年间（公元785—805年）为剑南西川节度使，"进奉圣乐曲，兼与舞人曲谱同进，到京于留邸按阅"。韦皋的幕僚裴说善鼓琴，技艺精绝；四川有人名叫马给，"尤能大小间弦"，享誉当地。而吴人阳子儒，以弹奏悲戚欲绝的琴声闻名。歌唱家李衮生活在江外，其名远闻京城，据唐代李肇《唐国史补》卷下所载，刺史崔昭入朝，秘密地将李衮带至京师。到达京城后，崔昭邀请京城倡优名家聚会，说有表弟亦能唱歌并想当场献丑，于是李衮穿着破烂的衣服走了出来，众人纷纷嘲笑，然而"及啭喉一发，乐人皆大惊曰：'此必李八郎（即李衮）也。'遂罗拜阶下"。李衮以超群的技艺，获得了京城长安的倡优艺术家的尊服。可见，单从歌唱来讲，长江流域本土的艺术家的技艺已属当时一流水平。同时，长江流域各地还有众多的业余音乐艺术家。洞庭湖地区的商人吕乡筠，本业贩卖江西杂货，逐取利益，但他擅长吹笛子，每每遇到好山好水，便在舟上吹笛水行。蜀将皇甫直，"别音律，击陶器，

117

能知时月，好弹琵琶"。蜀人双流县丞李琬亦深谙羯鼓。业余音乐人才的增多，说明长江流域百姓整体音乐艺术修养已提高到一定程度，显示了长江所孕育文化的丰富内涵。

除了音乐艺术（图5-17），充满演绎色彩的传奇，也是唐人的一种创作题材。初唐传奇之作者多为北方士人。开元、天宝以后，传奇作品层出不穷，出自长江流域作家的作品开始大量出现。大历年间史官、吴人沈既济撰《枕中记》《任氏传》，鲁迅先生在其《中国小说史略》中认为"既济文笔简练，又多规诲之意，故事虽不经，尚为当时推重"；讥讽时世、劝人行善是沈既济创作的主要意图。又有吴兴人沈亚之，他曾师从文学家韩愈，李贺称赞沈诗说："工为情语，有窈窕之思"，《全唐文》卷七三四至七三八录其文若干，其中传奇作品《湘中怨解》《异梦录》《秦梦记》《冯燕传》，"皆以华艳之笔，叙恍忽之情，而好言仙鬼复死，尤与同时文人异趣"。沈亚之的作品题材多为狐、仙、鬼怪之类，作者让它们参与常人的生活，并分享尘世的悲欢及天伦之乐，从而在亦梦亦幻中给时人以劝诫。常州义兴人蒋防，生于德宗贞元（公元785—805年）前期，《霍小玉传》是其代表作。作者成功地塑造了男女主人公的形象，其中男主人公陇西李益，史有其人，"少痴而忌刻，防闲妻妾苛严，世谓妒痴为'李益疾'"，作者即以此为素材。另外作品将小说与诗文融会一体，其中一些诗即是李益原作，这样，不仅使人可以领略欣赏创作立意之精湛，而且具有真实可信的感觉。明人胡应麟在《少室山房笔丛》中说道："唐人小说记闺阁事，绰有情致。此篇尤为唐人最精彩动人之传奇，故传诵弗衰。"其他一些北方传奇作家

图5-17　1976年湖南长沙出土的唐代青瓷奏乐俑

的作品，其中许多是以长江流域事件为立意素材的，如李公佐撰《南柯太守传》，主人公"东平淳于棼"，即是吴楚游侠之士，家住广陵郡东十里。《谢小娥传》中的谢小娥，豫章人，8岁丧母，后嫁于历阳侠士段居贞。《庐江冯媪传》中的冯媪，"庐江里中啬夫之妇"。无名氏所作《冥音录》《郑德璘》等，也是以南方的人和事为创作题材。长江流域传奇作家的作品，壮大了唐代传奇作品的阵容，其中一些作品成为宋代"说话"话本素材。明代戏剧家汤显祖即根据蒋防的《霍小玉传》，改编成著名的《紫箫记》《紫钗记》传奇。

四、百戏的乐趣

魏晋南北朝初期就已出现的"百戏"，唐代在长江流域亦极为流行，各地每遇大的节日，则举行"百戏"比赛，热闹非凡。如《太平广记》载，开元年间，玄宗历次敕赐州县大酺，"嘉兴县以百戏，与监司竞胜精技"，结果，监司以惊险绝伦的绳技而获胜。又，章仇兼琼治蜀时"佛寺大会，百戏在庭，有十岁童儿舞于竿杪"。又有绵竹王俳优，"每遇府中飨军宴客，先呈百戏，王生腰背一船，船中载十二人，舞《河传》一曲，略无困乏"。此百戏大概均为杂技之类节目。

除了杂技，颇有趣味性的竞技类项目也风靡长江流域。龙舟竞渡到隋唐时期，已成为长江流域水乡的一项集群众性、竞技性为一体的传统民间娱乐活动。每到端午日，人们就将早已准备好的龙舟施朱重彩，装扮一新，男女老幼齐集江边，先在招屈亭旁举行盛大的招回屈原亡魂仪式。随后，三声鼓响，精彩的竞渡活动全面展开。刺史县官多在江岸边观看，划龙舟的壮士们高喊"何在""何在"的号子，以示招寻屈原魂灵之意。岸边围观的百姓组成声势浩大的啦啦队，给各自的龙舟队加油，是谓"雷声冲急波相近，两龙望标目如瞬。江上人呼霹雳声，竿头彩挂虹霓晕"；胜利的一方欢天喜地，而输者则怏怏不快，诗云："前船抢水已得标，后船失势空挥挠。疮眉血首争不定，输岸一朋心似烧。只将标示输赢赏，两岸十舟五来往。"由于这种龙舟竞渡，"连延数十日，作业不复忧。君侯馈良吉，会客陈膳羞。画鹢四来合，大竞长江流。建标明取舍，胜负死生求，一时欢呼罢，三月农事休"，即说龙舟竞渡延续时间很长，贻误农时，当地百姓对胜负输赢十分看重，有时竟出现"疮眉血首争不定"的情况。

除此之外，据《角力记》记载，"五陵、鄱阳、荆楚之间，五月盛集，水嬉则竞渡，街坊则相攒（方言：摔跤）为乐"，即长江中游地区百姓端午日除在江边竞渡外，在陆地上亦盛行角力摔跤运动。如《太平广记》卷三五〇载，荆州百姓郝惟谅，"性粗率，勇于私斗，会昌二年（公元842年）寒食日，与其徒游于郊外，蹴鞠角力"。显然，摔跤也是长江流域地区端午日重要的观赏性竞技节目。

长江流域各地湖泊纵横，河流交叉分布，劳动人民日常生活中由于生计的需要，锻炼出极强的适应水性的能力。这里的"水戏"能人很多，各地还进行"水戏"（即游泳）比赛。如诗人杜牧为宣城佐时，游历湖州，湖州刺史崔君"张水戏，使州人毕观"。《太平广记》卷一九一载韶州翁源人麦铁杖，陈亡后为杨素麾下骁将，时江南各地举兵反隋，"使铁杖夜泅水过扬子江，为巡逻者所捕，差人防守，送于姑苏。到废亭，遇夜，伺守者寐熟，窃其兵刃，尽杀守者走回，乃口衔二首级，携剑复浮渡大江，深为杨素奖用"。又唐代赵璘《因话录》卷六《羽部》载洪州优胡曹赞，"善为水嬉，百尺樯上不解衣，投身而下，正坐水面，若在茵席。又于水上靴而浮，或令人以囊盛之，系其囊口，浮于江上，自解其系，至于回旋出没，变易千秋，见者目骇神竦，莫能测之"。诗人柳宗元作《哀溺文》云："永之氓咸善游。"另外，钱塘江入海处，每年秋季海潮上涨，江水倒流，其场面非常壮观，当地人多跳入潮水中嬉游，号为"弄潮"，亦可见其游泳技能的高超。

长江流域各地的"水戏""百戏"，丰富了百姓的生活，对于长江娱乐文化的发展具有非常显著的作用。

第三节
潮平两岸：唐代的长江经济带

一、千峰苍翠秘色瓷

唐代长江流域制作精美的陶制品，其工艺已达到了相当高的水平，成为这一时期人们普遍使用的日用器皿，并且远销海内外。

其中瓷器以青瓷为翘楚，它主要产自越窑（越窑生产的瓷器见图5-18），位于浙江余姚上林湖滨海地区（今浙江省慈溪市内）。另外，浙江东北部地区也分布着大大小小以生产青瓷为主的窑场。对于唐代各地陶瓷制作工艺水平，唐人自有评论。"茶圣"陆羽在《茶经》中认为：瓷碗"越州上，鼎州次，婺州次，岳州次，寿州次，洪州次。或以邢州处越州上，殊不为然。邢瓷类银，越瓷类玉，邢不如越，一也；邢瓷类雪，越瓷类冰，邢不如越，二也，邢瓷白而茶色丹，越瓷青而茶色绿，邢不如越，三也。"显然，从饮茶角度来看，陆羽对越瓷是十分看重的。陆龟蒙《秘

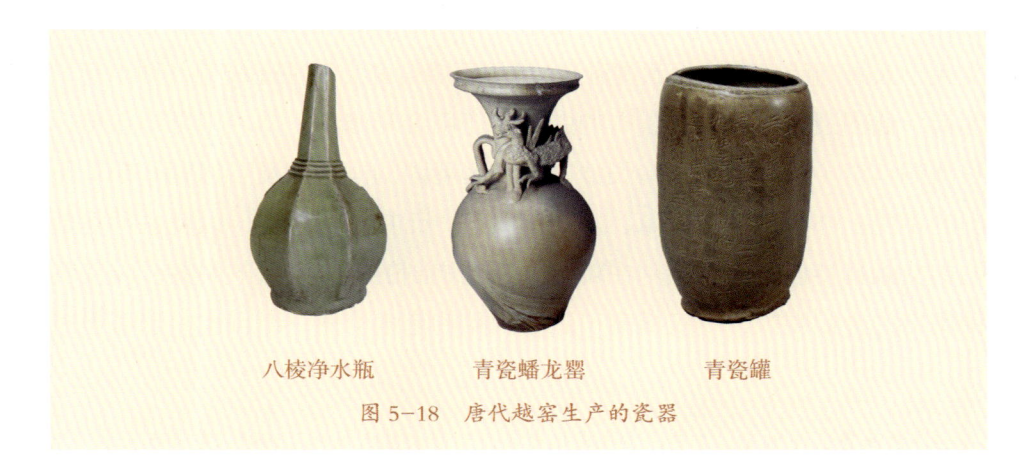

八棱净水瓶　　青瓷蟠龙罂　　青瓷罐
图5-18　唐代越窑生产的瓷器

色越器》诗云："九秋风露越窑开，夺得千峰翠色来。好向中宵盛沆瀣，共嵇中散斗遗杯。"足见青瓷在唐人生活中的重要地位。1987年陕西省扶风法门寺塔地宫即出土了16件青瓷，其中青瓷盘釉色"青中泛黄，镶有银口，外壁平脱金银团花"。据学者李正中、朱裕平《中国古瓷汇考》研究认为，此即是文献记载的金银装饰、越窑青瓷中的上品"秘色瓷"。

同越窑名气相仿的还有长江中游的岳州窑。陆羽《茶经》中有："越州瓷、岳州瓷皆青，青则益茶"，其窑址分布在湖南湘阴周围地区，这里烧造的瓷器有半黄、红棕、定青三色，刘言史《与孟郊洛北野泉上煎茶》诗云："湘瓷泛轻花，涤尽昏渴神。"阴法鲁、许树安的《中国古代文化史》认为，中国诸瓷窑中最早使用匣钵的是岳州窑。匣钵是一种耐火的容器，将陶瓷生坯装入其中，烧制时可避免火焰直接作用和烟尘玷污。"岳州窑在唐代已经大量使用了匣钵"①，这对于提高瓷器烧造工艺意义重大。这些出产各具特色瓷器（图5-19）的瓷窑，犹如一颗颗明珠，镶嵌于长江流域各地，是这一时期长江文化勃兴的突出表现之一。

图5-19 1983年湖南望城县（今长沙市望城区）长沙窑址出土的唐代青釉狮座诗文瓷枕

自开元以后，饮茶在南方蔚为成风，讲究茶道成为士大夫阶层、僧侣刻意追求的时尚。茶道的一个重要方面则是要求有精美的茶具以作陪衬，这就对瓷器制作规模、工艺水平提出了相当高的要求。为满足皇室贵族、文人士大夫的使用规格与欣赏雅兴，越州所烧青瓷上往往还浅刻各种小花、莲荷、仙山及历史故事画，有的瓷制品还用金彩修饰，口沿用金边包裹。长沙铜官窑（窑址在今湖南长沙市望城区境内的铜官镇及石渚湖一带）所出的青瓷上亦有动物、花草、人物等图案，而其中的题诗，以及各种类型的铭文颇具特色。这些绘刻在陶胎上经过烧制的光彩夺目的图案，以及各种华贵的金银装饰，不仅提高了瓷器制品的艺术价值，而且也显示了当时

---

① 阴法鲁、许树安：《中国古代文化史》，北京大学出版社，1991，第405页。

第五章 隋唐时期的长江文化

瓷器制作的高超水平。《开元天宝遗事》曾载:"内库有一酒杯,青色而有纹如乱丝,其薄如纸,于杯足有镂金字,名曰'自暖杯'。"

与此同时,为适应当时社会饮茶、饮酒的需要,一些专为平民阶层制作日常生活器皿的窑场也开辟出来了。如上所述,江苏宜兴的龙窑即是生产民间日常用品的窑。瓷碗、瓷杯已在民间普及。江淮士人亦以瓷碗喝茶,对使用瓷器习以为常。另外,唐中后期,随着长江流域社会经济的繁荣,扬州、成都、广州等城市成为当时世界有名的商埠,中外经济文化的交流是这一时期长江文化发展的外在动力;中国和阿拉伯、日本、朝鲜等国家进行贸易,瓷器出口即是大宗。美国学者希提于其在其著作中写道:"巴格达城的码头,有好几英里长……有中国的大船,也有本地的羊皮筏子……市场上有从中国运来的磁(瓷)器、丝绸和麝香。"[①] 唐鉴真和尚东渡日本,同时带去大量物品,瓷器即是其中重要物品之一。这也是促使唐代长江流域瓷器制作工艺提高、生产规模扩大的重要原因。唐代饮茶、饮酒风习的普及,中外经济文化交流的发展,促进了唐代长江流域烧造瓷器技术的提高,为宋代以后中国瓷器制作水平的进一步飞跃奠定了基础。

陶瓷的贸易离不开造船技术的进步。全国大型的造船基地全在南方。据宋代著名史学家司马光《资治通鉴》卷一九八、一九九所载,贞观十八年(公元644年),唐太宗亲征高句丽,诏令将作大监阎立德等赴洪、饶、江三州,造船400艘,以备装运军粮之用。贞观二十一年(公元647年),太宗诏令宋州刺史王波利等"发江南十二州(即宣、润、常、苏、湖、杭、越、台、婺、括、江、洪)工人造大船数百艘,欲以征高丽";次年,又"敕越州都督府及婺、洪等州造船及双舫千一百艘"。上述贞观年间三次大规模的造船活动,都是为了从海道进击高句丽,而由南方诸州担当建造船只的重要任务。

长江中下游成为唐代远近闻名的造船中心,这是和唐代中外经济文化交流发展、海外贸易高度发达分不开的。远洋贸易需要有坚固耐用的高水平海舶,唐代沿海各地所制的大型海船即应时而出,满足了远洋航海的需要。往来于西亚、非洲、南海各国的中国海船,将中国人民的友谊种子撒向这

---

① 宋岘:《唐代扬州的大食商人》,《中华文史论丛》1987年第1期。

些地区，成为唐代中外文化交流的历史见证，使长江文化更富风采。活跃于长江、黄河上的商船游舟，它们鼓起风帆，扬起飞轮，使长江文化在经济高度繁荣的凯歌声中走向兴旺。

二、茶圣与《茶经》

唐代饮茶风气首先在南方流行起来。唐代封演《封氏闻见记》卷六《饮茶》载："茶早采者为茶，晚采者为茗。《本草》云：'止渴，令人不眠。'南人好饮之，北人初不多饮。"到开元中，饮茶之风开始传入北方。唐中叶以后，饮茶之风大盛。

说起饮茶，我们不能不谈到唐代茶学家、中国茶文化的奠基人陆羽（图5-20）。陆羽（公元733—804年），字鸿渐，一名疾，字季疵，复州竟陵（今湖北天门）人，自称"桑苎翁"。活跃于中唐时代，生性嗜茶，精于茶道，开始创作煎茶法。上元初年（公元760年），他隐居苕溪（今浙江湖州），撰《茶经》（图5-21）三卷，对茶的性状、品质、产地、种植、采制、烹饮、器具等皆有论述，该书为世界上第一部茶叶专著，对世界茶业发展作出了卓越贡献。陆羽被誉为"茶仙"，尊为"茶圣"，祀为"茶神"。至今卖茶的人家，还供奉陆羽陶像，据说"宜茶足利"，从而大大促进了长江流域的饮茶风气发展。

图5-20　茶圣陆羽塑像　　　　图5-21　《茶经》书影

第五章 隋唐时期的长江文化

唐代著名的产茶地包括江淮、四川等地。当时声名显赫的茶叶,据唐代李肇《唐国史补》卷下所载,"剑南有蒙顶石花,或小方,或散牙,号为第一。湖州有顾渚之紫笋,东川有神泉、小团、昌明、兽目;峡州有碧涧、明月、芳芯、茱萸簝;福州有方山之露牙,夔州有香山,江陵有南木,湖南有衡山,岳州有邕湖之含膏,常州有义兴之紫笋,婺州有东白,睦州有鸠坑,洪州有西山之白露,寿州有霍山之黄牙,蕲州有蕲门团黄,而浮梁之商货不在焉"。各地茶叶产量很高,据牟发松先生《唐代长江中游的经济与社会》一书考证,浮梁县(今江西景德镇北)"每岁出茶七百万驮,税十五万贯",合一两千吨之多。白居易在浔阳江口所见的商妇,其夫即是茶商,《琵琶行》云"商人重利轻别离,前月浮梁买茶去",足见浮梁地区茶叶之有名。

饮茶之风首先从长江流域各地寺院中传开。生活在这一地区的文人官员将刚刚焙好的茶叶,包装密封,寄送给远在北方的亲友同僚,以示问候。后来寄送茶叶渐成为文人间相互交往的高雅举动,从而也给饮茶赋予了浓郁的文化氛围。白居易有《谢李六郎中寄新蜀茶》《萧员外寄新蜀茶》;李德裕《故人寄茶》诗云:"剑外九华英,缄题下玉京。开时微月上,碾处乱泉声。半夜招僧至,孤吟对竹烹。碧沉霞脚碎,香泛乳花轻。六腑睡神去,数朝诗思清。其余不敢费,留伴肘书行。"很显然,这些茶都是自四川邮寄。除此之外,杨嗣复、刘禹锡、柳宗元、薛登等文人官员都有答谢诗存世。文人雅士在新茶刚下时,将其包装寄给远方的文友,切磋茶道,并以诗唱和,不仅增加了相互之间的友谊,使文友的品尝、唱和更具趣味与艺术性,而且对长江流域各地的名茶起到了宣传作用。文人官吏对所寄茶各有所好,如诗人白居易就非常喜欢四川的蒙山茶,有"茶中故旧是蒙山"之句;而唐末诗人薛能则对四川的鸟嘴茶情有独钟,吟"此惠敌丹砂",以示赞叹之情。

除一人独饮、二人对饮之外,二人以上的茶会风行于江边、僧寺、亭林之中,这种别具一格的品茶宴会,将长江流域饮茶风气推向高潮。武元衡《资圣寺贲法师晚春茶会》即描绘了在佛寺中举行的茶会。而白居易《夜闻贾常州、崔湖州茶山境会想羡欢宴因寄此诗》所描写的茶宴则是在盛产名茶的顾渚山上举行的。顾渚山位于常州、湖州两州交界处，每年春二月制茶叶，两州太守必亲临其地，邀请当地的文人官吏、贤达之士前来品尝新茶，并举行盛大的茶宴。白居易《夜闻贾常州、崔湖州茶山境会想羡欢宴因寄此诗》诗云："遥闻境会茶山夜，珠翠歌钟俱绕身。盘下中分两州界，灯前合作一家春。青娥递舞应争妙，紫笋齐尝各斗新。自叹花时北窗下，蒲黄酒对病眠人。"可以看出，茶宴规模宏大，而且有乐妓舞蹈助兴，但品尝顾渚紫笋茶则是压台的节目。这种集娱乐、品尝、聚会于一体的地区性文化活动，展现出茶文化在长江流域所引起的非同凡响的社会效应。严耕望先生有《唐人习业山林寺院之风尚》专文，其中涉及唐代长江流域士人在僧寺等聚会等内容，很值得参考。

正是在长江流域僧侣将饮茶引为修禅的必要辅助手段，文人官员寄送唱和往来不断，茶会、茶宴随处可觅的情况下，饮茶也因此被融入眷眷的亲情和暖暖的文化气氛，并很快传遍全国各地。总结茶道的著作也随之出现，陆羽所著的《茶经》3卷及《顾渚山记》，无疑属开山之作。此后，张又新《煎茶水记》、裴汶《茶述》、毛文锡《茶谱》记载饮茶方法则更为详细，各有所重。唐末诗人皮日休作《茶中杂咏》并序，总茶坞、茶人、茶笋、茶籝、茶舍、茶灶、茶焙、茶鼎、茶瓯、煮茶10首诗。另一诗人陆龟蒙作《奉和袭美茶具十咏》，以诗的形式加以总结，对陆羽所创设的茶道进行全面的咏颂总结，被广传于世。

三、吴姬压酒劝客尝

唐代长江流域酿酒业十分发达。唐初，郢州（治长寿，今湖北省钟祥市）生产的酒即作为贡品上贡，《大唐六典》卷一五《光禄寺》载"今内有郢州春酒，本因其州出美酒。初，张去奢为刺史，进其法，今则取郢州人为酒匠，以供御及燕赐"。就是说，从郢州北上的酿酒工匠，用他们绝妙的技术，担负起在皇宫酿造名酒的重任。而唐朝皇帝喜欢喝酒的确实也大有人在。

中唐以后，南方各地酿酒技术得到发展和普及，一些酒以其浓郁的地方特色和酿造工艺，获得了人们的喜爱和承认。当时负有盛名的南方酒，据唐代李肇《唐国史补》卷下所载，有"郢州之富水，乌程之若下……剑南之烧春……岭南之灵溪、博罗，宜城之九酝，浔阳之湓水……"，主要产自今四川、湖北、江西等地。除此之外，据《元和郡县图志》记载，湖南衡阳的酃酒、郴州的程乡酒亦很有名。对此，王赛时先生在《唐代饮食》一书中均有一定的论述，在此不赘。

唐代时南方各地酿酒普遍不用酒曲。据《太平广记》卷二三三《南方酒》记载，先"杵米为粉，以众草叶、胡蔓草汁溲……大如卵，置蓬蒿中荫蔽，经月而成，用此合糯为酒。故剧饮之后，既醒，犹头热涔涔，有毒草故也"。这样，一年酿酒只需几个鸡蛋大小的小酒曲就够了，从而将中国酿酒技术向前推进了一步。岭南各地酿酒的方法更趋简易。唐代刘恂《岭表录异》卷上载"南中酝酒，即先用诸药，别淘漉粳米晒干，旋入药和米捣熟，即绿粉矣。热水溲而团之，形如饻𰆉，以指中心，刺作一窍，布放在箪席上，以枸杞叶掩之，其体候好弱，一如造曲法。既而以藤篾贯之，悬于烟火之上。每酝，一年用几个饼子，固有恒准矣。南方气候暖，春冬七日熟。秋夏五日熟。既熟，贮以瓦瓮，用粪埽火烧之。"剑南道首府成都生产的一种名"烧春"的酒享誉全国。有学者经过考证，认为烧春的产地就在成都当地。其他又有云安曲米春、汉州鹅黄酒、郫县郫筒酒、戎州重碧酒、射洪春酒、青城乳酒；有些酒还作为贡酒进贡到都城长安，如现存史料记载中就有"生春酒""春酒"两种。

酿酒法比较简单，使人容易掌握，由此南方各地酿酒成风，饮酒的人很多。《岭表录异》载广州人喜欢饮酒，每天晚市解散后，街上总可以见到二三十位男女醉酒者倒在路上。"酒行，即两面罗列，皆是女人，招呼鄙夫，先令尝酒，盎上白瓷瓯，谓之'舐刮'，一舐三文，不持一钱来去尝酒致醉者，当垆妪但笑弄而已。盖酒贱之故也。"尽管当时酒价格便宜，但由于百姓普遍饮酒，因而从事酿酒行业利润十分可观，这样，长江流域各地乃至岭南诸州从事酿酒的人非常多。酒成为人们喜庆欢乐必不可少的助兴饮品。《太平广记》卷二三三《南方酒》载："南人有女数岁，即大酿酒。既漉，候冬陂池水竭时，置酒瓮，密固其上，埋于陂中，至春涨水满，不复发矣。候女将嫁，因决陂水，取供贺客，南人谓之'女酒'。味绝美，居常不可致也。"这就是传说中的"女儿红",在女儿小时酿造,待女成人出嫁时再取出畅饮宴客,味道极美。

当时一些著名诗人、官吏都有饮酒的嗜好,并纷纷作诗文赞颂饮酒的好处。贺知章、张旭为酒中八仙,四海闻名,贺以金龟换酒,张则乘醉泼墨挥毫。李白曾在金陵以紫绮裘换金陵酒(图5-22),说明金陵所酿酒有独到之处。白居易历官江州、忠州、杭州、苏州等地,而琴、茶、酒是其必带之物,白氏自己亦能酿酒。人们迎送亲友故旧,多饮酒以表示友情亲意永存。皮日休认为酒可以"融肌柔神,消沮迷丧",作《酒中十咏》并序、《酒箴》并序;陆龟蒙亦咏诗奉和。虽然随着饮茶风气的普及,加之唐政府实行严格的禁酒措施,使长江流域酿酒业受到一定影响,但这种饮酒习俗却一直延续下来,并且在一些地区具有非常广泛的市场。①

图5-22　清画家苏六朋绘《太白醉酒图》

四、浣花池头造纸佳

唐初,纸的生产遍及长江流域。《大唐六典》卷二〇《太府寺》记载了开元时全国的贡纸,"益州之大小黄白麻纸……杭(今浙江省杭州市)、婺(今浙江省金华市)、衢(今浙江省衢州市)、越(今浙江省绍兴市)等州之上细黄白状纸,均州(今湖北省丹江口市)之大模纸,宣(今安徽省宣城市)、衢等州之案纸、次纸,蒲州(今山西省永济市西)之百日油细薄白纸"。可以看出,唐初贡纸多来自南方,北方只有蒲州生产贡纸。中唐时人李肇《唐国史补》卷下记载了当时全国各地所出的名纸,云:"越之剡藤、苔笺,蜀之麻面、屑末、滑石、金花、长麻、鱼子、十色笺,扬之六合笺,韶之竹笺,蒲之白薄、重抄,临川之滑薄。又宋亳间有织成

---

① 王赛时:《唐代饮食》,齐鲁书社,2003,第163-171页;张健彬:《唐代的禁酒、税酒、榷酒及"榷酒钱"》,《聊城师范学院学报(哲学社会科学版)》1999年第3期。

界道绢素,谓之乌丝栏、朱丝栏,又有茧纸。"同样,这些名贵纸仍然以南方为主要产地。剡纸出自剡溪(位于浙江嵊州市),又名藤纸。剡纸是绘画佳品,各地文人以此为贵,索求不断。一些文人收到远方寄来的剡纸,引以为宝。如唐代诗人崔道融《谢朱常侍寄贶蜀茶、剡纸二首》诗云:"百幅轻明雪未融,薛家凡纸漫深红。不应点染闲言语,留记将军盖世功。"唐人舒元舆曾作《悲剡溪古藤文》,文中说:"异日过数十百郡,泊东洛西雍,历见言书文者,多以剡纸相夸。"由于制作剡纸利润大,社会上求大于供,当地人漫无计划地大量采伐剡藤——生产剡纸必不可少的原料,以至于剡藤越来越稀少,直接影响了剡纸的生产。

  益州的造纸业在全国占据重要地位。《新唐书》卷五七《艺文志一》载,开元年间,"皇帝制书除拜宰相用黄麻纸,故称拜相为宣麻。制诏由学士草制,不自中书出则,用白麻纸"。唐玄宗"创集贤书院,学士通籍出入。既而太府月给蜀郡麻纸五千番"。益州最有名的当为"薛涛笺"。这种纸非常名贵,当时文人以获得此纸为荣,女诗人薛涛亦因此声名更显。据元代费著《蜀笺谱》记载:"薛涛以浣花潭水造纸,故佳。其(锦)江旁,凿臼为碓,上下相接,凡造纸之物,必杵之使烂,涤之使洁,然后随其广狭长短之制以造。砑则为布纹,为绫绮,为人物花木,为虫鸟,为鼎彝,虽多变,亦因时之宜。"这种纸多以深红为色,韦庄《乞彩笺歌》诗云:"浣花溪上如花客,绿暗红藏人不识。留得溪头瑟瑟波,泼成纸上猩猩色。手把金刀擘彩云,有时剪破秋天碧。不使红霓段段飞,一时驱上丹霞壁……也知价重连城璧,一纸万金犹不惜。"

  还有一种鱼子笺,时人称其为"白萍",是蜀笺中质量最好的一种。诗人皮日休曾将鱼子笺寄给另一诗人陆龟蒙,其《奉酬鲁望见答鱼笺之什》诗云:"轻如隐起腻如饴,除却鲛工解制稀。欲写恐成河伯诏,试裁疑是水仙衣。毫端白獭脂犹湿,指下冰蚕子欲飞。若用莫将闲处去,好题春思赠江妃。"从诗中可知,这种纸薄轻滑腻,晶莹雪白,以至于使人不忍心在其上写字和裁剪。陆龟蒙《袭美以鱼笺见寄因谢成篇》诗云:"捣成霜粒细鳞鳞,知昨愁吟喜见分。向日乍惊新茧色,临风时辨白萍文。好将花下承金粉,堪送天边咏碧云。见倚小窗亲襞染,尽图春色寄夫君。"谢公创制的"十色笺"更具特色。这种纸有深红、粉红、杏红、明黄、深青、浅青、深绿、浅绿、铜绿、浅云十色，故名"十色笺"。诗人韩浦《蜀笺》诗云："十样蛮笺出益州，寄来新至浣溪头。"显然，"十色笺"又名"蛮笺"。

造纸业在长江流域的进一步发展，使长江文化有了质的飞跃。一些文士将各地所造的纸寄给远方的朋友，他们诗咏奉酬，不仅使这些纸作为艺术品美名远扬，它们的特点见之诗篇，增加了无限的艺术魅力，而且促进了这一地区文化事业的繁荣。也有文人官吏自己制作各种纸，并大量赠送给朋友。如段成式在九江造云蓝纸，虽然自谦他所造的纸"既乏左伯之法，全无张永之功"，但他随即将纸送给好友诗人温庭筠。可见以纸这种高雅的文化用品作为媒介的文人交往活动在当时十分流行。

造纸业也推动了印刷和书籍出版业的发展。雕版印刷术首先在剑南西川的益州出现，这与当地造纸业的繁荣，以及长江流域佛教的广泛传播有密切关系。世界上现存最早的印刷品基本上出自四川。1954年4月在成都望江楼附近的一座唐代墓中出土了唐代的印刷品《陀罗尼经咒》，首行刻款有"成都府成都县龙池坊卞家印卖咒本"。因成都府始设于唐至德二年（公元757年），而墓葬年代又不晚于唐大中四年（公元850年）。此经时代定为公元757—850年。比世界上公认现存最早的印刷品——刻于咸通九年（公元868年）四月十五日的王玠《金刚般若波罗蜜经》要更早。

雕版印刷术的出现，为中国文化的普及、传播和进一步发展奠定了基础。另外，20世纪70年代韩国庆州佛国寺石塔中发现雕版《无垢净光大陀罗尼经》一卷，刻印皆佳，时代确定于公元704—751年。中韩两国相关学者针对《无垢净光大陀罗尼经》的出处问题展开旷日持久的争论。对此，辛德勇先生有专文探讨，此经是在中国刻印后运往朝鲜并被保存在该石塔内的。在此不赘。

第四节
遥通碧海：唐代的长江与海运

一、新罗僧人的故事

金地藏是一名韩国高僧，新罗王之族人，入唐到达池州九华山，他整日苦苦修行，直到被人在石室中发现，当地百姓在原地为他建造伽蓝（寺庙），地方官员也闻风前来，奏请在其地成立寺院。地藏的声名从此传扬天下。唐贞元十年（公元794年）夏金地藏在寺中圆寂，享年九十九岁。此后，他作为九华山地藏道场的开山祖师，成为中国佛教信仰体系中著名的菩萨，九华山也在历代僧俗的巡礼瞻拜中享誉世界。

这并非新罗僧人入唐的最高礼遇，八世纪中叶的新罗入唐僧侣无相，初入唐都长安后，受到唐玄宗的召见，并被安置于禅定寺。无相到达后辗转来到四川成都保唐寺，传承了从弘忍到智诜、处寂的禅学衣钵。每年的十二月、正月，无相开设道场，传说佛法，受到百千万受众的朝拜。天宝十五载（公元756年），安史之乱爆发，唐玄宗仓皇逃亡至剑南道首府成都，在成都又一次见到无相。此时无相声名显赫，唐玄宗以礼相待，在当时传为佳话。无相临终前将衣钵传与无住和尚，其传承更具传奇色彩，成为佛教衣钵传承的典范。

新罗人信奉佛教，入唐求法的僧人很多，除了上文的金地藏、无相等名僧，见于《全唐诗》的就有雅觉、弘惠上人等十数人。来唐的僧人在唐久了，新罗寺在大唐土地上也逐渐分布。唐朝金州（今陕西安康市）有一座新罗寺，相传建造于贞观年间。贞观十年（公元636年），新罗僧人慈藏与门人僧实等十余人入唐。入唐后慈藏在终南山修行，僧实则偕使者随从来到金州（今陕西安康），看到汉江眷恋不舍，因请立寺以遣乡思。贞观十三年（公元639年），金州刺史段志玄在汉江边建成一座寺院，并题其额为"新罗寺"。从新罗寺遗址考古发现得知，寺院残留的"两个石鼊员当为新罗寺大殿正门两侧的碑座，二者距离基本未变，在8.5米左右，由之可以推知新罗寺正殿大门石台阶的宽度。据碑座的位置可知新罗寺大殿的方向是坐西南朝东北，即朝着新罗方向"。韩国庆州所在的四天王寺遗址南端，也有两个残鼊员存在，可能与此相联系。

另外，新罗僧人慧超少小离家到达广州，稍作停留后乘海商船只从海路前往当时的印度求法巡礼，数年后又从陆路艰难跋涉回到唐京师长安，撰写了著名的《往五天竺国传》，该书残卷在敦煌石室中被发现，成为继玄奘《大唐西域记》、义净《大唐西域求法高僧传》之外，探讨唐代丝绸之路的重要史料。慧超搭乘海船从海路前往印度，足证当时广州在中外文化交流中的重要地位。后慧超并未返回新罗，而是以八十余岁高龄圆寂于五台山。唐朝中后期，由于天灾，大量新罗人到达唐朝并定居于山东登州一带，日本僧侣圆仁在《入唐求法巡礼行记》一书中详细记载了他们的事迹。这些新罗人的足迹遍及长江流域的江苏、浙江、江西等地，从事货物贩运等经济活动，这些地方也有新罗坊、新罗馆（新罗人侨居地区）存在。唐廷还在这些坊、馆设置总管加以管理，并置有译语（翻译）等人。入唐求法巡礼的新罗僧人也前往天台山、衡山、九华山等地求法巡礼，有的学成返回新罗，有的在当地定居并终生在这里生活。

来华学习的宾贡进士、僧侣和长江流域的诗人关系密切。拜根兴先生曾从《全唐诗》中辑出有关唐朝诗人所写的送别新罗僧侣、宾贡进士、商人等诗50余首，其作者大多是长江流域人。其中诗人张乔（池州人）多达8首，苏州吴人张籍亦有3首。另外，章孝标、顾非熊、许彬、张蠙、林宽、贯休等诗人都有赠别诗作传世。值得一提的是晚唐咸通年间新罗人崔致远来唐后，曾任溧水县（今江苏溧阳市）尉、淮南节度使从事等职，并且著述颇丰，其中《桂苑笔耕集》20卷传至今天，弥足珍贵。公元828年，新罗使者将中国的茶种带回国,从此,朝鲜半岛也开始了茶叶种植。[1]

二、日本遣唐使

唐初,日本派往大唐的遣唐使、留学僧很多,一些人因此长期居住于长安,并和当时著名的诗人学者交往。8世纪初以前,日本遣唐使来唐多从筑紫(福冈)越朝鲜海峡,再经朝鲜沿海越黄海,入渤海,从今山东半岛靠岸。后来新罗与日本关系破裂,遣唐使改走途经东海风险较大的南路,也就是从日本出发后,横越中国东海,南下至明州、越州,从今浙江沿海登陆,溯钱塘江或由浙东运河经越州而至杭州,过大运河至扬州,从而密切了长江流域与日本文化之交流。

唐人出访日本的代表,非鉴真和尚(图5-23)莫属,他于武则天垂拱四年(公元688年)在扬州出生,对佛教律宗经律造诣很深。8世纪中叶,日本圣武天皇邀请鉴真东渡传教,鉴真师徒排除艰难,六渡大海,最终从扬州出发,历经艰难险阻到达日本,此时他已是双目失明的衰朽老人了。天宝十四年(公元755年),鉴真在日本奈良东大寺设戒坛,主持讲座。此后10年,他不仅为日本的律宗发展奠定了基础,

图5-23 鉴真和尚漆像

而且带去的许多徒弟将中国的建筑、医学等方面的技术传到日本;他亲自规划营建的招提寺,现仍保存完好,被认为"今日所存天平时期(公元729—748年)佛殿之最完备者,其构造装饰,足以代表当时最发达之式样手法"[2]。鉴真曾帮日本皇太后治愈了困扰她多年的疑难病症,传著有《鉴真上人秘方》一书。从长江流域走出国门的鉴真大师,将中国灿烂的建筑、医药及中国化的佛教文化传至日本,为中日两国文化交流做出了卓越的贡

---

[1] 李启良:《唐代金州新罗寺》,《考古与文物》2003年第6期;拜根兴:《入唐求法:铸造新罗僧侣佛教人生的辉煌》,《陕西师范大学学报(哲学社会科学版)》2008年第3期。

[2] 牛致功:《隋唐时期中国在世界上的地位》,载史念海主编《唐史论丛》第3辑,陕西人民出版社,1987。

献。扬州还建有鉴真纪念堂（图5-24）。

另外，中唐以后长江流域各地兴起的饮茶风气也通过遣唐使传到日本。唐德宗贞元二十年（公元804年），日本高僧最澄到佛教律宗圣地浙江天台山国清寺学习经论，第二年回国时即携带了一些茶籽试种在比睿山麓的近江湖畔。后来，日本天皇在国内广泛推行中国的制茶、饮茶方法，日本的茶道即是在唐朝的影响下发展起来并一直流传到今天的。中国的雕版印刷品在咸通初年也传到日本。咸通三年（公元862年），日本僧人宗叡与贤真、忠全、安展、禅念、惠池、善寂、原懿、倚继等人随真如法亲王入唐。咸通六年（公元865年）十一月归国时，携带雕版印刷的经卷134部，共143卷，剑南西川所刊印的《唐韵》《玉篇》也随之传至日本，日本成为最早传入中国雕版印刷品的国家。

图5-24　江苏扬州鉴真纪念堂

再者，大运河的重要枢纽、中唐以后海外贸易的最大港口之一扬州，既是日本遣唐使、留学僧、商人来华的第一大站，又是中国僧人、商人东渡日本的出发点，鉴真和尚即是从扬州出发，历经磨难才到达日本的。中国的书法艺术此时传入日本，平安时代的"三笔"——空海、橘逸势、嵯峨天皇，其中前二人来过中国，并从扬州归国。橘逸势在唐时曾问过柳宗元书法，嵯峨天皇则学习欧阳询字体，而且颇得其法。在这一时期，"海上丝绸之路"比以前有所扩展，往来也更加频繁。东海航线已直接开辟了越海直接东渡日本的南线，除了扬州，楚州、苏州、明州等一批重要的长江流域的港口城市也崛起了。

三、海上的胡商

隋炀帝大业末年，为招徕海外商人，炀帝在江都举办龙舟盛会，特请外商上龙舟游玩，提高了扬州的国际地位。唐代安史之乱后，丝绸之路中断，来自西亚大食、波斯的商人只有从海上来华进行贸易。唐天宝初年，鉴真和尚到达广州时，看到江中有婆罗门、波斯、昆仑等舶，不知其数；所载香药、珍宝，堆积如山。同时师子国、大石国、骨唐国、白蛮、赤蛮等国人往来居（住），异国商旅人数众多。可以看出，广州作为唐朝对外贸易的主要港口之一，域外各国商旅前来贸易、居住已具有相当的规模。

为管理海上的胡商，于唐开元二年（公元714年）在广州设置市舶使，专门管理收纳外来商旅各种商税。然而面对巨大的海外诱惑，起初几任岭南节度使利用职务之便中饱私囊，直接影响了中外贸易的健康发展。为此唐文宗大和八年（公元834年）诏令其岭南、福建及扬州蕃客，宜委节度观察使常加存问，除舶脚、收市、进奉外，任其往来，自为交易，不得重加税率。尽管如此，唐中央对于域外商旅所采取的较为宽松的政策，仍然吸引了众多的外商来到广州。据阿拉伯文史书《苏莱曼东游记》《黄金牧地》记载，来到广州的外国商人当时已达到12万人。他们主要经营珠宝、药材。而扬州的大食、波斯商人也很多。肃宗时，军将田神功为搜捕叛贼，一次就有数千胡商波斯人涉及其中。可见，在扬州的阿拉伯人总数肯定大大多于以上数字。

除了广州、扬州，另一座受胡商青睐的长江流域城市是杭州。杭州崛起于隋唐时期。随着隋代南北运河的开通，杭州迅速兴盛起来，成为"川泽沃衍，有海陆之饶，珍异所聚，故商贾并凑"的城市。到唐代，杭州已号为东南名郡，也是当时重要的对外贸易港口，极具盛名。来自海外如日本、朝鲜、大食、波斯等国的商人，往来不绝。杜甫有诗《解闷》："商胡离别下扬州，忆上西陵故驿楼。"此时杭州已呈现出"灯火家家市，笙歌处处楼"的繁荣景象。

当然这些外国商人，有的因各种原因终生未能回国，而回去的则将中国沿海的扬州、广州等地的风土人情、文化习俗予以介绍。也正是由于他们的宣传，阿拉伯历史、地理学家才对东方文明古国有了更多的了解，并在他们的著作中加以反映。阿拉伯地理学家伊本·胡尔达兹比赫所著《道里邦国志》一书，即对广州、扬州的情况做过如下记载：从广州至杭州为8天程，杭州港的物产与广州相同。从杭州至江都为20天程。江都的物产与广州、杭州两地相同。中国的这几个港口各临一条大河，海舶可在其中航行。这几条河均有潮汐现象，在江都所临的大河里，可看到鹅、鸭、鸡。[①]

值得注意的是，唐代南海航线已从广州抵达波斯湾的巴士拉港，把长江文化与东南亚、南亚及西亚阿拉伯地区紧密地联系在一起。顺着这条"海上丝绸之路"，陶瓷、丝绸、茶叶等也从长江流域源源不断地输入东亚、东南亚、南亚及西亚阿拉伯地区，并到达欧洲、非洲地区，引起海外人士的倾慕和向往。海上丝绸之路的接通，使中国的丝绸、瓷器等手工业产品被运到西亚各国，使长江文化走向海外，加强了唐朝与这些国家的经济、文化交流。

---

① 宋岘：《唐代扬州的大食商人》，《中华文史论丛》1987年第1期。

第六章 五代中国南北文化地位的逆转

五代十国时期，北方中原一带相继出现了后梁、后唐、后晋、后汉、后周五个朝代，更换了八姓十三君。黄河流域社会经济的发展，遭到严重的破坏，经济发展受到了很大的阻碍。相反，几个割据南方的政权，都采取了"保境息民"的国策，从而为五代长江文化的崛起及中国文化重心南移的正式确立，创造了极其重要的条件。

第一节
保境安民：乱世纷攘中南方的保全

五代十国时期，北方中原一带相继出现了后梁、后唐、后晋、后汉、后周五个朝代，更换了八姓十三君。在当时，中原王朝的统治者，虽以正统自居，但与其他割据政权统治者一样，总是力图扩张自己的势力，彼此之间争夺政权，互相兼并。同时，契丹贵族侵入中原，到处劫掠。因此，黄河流域社会经济的发展，遭到严重的破坏，经济发展受到了很大的阻碍。相反，几个割据南方的政权，都采取了"保境息民"的国策，从而为五代长江文化的崛起及中国文化重心南移的正式确立，创造了极其重要的条件。

一、南方的政权及其更替

在干戈扰攘的五代十国时期，南方地区先后分布着前蜀、后蜀、荆南（即南平）、楚、吴、南唐、吴越、闽、南汉9个割据政权。这9个小国都在秦岭、淮河以南，分成巴蜀、两湖、江淮江南、两浙、福建、岭南六个地区。

巴蜀地区。巴蜀地区先有前蜀政权，它是由唐西川节度使王建建立的，首府成都，传2主。高祖王建于后梁开平元年（公元907年）称帝，在位12年；后主王衍在位7年，亡于后唐；共19年。如从唐大顺二年（公元891年）王建任西川节度使算起，共历35年（公元891—925年），辖境46州，包括今四川全部、甘肃东南部、陕西南部和湖北西部。后蜀政权是由后唐剑南西川节度使孟知祥建立的，首府仍为成都，传2主。高祖孟知祥于公元934年初称帝，在位仅半年即病死，由其子孟昶继位，史称后蜀后主，在位31年，亡于宋。后蜀共历32年。如从后唐同光三年（公元925年）孟知祥入蜀算起，后蜀共历41年（公元925—965年）。辖境和

第六章 五代中国南北文化地位的逆转

前蜀相同，一度因秦、凤、成、阶4州归附，有所扩大。

两湖地区。两湖地区的荆南（即南平），是由后梁荆南节度使高季兴建立的，首府江陵，传5主。武信王高季兴在位22年，文献王高从诲在位20年，贞懿王高保融在位12年，高保勖在位2年，高继冲在位1年，亡于宋，共57年（公元907—963年）。辖境仅荆（今湖北江陵）、归（今湖北秭归）、峡（今湖北宜昌）3州。楚是唐武安军节度使马殷建立的，首府潭州（长沙），传6主。武穆王马殷开平元年（公元907年）被梁封为楚王，在位23年；衡阳王马希声在位3年；文昭王马希范在位15年；废王马希广在位3年；恭孝王马希萼和马希崇在位2年，亡于南唐，共45年。如从唐乾宁三年（公元896年）马殷开始控制潭州算起，楚国共历56年（公元896—951年）。辖境10州，包括今湖南全省、广西东北部、贵州东部。

江淮江南地区。先有唐淮南节度使杨行密开创的吴国，首府扬州，传4主。太祖杨行密自唐昭宗景福元年（公元892年）据扬州，唐天复二年（公元902年）封为吴王，在位14年；烈祖杨渥在位3年；高祖杨隆演在位12年；睿帝杨溥在位17年；亡于南唐，共计46年（公元892—937年）。辖境29州，包括淮南14州、江南15州，相当于今安徽淮河以南全境、苏北大部、苏南一部、江西全部、湖北东部。南唐是吴太尉、中书令、齐王徐知诰建立的，首府金陵（今江苏南京）。后期以洪州为南都，置南昌府。徐知诰称帝后，改姓名为李昪，自称唐朝后裔，传3主。烈祖李昪在位6年，元宗李璟在位18年，后主李煜在位15年，亡于宋，南唐共历39年（公元937—975年），今南京存南唐二陵（图6-1），为先主、中主安身之地。辖境35州，比吴时增6州（建、剑、汀、漳、泉、筠），后周平淮南时，南唐仅有江南21州。据《旧五代史》卷一三四《李璟传》称，南唐在强盛时期"东暨衢、婺，南及五岭，西至湖

图6-1 南唐二陵武士浮雕

139

湘，北据长淮。凡三十余州，广袤数千里，尽为其所有，近僭窃之地最为强盛"。

两浙地区。两浙地区的吴越国，是由唐镇海、镇东节度使钱镠（图6-2）建立的，首府杭州，传5主。武肃王钱镠于开平元年（公元907年）被后梁封为吴越王，在位25年；文穆王钱元瓘在位9年；忠献王钱弘佐（亦作钱佐，以避赵匡胤父赵弘殷名讳，后文钱弘俶、钱弘倧毕类此，不更述）在位6年；忠逊王钱弘倧在位仅数月；忠懿王钱弘俶在位近32年；亡于宋。共72年。如从唐景福二年（公元893年）钱镠为镇海军节度使算起，吴越共历86年（公元893—978年）。辖境13州，包括今浙江全部以及江苏、福建一部分。

图6-2 钱镠像

福建地区。五代福建地区有闽国。闽国自王潮据福建、升威武军节度使开始。潮死，其弟王审知继位，仍为节度使。开平元年（公元907年），唐封其为琅邪郡王。开平三年（公元909年），梁封其为闽王。在位28年。嗣王王延翰在位不足1年，惠宗王延钧（王鏻）在位10年，康宗王昶在位3年，景宗王延羲（王曦）在位6年，天德帝王延政在位3年，为南唐所灭。传7主，共历53年（公元893—945年）。首府福州，辖境5州，包括今福建全省。

岭南地区。岭南地区的南汉，是唐清海军节度使刘隐建立的。首府兴王府（广州），传5主。烈祖刘隐在天祐二年（公元905年），正式担任清海节度使，在位7年；高祖刘䶮在位31年，殇帝刘玢在位1年；中宗刘晟在位15年；后主刘鋹在位13年，亡于宋，共67年（公元905—971年）。辖境47州，包括今广东全省和广西东部。

二、南北文化的逆位与交流

五代十国时期的文学，南北成悬殊之势，诗、词、文均以南方为盛。五代文学的代表，莫过于词。而五代之词，以南唐、西蜀为最盛。五代南方之词，在中国文学史上占有崇高的地位。五代文学中的诗，也是南盛于

第六章 五代中国南北文化地位的逆转

北。据严耕望先生对诗话补本各地区诗人之统计,中朝65人,南唐73人,西蜀51人,楚39人,闽17人,吴越13人,荆南4人,南汉3人,北汉则无,共265人(未统计王室、女子及僧道)。"中朝地理面积与南方诸国之总面积略等,而人数不及南方诸国三之一,女子僧道亦大多数在南方,则中朝诗风不及南方明矣"。另外,还应指出的是,南方诗僧贯休、可朋等人以诗言性理,是宋诗之先驱。

五代十国时期,南方为中国艺术重心之所在。以书画艺术而论,几为南方人天下。据杜文玉等先生的研究,五代十国南北方的绘画发生了较大的变化,其中最为明显的是画家人数。据统计,五代时期的画家就其籍贯分布而言,大致如下:蜀地画家29人、江南画家15人、关中画家10人、河南画家4人、不详33人,可见当时的绘画创作大多在蜀地、江南和中原地区进行。西蜀的绘画创作活动主要是唐代从北方流入大批画家之后发展起来的,其绘画风格多承晚唐艺术风貌。江东路江宁府在南唐时,聚集了许多优秀画家,如徐熙、周文矩、董羽、董源、王齐翰、卫贤、钟隐、顾闳中、赵午、巨然、徐崇嗣等,盛极一时。西蜀和南唐起着承上启下的空间功能,西蜀的成都、南唐的金陵聚集着大批画家,分别形成了绘画的两个中心。其中南唐画人物者32人,山水、花鸟、禽兽等其他种类57人,比例分别是36%、64%;在前后蜀画家中,前一类共62人,后一类48人,比例分别是56.4%、43.6%。而中原地区画家画人物、鬼神者共计40人,占46.5%;山水树石、花鸟竹禽、虫鱼草木、走兽家禽等其他类别的画家,共计46人,占53.5%。可以看出,南方画家人数明显多于中原地区。

五代是佛教盛行的时期。南方佛教之盛,僧侣影响之广,北方远远莫及。在禅宗临济、沩仰、曹洞、法眼、云门五宗中,除临济宗盛行于北方外,其余都盛行于南方。以南方为根据地的净土宗、天台宗也获得了程度不同的发展。

此外,科学技术如印刷业、历算学、造船技术、造纸技术、航海技术、酿酒技术等,南方均在北方之上。如五代时的印刷业,以成都、杭州为最盛。南方吴、南唐和吴越的海盐生产技术及前后蜀的井盐生产技术,北方不能望其项背。

五代十国时期，虽然南北政权在政治、军事上互为对峙，但双方之间的文化往来仍在频繁进行。五代时期，南方诸国因畏惧北方中原王朝之强大以及其他原因，大多遵奉中原王朝的正朔，称臣纳贡，"奉事中国"。如吴越国地狭国弱，三面受敌，一面临海。钱镠"度德量力，而识时务"，认识到北事中原王朝以牵制西北面的劲敌吴、南唐，对吴越国政权的存在和发展最为有利，所以他确定了"子孙善事中国，勿以易姓废事大之礼"的立国方针。

楚国也奉事中原王朝。马殷定湖南，受唐廷任为武安军节度使。后梁开平元年（公元907年）受封为楚王。后梁末帝加守太师兼中书令衔。后梁亡，马殷又向后唐称臣纳贡，得授尚书令衔。后唐天成二年（公元927年），马殷受封为楚国王，乃立国建宫。此后，楚不时向中原王朝进贡纺织品、茶叶等物。荆南、吴、南唐、前蜀、后蜀诸国与中原王朝都有政治往来，双方关系较好时，这些南方国家也曾进贡丝绸、茶叶等物品。此外，割据岭南的刘氏南汉政权和僻居东南沿海一隅的闽国，也皆奉中原王朝的正朔。

南方诸国在政治上不仅以"奉事中国"为立国之策，而且还纷纷延揽中原人士参与政权管理。王建自定西川，便对"避乱在蜀"的中原衣冠人士多加礼用。如任用知名的文学家、原长安杜陵人韦庄为宰相，手定"开国制度、号令、刑政、礼乐"，使前蜀"典章文物，有唐之遗风"。后蜀时，文武大臣也多为入川的北方人。五代时期，南方诸国与中原王朝在经济上皆通商互市，有着频繁的商业往来。吴越国与中原王朝的经济关系十分密切，其向中原王朝进贡是和商业贸易紧密联系在一起的。《新五代史》卷三〇《汉臣传·刘铢传》记载吴越国商人去中原经商的也极多，他们运去本地所产的丝织品、茶叶、陶瓷及印刷品等，贩回马匹等物，以赚取巨额利润。中原地区的商人也常来两浙地区经商，运来当地的土产。

此外，楚、荆南、前蜀、后蜀均同中原王朝发展贸易关系，号称繁盛。五代长江流域诸国与中原王朝等的商品贸易，绝不是一种单纯的经济关系，而是更多地带有文化交流的性质，这是由于双方交换的商品绝大多数为物质文化的产物。从南北双方商品交换的情况来看，南方多为制作精美的手工制品和文化用品，而北方却是羊马等土产，这种现象的出现，当是五代中国文化南移的结果。

第六章 五代中国南北文化地位的逆转

第二节
仓廪充溢：南方经济的稳定发展

五代十国时期，北方地区由于割据军阀势力的混战以及沙陀族残暴的统治，经济发展遭到了严重的阻滞，生产力久久未能恢复。而南方由于战争较少，各割据小国又推行"保境息民"政策，奖励农桑，招徕商旅，所以经济发展和发达程度都远远超过了北方黄河流域，长江流域地区的经济更加深入地开发了。

一、天府之国，锦城烟雨

五代时期，巴蜀经济发展较快。据宋代张唐英《蜀梼杌》卷上所载，王建立国后，在武成三年（公元910年）六月颁布了劝农桑令："爰念烝民，久罹干戈之苦，而不暇力于农桑之业。今国家渐宁，民用休息，其郡守县令，务在惠绥，无侵无扰，使吾赤子，乐于南亩，而有《豳风·七月》之咏焉。"前蜀统治者实施休养生息、劝课农桑的政策，促进了农业经济的恢复与发展，"仓廪充溢"。后蜀孟知祥继续执行前蜀政策，"蠲除横赋，安集流散，下宽大之令，与民更始"。其子孟昶于明德元年（公元934年）十二月，也颁布劝农桑诏："刺史县令，其务出入阡陌，劳来三农，望杏敦耕，瞻蒲劝穑。春鹀始啭，便具笼筐；蟋蟀载吟，即鸣机杼。"（《十国春秋》卷四九《后蜀·后主本纪》）广政四年（公元941年）五月又著《官箴》，诫官吏"无令侵削，无使疮痍。下民易虐，上天难欺。赋舆是切，军国是资"，从而使经济得到持续发展，"富有天下"。故此，宋代张唐英《蜀梼杌》卷下有"府库之积，无一丝一粒入于中原，所以财币充实"之说。具体表现在以下几个方面：

143

在农业生产方面，粮食产量有了大幅度增加，以致孟昶在位时出现了"蜀中久安，斗米三钱"的情况。五代四川的手工业以纺织业最为发达。据宋代李焘《续资治通鉴长编》卷八记载，北宋乾德五年（公元967年）十月丙辰朔，以灭后蜀所得锦工六百人在东京昭庆坊置绫锦院，命常参官监领。又前蜀灭亡时，仅其官府所存的纹、锦、绫、罗等纺织品就达50万匹。其时所织的长安竹、天下乐、雕团、宜男、宝界地、方胜、狮团、象眼、八答晕、铁梗襄荷等图案的织锦，合称为"十样锦"，扬名于时。这些都从某一个方面反映了蜀中丝织业发达的盛况。此外，蜀中的印刷业、制茶业、制盐业、制瓷业等，都著称于时。

五代蜀中商业之盛，商人势力之大，在南方九国中位居前列。如《五国故事》卷上载成都三月间的蚕市，"货易毕集，阛阓填委，蜀人称其繁盛"。市内"歌乐掀天，珠翠填咽，贵门公子乘彩舫，游百花潭，穷奢极丽。诸王、功臣已下，皆置林亭、异果、名花，小类神仙之境"。秋季，"城上尽种芙蓉，九月间盛开，望之皆如锦绣……"由于经商获利巨大，以致前蜀后主徐太后姊妹竟于"通都大邑起邸店，以夺民利"。后蜀宰相李昊"秉利权，资货岁入巨万"。当时蜀粤商路繁华，蜀中珠玉香药甚多。前蜀灭亡之时，后唐得"珠玉犀象二万"。

由于巴蜀地区富饶，所以宋代张唐英《蜀梼杌》卷下载其"赋役俱省，斗米三钱，城中之人，子弟不识稻麦之苗，以笋芋俱生于林木之上。盖未尝出至郊外也。村落闾巷之间，弦管歌诵，合筵社会，昼夜相接。府库之积，无一丝一粒入于中原，所以财币充实""人物秀丽，土产繁华"。严耕望先生在《唐五代时期之成都》一文中指出："综观五代十国各地情形，成都当为全中国最繁荣之第一大都市，长安、扬州已衰，五代都城之开封、洛阳，南方盛国之金陵、钱塘殆更非其比矣。"

二、广陵殷盛，士庶骈阗

江淮江南地区，是吴和南唐统治的长江下游地区。《旧五代史》卷一三四《杨行密传》载杨行密在取得淮南以后，"招合遗散，与民休息，政事宽简，百姓便之"。从此结束了该地唐末混战的局面，淮南的农业生产开始恢复。杨行密为了促进农业生产，还轻徭薄敛。因此，"未及数年，公私富庶，几复承平之旧"。首府扬州，更是"广陵殷盛，士庶骈阗"，重现出一片繁华景象。

徐温执政以后，仍力行保境息民政策，结束了与吴越国的长期战争，"自是吴国休兵息民，三十余州民乐业者二十余年"。其养子徐知诰（后改名李昪）建南唐代吴，他也反对战争，在位6年，兵不妄动，说："百姓皆父母所生，安用争城广地，使之肝脑异处，膏涂草野？"此外，还施行均定田租，限制力役，招徕归附人户，授之土田，免其租税三年，鼓励垦荒等一系列发展农业的政策，因此境内"旷土尽辟，桑柘满野，国以富强"。

首先在农业上，南唐自立国后，就全面地整治陂塘堰闸，"命州县陂塘堙废者，修复之"，特别是修复了"岁旱靡俟雩，河源不患竭"的练湖水利工程。由此，"自是不十年间，野无闲田，桑无隙地"，公私富庶。在这一时期，南唐北苑茶更加精细化。南唐于后晋开运二年（公元945年）吞并闽国，占领建州，随后马上派人接管北苑。到南唐接收北苑时，潘承祐将王延政兼并的民地全部归还给百姓。

其次，在手工业上，江淮地区纺织品之精美，品种、数量之多，闻名于世。据文献记载，仅吴进贡中原王朝的纺织品就有"罗锦一千二百匹""龙凤丝鞋一百事""锦、绮、罗一千二百匹"。据《五国故事》卷上所载，南唐后主李煜还暴殄天物以遣忧郁之情，"于宫中以销金红罗幂其壁，以白银钉玳瑁而押之。又以绿钿刷隔眼，糊以红罗""每七夕延巧，必命红白罗百匹以为月宫天河之状"。这从一个侧面反映了南唐纺织业的发达。江淮地区的制茶业也很发达，南唐江淮茶著称于时。南唐境内有官焙（茶）38处，官私制茶1336处。

宋代熊蕃《宣和北苑贡茶录》载："五代之季，建属南唐，岁率诸县民采茶北苑。初造研膏，继造蜡面，既又制其佳者，号曰京挺。"茶名有"京铤"（亦作京挺）"的乳""骨子"等团茶，比早期的研膏、蜡面等团茶制作更加精细，质量也越来越好，因此北苑茶闻名于世。

另据毛文锡《茶谱》记载，南唐时期北苑除生产贡茶之外，还生产紫笋茶。"紫笋"一名由陆羽《茶经》"紫者上，笋者上"而得名。南唐大臣徐铉《和门下殷侍郎新茶二十韵》诗赞美紫笋茶:"暖吹入春园,新芽竞粲然。才教鹰嘴拆,未放雪花妍。荷杖青林下,携筐旭景前。孕灵资雨露,钟秀自山川。碾后香弥远,烹来色更鲜,名随土地贵,味逐水泉迁。力藉流黄暖,形模紫笋圆。正当钻柳火,遥想涌金泉。"这一组诗说明当时的文士已爱茶成癖,围绕建茶的茶文化也悄悄地发展起来,建茶在人们心中的地位已非同一般。

冶炼业也非常兴盛,出产有铜、铁、铅等多种金属,产量居全国前列。制盐业为其重要手工业,吴和南唐立国多赖于此。其他如造纸、造船及文具业等,也都驰名南北。

再次,在商业上,吴都广陵、南唐金陵都是商业繁盛之地。扬州在唐代"富庶甲天下",时有"扬一益二"之称,但经唐末兵燹之后,残破不堪,后经多年恢复,再呈昔日繁华景象,"广陵殷盛,士庶骈阗"。金陵经南唐大力经营,也"制度壮丽",甚为繁荣。在经济发展的推动下,吴和南唐的文化也出现了繁荣的局面。宋代史温《钓矶立谈》载其"文物彬焕,渐有中朝之风采"。

三、三吴都会,钱塘自古繁华

两浙地区,也是长江下游经济发达的地区。五代吴越国时,虽地域狭小,极盛时不过十三州,但却是一个重要的农业区。太湖附近,田土膏腴。钱镠认识到"立国于干戈扰攘之际,方欲富境强兵,必以农为先务",由此他实行"保境安民"政策,"偃息兵戈,四境粗安耕织"。后人称颂"钱氏百年间,岁多丰稔"。

在吴越国建国之初,统治者决心要通过发展农田水利推动农业发展,来巩固执政根基。注意发展农业生产,如兴筑捍海石塘,保障了沿江农田不受海潮侵蚀。针对日益严重的洪涝干旱灾害,建设太湖流域水网系统,疏浚西湖和太湖,组织"撩浅军",对太湖流域农业生产的发展起了很大的作用。又疏浚了许多河堤湖塘,广置堰闸,使蓄泄有时,旱涝有备,对农业生产也都有好处。又修造圩田,使之保产丰收。此外吴越国还设立都水使者、开江营等专职机构和专职队伍,负责水利。

第六章 五代中国南北文化地位的逆转

　　吴越国的手工业非常发达,这突出表现在纺织、印刷、造纸、制茶、造船、酿酒等方面。以纺织业为例,官营织造十分发达。杭州城中仅锦工就达200余人,且已能生产技术含量极高的锦了。丝织品质量精美,数量庞大,并出产有很多著名产品。从种类来说,吴越的丝织品门类齐全,绫有越绫、吴绫、异文绫;锦有盘龙凤锦、红地龙凤锦等;罗有越罗,縠有越縠,纱有金条纱,绢有越绢、印花绢,此外尚有绮、绵、织成等。其产量也十分惊人,这从钱氏大量进贡中原王朝和奢耗的情况中可以推知。根据记载,吴越国从907年钱镠受封为吴越国王开始,到978年钱弘俶"纳土"归宋,前后70余年当中,向中原王朝进贡丝织品的有21个年份,有时一年之中几次进贡。后周显德五年(公元958年)的一年时间里,有数字可查的,钱弘俶就向周世宗进贡了绫2万匹、绢5万匹、细衣缎2000匹及白金等物。其中钱弘俶有一次上贡给宋太祖的丝绸织物就有"绫罗锦绮二十八万余匹,色绢七十九万七千余匹"。其数量浩大,举世无匹。这些上贡的丝织品以及成品衣衫,充分反映了吴越国杭州丝织业的发达以及丝织品制作技术的精良。

　　吴越国瓷器业也称雄于世,越州窑生产的秘色瓷扬名海内外。杭州市玉皇山南武肃王钱镠第七子钱元瓘墓中出土了几件越窑青瓷器,包括方盘、划花执壶、四系二龙戏珠瓶(图6-3)、器盖等。其中的四系二龙戏珠瓶口颈部已残,造型之浑厚犹存,肩腹浮雕双龙,龙头之间饰有一珠,成二龙戏珠之势。龙身附着金饰片,显得雍容华贵,当属越窑秘色瓷器中有代表性的成品。造船业同样非常发达。当时钱塘江边,舟楫辐辏,望之不见首尾。在北宋开国至吴越国国王钱弘俶纳土称臣的短短十九年里,吴越国就向宋王朝进献了银装花舫、画舫、龙舟计二百艘。其造船技术也非常高超,据北宋科学家钱塘(今浙江杭州)人沈括《梦溪笔谈·补笔谈》载:"国初,两浙献龙船,长二十余丈,上为宫室层楼,设御榻,

图6-3　浙江杭州五代吴越国钱元瓘墓出土的四系二龙戏珠青釉龙纹瓶

以备游幸。"

金银器的加工工艺不同凡响，杭州雷峰塔地宫所出阿育王塔（图6-4）是其金银加工工艺的杰出代表。钱镠母亲水丘氏墓出土的银高足杯，杯体纹为缠枝牡丹和涡纹，杯把纹为荷叶纹并錾刻5只展翅鸳鸯，刻工细腻，形象逼真。另一件银盖罐，平面略方，四角圆转，平底下设4个对称的叶形圆柱足，盖沿与器肩两侧分别铆焊铰链、搭襻，可以落锁，通体鎏金，饰以卷云纹和莲瓣纹，四面中间开光内分别錾刻双龙、双狮及乐舞百戏。文献记载献给中原王朝的贡品中，有金银饰龙凤船、银装器械、银装花榈橱子、金银饰陶瓷器、连金花食器、金排方盘龙带御衣、戏龙金带、佛头螺子青、山螺子、金饰玳瑁器等，举不胜举，不乏稀世之宝。

图6-4 雷峰塔地宫出土吴越国时期鎏金银阿育王塔

吴越国的商业也空前繁荣。吴越国北通中原，南通闽、粤，又有海路与国外通商。罗隐《杭州罗城记》载其"东眄巨浸，辏闽、粤之舟橹；北倚郭邑，通商旅之宝货"，并与日本、朝鲜、伊朗等国建立了频繁的海外贸易关系。吴越国北上中原地区贸易，一般由吴淞江口傍海北上山东蓬莱等地，然后进入中原地区。吴越国与契丹亦曾多次"沿海溯河"，贡纳往来。吴越国的海外贸易继承唐代，以明州、澉浦为主要海港，并通过江南运河、浙东运河通往杭州。主要贸易伙伴为朝鲜半岛和日本。吴越国输出海外的货物主要有丝织品、瓷器等物，从海外输入的主要有朝鲜的马匹、药材，日本的沙金、木材等。杭州有叫"梛木桥""梛木营"的地名，前者是因为原桥是用日本输入的梛木建造的，所以以梛木名桥；后者地处钱塘江岸，是当年堆放航海而来的梛木的地方，故名。除了朝鲜、日本以外，吴越国与其他海外国家也有贸易往来，如吴越国从大食输入过火油。吴越国通过航海贸易获得丰厚的利润。由于商业繁盛，杭州城不断"临街盖店"以扩大市场，后来成为"开肆三万室"的商业大都会。

第三节
酬唱冶游：南方文化的繁荣兴盛

五代十国时期，中国文化出现了南重于北的局面，并正式确立了重心南移的势态。严耕望先生说五代十国时期"北方经济文化继续坠落，南方经济文化继续增高，迄五代之末，悬殊极巨，经济文化中心之南移，遂积重难返，成为定局。此则研究五代史重要意义之所在也"。

一、诗词文学中蕴含的西蜀旖旎

五代文学的代表，莫过于词。而五代之词，以南唐、西蜀为最盛。如赵崇祚汇编的《花间集》，这是我国文学史上流传的第一部词总集，专录晚唐五代尤其是后蜀词人之作，上起唐开成元年（公元836年），下至后晋天福五年（公元940年）。题材多是儿女艳情，离思别绪，绮情闺怨。体例上，花间词限于小令，不过五六十字，没有题目，仅有词调名。风格上，花间词以温柔婉转、婉约含蓄、浓艳华美为主，也有清新典丽之作。全书共收录了18家词，原有500首，分为10卷，今逸其二。

《花间集》著录有词人18位，除温庭筠、皇甫松、和凝三人之外，其余作家均与西蜀直接相关，足以见当地词风之盛。他们的词形成了中国文学史上著名的花间派，影响深远。著名的有：

韦庄（约公元836—910年），字端己，原长安杜陵（今陕西西安）人。唐昭宗乾宁元年（公元894年）进士。天复元年（公元901年）奉唐昭宗之命"宣谕两川，遂留蜀，同冯涓并掌书记"，后官至前蜀宰相。他在前蜀词人中成就最大，与温庭筠齐名，时称"温韦"。其词多反映上层社会的享乐生活。善于创作情感缠绵、风格清丽之词，而不同于温词的秾艳细腻、绵密隐约，堪称花间词中的别调。因曾居成都浣花溪畔的杜甫故居，名其词曰《浣花集》。

李珣（约公元855—930年），字德润，也是花间派的重要词人之一。先世是波斯（今伊朗）人，人称他"李波斯"。以秀才而贡于京师（今四川成都），为蜀主王衍所赏识。他的词雕饰较少，感情深沉，风格清婉，语言隽秀，著有《琼瑶集》（已佚）。李珣出身商贸世家，从事香料贸易，自身兼有文人、商人的二重身份，常往来诸国之间，故能够创作出大量的南粤风土之作，如其《南乡子》词："渔市散，渡船稀，越南云树望中微。行客待潮天欲暮，送春浦，愁听猩猩啼瘴雨。"李珣《南乡子》组词中就曾经多次写到采珠的景象，如："新月上，远烟开，惯随潮水采珠来。棹穿花过归溪口，沽春酒，小艇缆牵垂岸柳。"歌词描写采珠人的生活，历历如绘，"惯随"二字点出采珠活动之频繁与艰辛，给读者留下深刻的印象。

尹鹗，成都人。工诗词，与宾贡李珣友善，也是花间派词人之一，王衍时累官至翰林校书。牛峤，字松卿，一字延峰，陇西（今甘肃临洮）人，唐乾符五年（公元878年）进士，为花间派词人，博学工词，风格接近温庭筠。鹿虔扆，成都人，后蜀花间派重要作者。他的词或写国家残破的悲凉感情，或写水乡蓬舍的素淡生活，在花间派中内容较开阔。艺术上描写细腻，刻画入微，有独到之处。

欧阳炯，华阳（今成都）人，也是花间派的主要作者。他的词在艺术上有独特的风格和较强的感染力，曾为《花间集》作序。如欧阳炯《南乡子·其五》写岭南女子大胆直率的个性："耳坠金镮穿瑟瑟。霞衣窄，笑倚江头招远客。"词中所写女子的服饰、姿态、个性与传统中原地区迥异，却又让读者如见其人，如闻其声。顾敻，前蜀时官刺史，后事孟知祥，官至太尉。为花间派词人，作品多写艳情，但艺术上技巧较高。

此外，巴蜀之地的诗也值得一提。前蜀诗人，有韦庄，他的诗不及词数量多，内容多怀念承平时的生活，而最著名的《秦妇吟》，则揭露唐军的暴行，有史料价值。卢延让，字子善，唐光化三年（公元900年）进士，前蜀诗人，以诗才得王建赏识。以苦吟著称，自言"吟安一个字，捻断数茎须",其诗多用浅近俗语,不竞纤巧,自成一家。张蠙,字象文,清河(今河北清河)人。前蜀诗人。生而颖秀,性喜为诗。童年有"白日地中出,黄河天上来"之句,盛为当世所称。昭宗乾宁二年(公元 895 年)进士,历任校书郎、栎阳县尉,迁犀浦令。后避乱入蜀,为蜀主赏识,拜膳部员外郎,出为金堂令。早年曾游塞外,写过不少边塞诗,晚年居蜀,诗风趋于纤巧。黄崇嘏,临邛(今成都市邛崃市)人,是前蜀一位富有才华的女诗人。工诗,雅善琴棋,妙于书画。《全唐诗》辑录有她作的一首七言绝句《下狱贡诗》,流传后世。"花蕊夫人",青城(今四川都江堰市)人。后蜀主孟昶赐为慧妃。因为她姿色雅丽,诗词清逸,深为孟昶所宠爱。孟昶特用前蜀主王建爱妃徐氏花蕊夫人的名号封她,也称花蕊夫人,是一位富有才华的女子。

西蜀诗僧较多,他们与文士常有往来,互相唱酬。同时蜀主对他们优礼有加,所以诗风甚盛。著名前蜀诗僧如昙域,是贯休的弟子,工诗,号慧光大师,有《龙华集》(已佚)。后蜀诗僧可朋,自号醉髡,丹棱(今四川丹棱)人,与方干、齐己、欧阳炯友善,著有《玉垒集》(已佚)。

二、翰墨书画中演绎的南唐风雅

近年来北京故宫博物院藏的一幅《韩熙载夜宴图》(图 6-5)受到人们的关注。这幅画首先是一幅热闹的作品。作品如实地再现了南唐大臣韩熙载夜宴宾客的历史情景,细致地描绘了宴会上弹丝吹竹、清歌艳舞、主客糅杂、调笑欢乐的热闹场面,又深入地刻画了主人公超脱不羁、沉郁寡欢的复杂性格。全图由听乐、观舞、暂歇、清吹、散宴五部分组成,而这些场景间又由山水屏风或绘有山水屏

图 6-5 五代顾闳中《韩熙载夜宴图》局部

风的床榻巧妙相隔且相互衔接成一幅长卷。这幅画中还描绘着历史的画像和政治的权谋。据《宣和画谱》记载，后主李煜欲重用韩熙载，又"颇闻其荒纵，然欲见樽俎灯烛间觥筹交错之态度不可得，乃命闳中夜至其第，窃窥之，目识心记，图绘以上之"。《五代史补》则说韩熙载晚年生活荒纵，"伪主知之，虽怒，以其大臣，不欲直指其过，因命待诏画为图以赐之，使其自愧，而熙载自知安然"。总之，此图是南唐画家顾闳中奉李煜的诏书，监测权臣韩熙载的汇报作品。而绘画中的韩熙载，一方面在与宾客觥筹交错，不拘小节，另一方面又心不在焉、满怀忧郁，有些晚年失意、以酒自娱的心态，人物形象十分立体。

除了顾闳中，五代的另一位人物画家周文矩也值得关注。周文矩，翰林待诏，著名仕女画家，继承了唐代画家周昉的画风，又有自己的独创性，行笔上用瘦劲挺拔的"颤笔"去表现衣纹，不重设色，而重装饰。现存于美国克利夫兰艺术博物馆、哈佛大学福格博物馆及大都会艺术博物馆的宋代摹本长卷《宫中图》（图6-6），传原为周文矩所作，全卷被分割成三段，描绘宫中妇女的日常生活，有的奏乐、有的梳妆、有的闲聊、有的扑蝶……画中有妇女和儿童等大大小小人物达80人。画家着重刻画人物的神情，表现出了儿童的活泼天真；画面人物组合井然有序，三五成群，真实生动地表现出古代宫廷妇女闲适的生活，人物神态自然；画家着重表现出仕女的气质和神韵，可见对宫中生活观察得细致入微，真实客观地再现宫中妇女的生活。另外，周文矩的《重屏会棋图》也是一幅写实性的图卷，描绘五代南唐中主李璟兄弟四人会棋时的情景。作者采用中心式构图，主体突出，形象逼真地刻画出人物的面貌和气质，同时也真实地描绘了当时的生活用具。画面背景本身就是一个屏风，在屏风当中又绘有一屏风，

图6-6　周文矩《宫中图》宋摹局部

因此得名"重屏"。南唐中主李璟和后主李煜都十分善弈棋,以此为题材的绘画反映了当时宫廷中的生活。

山水画家以董源、巨然为代表。董源,字叔达,李煜时曾任北苑副使,人称董北苑。擅画山水、人物、走兽、花鸟,尤以山水的成就最为杰出。他的山水画,米芾在《画史》中说:"峰峦出没,云雾显晦,不装巧趣,皆得天真,岚色郁苍,枝干劲挺,咸有生意,溪桥渔浦,洲渚掩映,一片江南也。"并称其画为"近世神品,格高无比也"。他的画富有真实的自然美感,被推为江南画的开山始祖。他的学生巨然,也擅长画江南山水,他们的"披麻皴"画法,一直为元明以来山水画家所模仿,影响深远。

在南唐众多画家中,隐遁避世的荆浩是营造山水画"高远"格局的名家。荆浩曾于太行山隐居,对山峰的起伏、烟霞的变幻可谓了若指掌,其画作将吴道子之笔、项容之墨熔冶一炉,有《匡庐图》传世。此图现存于台北"故宫博物院",是采用"高远"透视法完成画作的全景山水画代表,主峰突兀,群峰环伺,只用水墨渲染,浑然天成,将云雾缭绕、风姿摇曳的庐山呈现在读者的眼前,有"神品"之称。

花鸟画则推徐熙,他是江南花鸟画的大师,与黄筌齐名。所谓"黄筌富贵,徐熙野逸"就是对此二人艺术风格的高度概括。汤垕《画鉴》载:"徐熙画花果,多在澄心纸上。"李煜把他的画挂在宫中,誉为"铺殿花"。他善于观察事物,常常浏览园圃,观察花鸟虫鱼的细致情状。他的画"骨气过人,风神潇洒",人称"徐体"。受到了后世士大夫的追捧。其孙徐崇嗣,画花全不用墨笔,而直接以彩色染成,称为"没骨法"。

书法方面,南唐二主都善书法。李璟学羊欣,李煜学柳公权。内府购藏"钟王"以来的墨帖很多。李煜作书行笔"作颤笔樛曲之状,遒劲如寒松霜竹,谓之金错刀","作大字不用笔,卷帛而书之,皆能如意,世谓'撮襟书'。"又喜作行书,"落笔瘦硬而风神溢出,然殊乏姿媚"。此外,他对书法理论也颇有研究。所著《书述》,总结记载了古代书法家的作书执笔法。

韩熙载,善八分书。善写细字,细如毛发,能在一个铜钱上写《心经》一篇,又能在一粒芝麻上写"国泰民安"四字;王文秉,善小篆,有《紫阳石磬铭》《千字文》传世。徐铉,好李斯小篆,隶书亦工。其篆籀气质高古，沉着刚劲，风采照人。据《宣和书谱》卷二记载，宋内府收藏有他的小篆《大道不器赋》《蝉赋》《千字文》等作品7件。其中他所书的《千字文》，行笔点画皆精，严有法度，是玉箸篆书法的典型作品之一，达到了"炉火纯青"的境地，宋代大书法家黄庭坚称其可与"斯翁而后，直至小生"的唐代著名篆书家李阳冰相媲美。他还主持编刻了一套四卷的书法丛帖，定名为《升元帖》，这是中国历史上最早出现的一部丛帖。

三、印经佛塔下诉说的吴越佛事

唐末五代，随着文化中心的逐步南移，佛教也在南方广泛流传。吴越国国王大力提倡佛教，使这一地区成为佛教的一大中心。钱镠晚年深信佛教，钱元瓘、钱弘俶也都奉佛甚笃，因此，吴越国的佛教文化特别盛行，被誉为"东南佛国"。具体表现在大兴佛寺、印制佛经、建造佛塔、石窟造像等方面。

大兴佛寺。吴越国境内，寺院林立。按《咸淳临安志》记载，"九厢四壁，诸县境中，一王所建，已盈八十八所，合一十四州悉数之，且不能举其目矣"。尤其是国都杭州，"内外及湖山之间，唐以前为三百六十寺，及钱氏立国，宋朝南渡，增为四百八十，海内都会，未有加于此者也"。据《咸淳临安志》初步统计，吴越国在杭州创建和扩建的寺院有150余所。典型的如杭州灵隐寺，天福十二年（公元947年），钱弘俶接吴越国王位，立即着手扩建整修灵隐寺。后周显德七年（即宋建隆元年，公元960年），钱弘俶见灵隐寺倾圮颓败，从奉化雪窦寺迎请延寿禅师来灵隐寺主持扩建整修工作。正殿为觉皇旧殿，后为千佛阁，最后为法堂。东建百尺弥勒阁，西有祇园（即紫竹林），在大雄宝殿前月台置有石塔两座，同时扩建僧舍，廊庑回曲，自山门左右连接方丈。扩建后的灵隐寺更名为灵隐新寺，全寺共有九楼、十八阁、七十二殿堂，先后共建殿宇房舍1300余间，住寺和挂单僧人多时达3000余人。

印制佛经。五代十国时期，雕版印刷术已逐渐流行，成为蒸蒸日上的新兴事业。吴越国统治者，崇奉佛教，雕版印刷术大都用于印行佛经。仅钱弘俶时期所印的《宝箧印陀罗尼经》，一次就达84000卷，有图有文，字体隽秀，具有较高的水平。杭州雷峰塔出土的开宝八年（公元975年

第六章 五代中国南北文化地位的逆转

的《宝箧印陀罗尼经》（图 6-7），全长 2.11 米，高 7.3 厘米，卷首刻礼佛图，次为经文，经文首行 11 字，余每行均为 10 字，全卷 271 行，共 2700 余字，经纸分白绵纸和竹纸 2 种，卷端题有"天下兵马大元帅吴越国王钱弘俶造此经八万四千卷，舍入西关砖塔，永充供养，乙亥八月日纪"等字。此外，还发现了雕版印刷的塔图，也称塔卷，长 1 米许，每层画一塔，四塔相叠，上画讲经故事，雕刻精细，印刷清晰。

图 6-7 雷峰塔出土的五代吴越国经卷《宝箧印陀罗尼经》

建造佛塔。塔是佛教的产物，据清代郑方坤《五代诗话》卷一《吴越王钱镠》所说，吴越国武肃王时，吴越寺塔之多，"倍于九国"。吴越国主要的寺塔有：功臣塔、宝石塔、白塔、六和塔、南塔、梵天寺塔、雷峰塔等。最为有名的当属雷峰塔，因建在南屏山雷峰上而得名。据《咸淳临安志》卷八二记载"郡人雷氏居焉"，因而得名。但经卷题记有"舍入西关砖塔"，可见本名为西关砖塔（西关在今长桥附近）。雷峰塔为宋开宝八年（公元 975 年）吴越国国王钱弘俶的妃子黄氏建，所以又称黄妃塔。因其地植黄皮木，后人又叫"黄皮塔"。明嘉靖间，倭寇入侵，雷峰塔被毁。此外，今日苏州虎丘山上的云岩寺塔、义乌双林东铁塔、安吉县灵芝塔、上海龙华寺塔，都是吴越国时期建造的。

石窟造像。我国的石窟艺术，从北魏到唐代，是其鼎盛时期。南方石窟虽不及云冈、龙门，但吴越国的石窟艺术却有独特的风格。吴越国国王三代尊奉佛教，造像之风甚盛，尤其在凤凰山附近开凿较多，因为这一带寺宇林立，比较著名的如南塔寺（后改梵天寺）、圣果寺、天龙寺、资延寺等，所以石窟造像也大多分布在这里。典型的有慈云岭石窟造像，即慈云岭南坡资延院石窟造像（图6-8），是五代吴越国杭州最著名的造像之一。据《咸淳临安志》卷八二载："上石龙永寿寺，在慈云岭下，天福七年（公元942年）吴越王建，旧名资贤，大中祥符元年（公元1008年）改今额。"慈云岭造像是吴越国石窟造像规模较大的一处，佛像造型丰满，衣纹流畅，继承了晚唐的艺术风格。

图6-8　杭州慈云岭五代吴越国资延院西方三圣石窟造像

第七章 宋代：长江文化的成熟

宋代是中国传统社会发展的最高阶段，两宋时期的物质文明和精神文明也达到了前所未有的高度。而这一时期，也是长江文化高度发展、高度繁荣的时期。长江流域经济的发达、文教的昌盛、私人讲学风气的流行和社会环境的相对安定，终于确立了长江文化在中华文明中的主导地位。无论是科学技术、学术思想、史学、目录学、文学、艺术等文化层面，还是文化的普及程度和传播范围，长江文化都走在了黄河文化的前面。

第一节
文治天下：造极于赵宋之世

一、武将释权，文臣取仕

公元961年，距离赵匡胤陈桥兵变、黄袍加身刚刚过去一年左右。为了防止历史的重演，宋太祖赵匡胤采纳了赵普的建议，策划了"杯酒释兵权"的历史事件。他劝谕石守信、王审琦等将领曰："人生如白驹过隙耳，所谓富贵者，不过欲多积金钱，厚自娱乐，使子孙显荣耳。"在他的威胁利诱下，石守信等人的兵权被顺利地解除了。接着，宋太祖又利用同样的方法解除了五代以来一直盘踞一方的节度使的兵权。对方镇节度使的其他权力，如司法治安权、经济财赋权等，朝廷也极力加以限制。

在抑武的同时，宋代统治者实行兴文政策。宋代最高统治阶层成员中的宰执侍从大多数是科举出身，其中又以进士出身者居多。如北宋宰相71人，其中64人出身进士。宋人蔡襄所揭示的"今世用人"之道："大臣，文士也；近侍之臣，文士也；钱谷之司，文士也；边防大帅，文士也；天下转运使，文士也；知州郡，文士也。"由此可见在朝廷中出现了"满朝朱紫贵，尽是读书人"的现象。

宋代的重文政策，最主要的内容是完善科举制、厚待文人士大夫。司马光《贡院乞逐路取人状》云："国家用人之法，非进士及第者不得美官。"像范仲淹（图7-1、图7-2）、王安石、寇准、晏殊、韩琦、欧阳修等，都是通过科举考试涌现出来的一代名相。据浙江大学古籍研究所傅璇琮教授主编，龚延明、祖慧教授编撰的《宋代登科记考》所载，两宋共举行118榜科举考试，取士人数多达十余万人，是唐、五代、明、清各朝人数的四五倍。

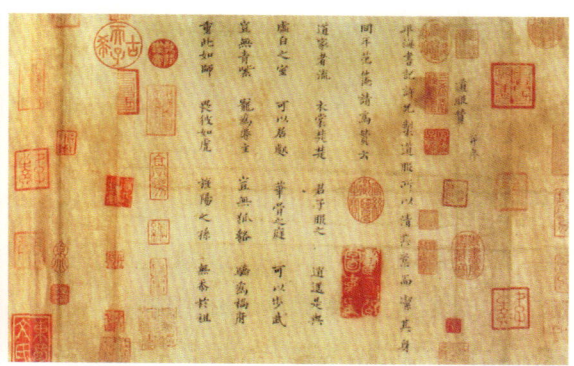

第七章 宋代：长江文化的成熟

图 7-1 范仲淹像　　　　图 7-2 范仲淹书法《道服赞》

  同时，宋朝统治者实行厚待文人士大夫的国策。如宋代凡有官职的官员，在经济上除了有充裕的"公用钱之外，又有职田"之利，还有冬春服装、祭祀经费及各种名目的赏赐，以至有士人感叹"国朝待遇士大夫甚厚，皆前代所无"。在这种复兴儒学、重整伦理纲常的时代氛围中，宋代士大夫的人生价值取向亦从整体上发生了根本性的转变，即由汉唐时代士大夫对功名的追求转向对道德主体精神的弘扬，立德已超越一切而上升为人生价值的首位。王安石的"功名如梦幻，气节之士岂肯摧气节以就功名"的论点，便是宋代士大夫对人生价值观的普遍认知。在民间，普通百姓也将"家贫子读书"奉为圭臬，"非独士为然，农、工、商各教子读书，虽牧儿馌妇亦能口诵古人语言"。于是士农工商阶层均重视读书教育，从而为大规模人才培养提供了保障，大大促进了文化的传播和繁荣。同时这种科举洪流也成为塑造宋代社会性质的一项重要因素，科举社会的特色是社会上下阶层的流动性较以往增加，平民子弟仕进的机会大增。[①]

  在此背景下，教育更加普及。宋代官学比较完备。与以前的任何朝代相比较，宋代中央和地方官学设学数量多、范围广，校舍建筑规模齐备，藏书楼兴建普遍，学生人数增加，教师管理制度初步建立，地方官学的专门管理行政机构也逐渐设立。在中央，北宋官办学校有所谓的"三学"，即国子学、太学、四门学，南宋时的"三学"转变为太学、武学和宗学，

[①] 郭学信：《时代迁易与宋代士大夫的观念转变》，《文史哲》2000年第3期；梁庚尧：《宋代社会经济史论集（下）》，台北允晨文化实业股份有限公司，1997年，第652页。

159

在地方上也形成了一个周全的教育系统。从南北方的教育情况来看，长江流域占有绝对优势。以官学为例，宋代江苏、安徽东南部及附近地区设学81所，江西76所，浙江74所，而中原的河南仅设学33所。

在宋代教育中，书院以追求知识和弘扬道义为己任，承担复兴先秦儒学道德理想的重任，与以科举仕进为终极目的的官学教育并行发展，两者形成了双轨的教育体制。宋代南方的书院（私学）教育非常兴盛，据学者统计，在宋代203所书院中，长江流域约占74%强，珠江流域约占21%强，黄河流域只占3.5%。从各省来说，江西最多，为80所；浙江次之，为34所；湖南又次之，为24所。肖东发《中国书院藏书》谓："总计宋代书院共有397所，其中北宋约占22%，南宋约占78%。"[①] 长江流域产生了一大批对当代及后世有重大影响的书院，如江西白鹿洞书院、湖南岳麓书院、徽州紫阳书院、苏州鹤山书院等。

宋代书院为理学学术培育与生长的基地，书院与理学两者之间形成了一种不可分割的内在联系。如南宋理学金华学派、湖湘学派、闽学学派、心学学派这四大学派均以书院为基地拓展自己的学术感召力，书院和理学均获得了蓬勃的发展。

二、南北文人集团的斗争

宋太祖起自中原，所以在政治上实行与北方地主阶级分享政权的政策。在这种公开排斥南人参政的国策下，宋朝初年的将相和大官僚，几乎都是北方人。如石守信是开封人、王审琦是洛阳人、高怀德是真定人、张令铎是棣州人、韩重赟是磁州人、慕容延钊是太原人、范质是大名人、王溥是并州人、魏仁浦是卫州人、赵普是幽州人……财大气粗的南方地主阶级自然对此深感不满，耿耿于怀，并提出了强烈的政治要求。于是，北宋中叶以后南、北两个地主集团之间为争夺政治地位的斗争更趋激烈。

然而，历史潮流并非统治者个人意愿所能左右。由于北宋国家漕粮多仰赖于南方，所以宋朝最高统治者不得不对南方地主阶级开放权力，以换

---

① 肖东发：《中国书院藏书》，贵州人民出版社，2009，第4页。

第七章 宋代：长江文化的成熟

取他们的支持。为此，宋真宗说："朝廷取士，惟才是求，四海一家，岂限遐迩？"又说："人之勇怯，岂限南北？若此区别，非任人之道也。"于是，宋真宗破例以南人王钦若为相。自此以后，居相位者54人，南人有29人，超过了半数。这与有唐一代373位宰相中南人仅有39位（约占总数的10%）的情况，几有天壤之别。陆游的一段奏文中也陈述了南北人才不均匀的现象。他说北宋时期选用人才，多取北人，寇准是典型代表，此时南方士大夫多消沉。仁宗皇帝，博采兼收，人才无南北之分，于是范仲淹起于吴，欧阳修起于楚，蔡襄起于闽，杜衍起于会稽，余靖起于岭南，皆为一时名臣，号称圣宋得人之盛。但到了绍圣、崇宁间，取南人更多，而北方士大夫复有沉抑之叹。

纵观北宋政治文化中的南北之争，主要有三次，且都发生在中期。

"庆历党争"是北宋南北两大政治集团之间爆发的第一次大规模的冲突和对抗，双方的首要人物分别是苏州的范仲淹和寿州的吕夷简。寿州虽属南方，但在地理上和北方中原地区非常接近，所以吕夷简代表了北方地主阶级的利益。范仲淹政治集团中虽然也有北方人，如石介为兖州奉符（今山东泰安东南）人，但绝大多数是南方人。余靖为韶州人，欧阳修（图7-3）为吉州人，蔡襄为兴化人，杜衍为越州山阴人，李觏为建昌军南城人，孙沔为越州会稽人。他们面对当时国内外尖锐的矛盾，从稳定和巩固宋朝统治秩序的目的出发，提出一系列的改革措施和方法，这便是历史上著名的"庆历新政"。然而以吕夷简为代表的保守派，却不遗余力地攻击改革派为"朋党"，使实施不到一年的庆历新政以失败告终。

到英宗时，以司马光、欧阳修为首的北南两大政治集团再次为贡院逐路取士而引起激烈的冲突。治平元年（公元1064年）四月十四日，司马光在《贡院定夺科场不用诗赋状》中极力主张采用北人占有优势的经学取士，而欧阳修则在《论逐路取人札子》中针锋相对地提出用诗赋取士，理由可谓充分之至，但最后到哲宗

图7-3　欧阳修像

元祐四年（公元1089年）时仍然实行南、北分卷制度，分经义、诗赋两科试士，特许齐、鲁、河、朔等五路北人别考经义，使南、北两地的取士人数相对接近均衡。

第三次为王安石（图7-4）变法，这是北宋时期统治阶级内部南北政治集团之间矛盾冲突中最为激烈的一次。在当时，朝野中形成了以南人王安石为首的改革派和以北人司马光为首的保守派。南北两派之间的矛盾尖锐对立。北人由于丧失政治地位而产生极端怨恨，对执政的南方大臣不择手段地进行攻击，如司马光对宋神宗说："闽人狡险，楚人轻易，今二相皆闽人，二参政皆楚人，必将援引乡党之士，充塞朝廷，风俗何以更得淳厚？"又说："臣与安石南北异乡，取舍异道。"当然，执政的南人也极力排斥北人，唯恐去之不速、不远。如王安石执政期间，斥逐在朝北人就达数十人之多。这种南北政治集团内部的激烈斗争，令最高统治者宋神宗也无可奈何。①

图7-4 王安石像

北宋政治文化中的三次南北之争，虽然以南方的失败结束，但范仲淹、欧阳修以天下为己任的儒家传统政治理念，"穷则独善其身，达则兼济天下"的情怀，"先忧后乐""进退皆忧"的忧患意识，被宋代文人士大夫广泛地接受，范仲淹、欧阳修成为他们效仿的楷模，从而改变了唐末五代以来士风颓败的局面。在他们的精神感召下，"天下争自濯磨，以通经学古为高，以救时行道为贤，以犯颜纳说为忠"。

三、上有天堂，下有苏杭

关于宋代社会经济的发展概况，漆侠先生在其所著的《宋代经济史》一书中曾经给予了详细的阐述，他认为："唐末农民战争后两宋统治的三百年间，是我国经济和文化取得极大发展的时期。虽然在宋代统治的边

---

① 任爽：《唐宋之际统治集团内部矛盾的地域特征》，《历史研究》1987年第2期。

第七章 宋代：长江文化的成熟

缘地区、山区以及少数民族所居住的地方，还停滞在刀耕火种的原始农业阶段，但是在广大地区，农业生产都有所发展，产量一般地稳定在两石上下（这是唐代的最高产量）；而在以太湖流域为中心的两浙地区……产量高达六七石，是全国生产最发达的地区。桑、茶、甘蔗等种植面积扩大了，棉花（南宋棉毯见图7-5）的种植也逐渐由南到北扩展起来，至迟南宋末已经到达两浙一带。经济作物、商业性农业都有了发展。农业劳动生产率超越了以前的任何历史时期。"

其时，南方的经济水平总体上要远远高于北方，土地肥沃，物产丰富。北宋富弼说："朝廷用度，如军食、币帛、茶盐、泉货、金、铜、铅、银，以至羽毛、胶漆，尽出九道（指两浙、江东、江西、淮南、湖南、湖北、福建、广东、广西）。朝廷所以能安然理天下而不匮者，得此九道供亿使之然尔。"宋朝官方也承认"自祖宗以来，军国之费多出于东南"。

图7-5 南宋棉毯

两浙地区是全国经济最发达的地区。两浙路"无寸土不耕，田垄之上又种桑种菜"。苏轼说："两浙之富，国用所恃，岁漕都下米百五十万石，其他财赋供馈不可悉数。"叶适说："今之所谓繁盛雄富者，二浙、七闽耳。"李光说："二浙每岁秋租大数不下百五十万斛，苏、湖、明、越，其数大半，朝廷经费之源，实本于此。"特别是到南宋后期，浙西湖州、苏州等地，"其熟也，上田一亩收五六石，故谚曰：苏湖熟，天下足""嘉禾一穰，江淮为之康""天上天堂，地下苏杭"等，更是广为流传的谚语。

杭州在两浙路中占有举足轻重的地位，到北宋初年已经成为东南一大都会，在当时人的心目中已经是一个非常富丽的人间天堂了。柳永的一首《望海潮》更是将杭州的繁华淋漓尽致地展现在大家面前："东南形胜，三吴都会，钱塘自古繁华。烟柳画桥，风帘翠幕，参差十万人家。云树绕堤沙，怒涛卷霜雪，天堑无涯。市列珠玑，户盈罗绮，竞豪奢。"到北宋中后期，杭州更成为"东南第一州"，其城市的经济地位仅次于当时的都城东京开封。以商税论，杭州所交的税额是全国第一，绝对超过其他地区。

北宋熙宁十年（公元 1077 年）商税上交税额比较多的城市，第一就是杭州，为十七万三千余贯；第二才是都城开封，为十五万三千余贯。

"姑苏之饶，冠于吴越。"龚明之《中吴纪闻》则说苏州"风物雄丽为东南之冠"。镇江府由于有大运河连接临安府，位当各路通往行都的要冲，因此成为赋税、军粮和商品转运的重要枢纽，成千上万的外地商人在此过往，大量商品在此集散，从而有力地推动了当地商业的发展和繁荣。对此，《嘉定镇江志》曾有比较详细的描述："京口当南北之冲要，控长江之下流，自六飞驻跸吴会，国赋所贡，军须所供，聘介所往来，与夫蛮商蜀贾，荆湖、闽广、江淮之舟，辚江津，入漕渠，而径至行在所，其便利也。今天子驻跸钱塘，南徐实在所北门，萃江淮荆广蜀汉之漕，辐辏于此，过客来往，日夜如织。"

除了苏、杭两地，四川素有"天府之国"的美誉，其经济发达与两浙地区不相上下。《宋史》卷二七六《樊知古传》载"蜀中富饶，罗纨锦绮等物甲天下"。当时的成都是四川最大的商品集散地和商业大都会，"市区栉比，衢隧棋布"。商品化程度也较高，月月都有专业市场举行。赵抃《成都古今集记》记载："正月灯市，二月花市，三月蚕市，四月锦市，五月扇市，六月香市，七月七宝市，八月桂市，九月药市，十月酒市，十一月梅市，十二月桃符市。"这便是中国历史上知名的"成都十二月市"。四川地区还率先使用了轻便的信用货币"交子"，这是世界上最早发明的纸币，在世界金融史和文明史上占有特殊的地位。

此外，两宋时期长江流域水利的大规模兴修，农业的商品化和专业化，漕运数量的扩大，采矿业、造船业、冶铸业、纺织业、陶瓷业、造纸业、酿酒业等手工业的迅速发展，海内外贸易的繁荣，都充分反映了中国经济重心的南移。公元 1894 年，恩格斯明确指出："政治、法律、哲学、宗教、文学、艺术等的发展是以经济发展为基础的。"从文化发展的角度来看，两宋时期长江流域经济的高度发展，其本身就是文化水平的充分体现。经济的繁荣为文化的进一步发展提供了雄厚的物质基础，同时又对文化的发展提出了更高的要求。

第二节
宋室南渡：一场自北而南的文化转移

一、南下的移民与风俗

宋钦宗赵桓靖康元年（公元1126年），金军攻入北宋都城汴京。次年二月，金废宋徽、钦二帝，宣告了北宋王朝的灭亡。同年五月，赵构即位于南京（应天府，今河南商丘），改元建炎，是为宋高宗，南宋开始。此后，随着金兵南下，南宋朝廷被迫南迁，直至绍兴八年（公元1138年）二月才正式定都临安（今浙江杭州）。

随着宋代政治中心的南迁，备受战争之苦的中原地区的士民也大量南下。据石方先生《中国人口迁移史稿》一书统计，宋室南迁前后，北方人口南迁的数字在150万至200万之间。经济和文化发达的浙江地区，是中原和江淮移民的首选之地。杭州是南宋都城的所在地，所以南迁的移民大量寓居于此。如宋代文献载："大驾初驻跸临安，故都及四方士民商贾辐辏""中朝人物悉会于行在""天下贤俊多避地于此""西北士大夫，多在钱塘"。

由于移民的大量迁入，其人数也远远超过了当地的土著人口。应该指出的是，这些移民并非全是北方人，有许多是来自江淮地区的人民。此外，在福建、岭南地区的移民中还有一些是逃避金兵、随宋室出走的赣南、两浙百姓和士大夫，如王象之编《舆地纪胜》卷一〇四云："（南恩州）民庶侨居杂处，多瓯闽之人。"因此，传统上将南宋初年的移民一律视为"中原人"，是极其错误的。

赵宋政治中心和北方移民的南迁，带来了北方先进的文化和生活方式，进一步促进了北方中原文明向南方地区的渗透，有力地促进了南北文化的交流与交融，对长江文化的各个层面产生了全面而深远的影响，使这一时期的长江文化再次染上了相当浓厚的黄河文化色彩，并完全确立了此后长江文化在中华文化发展史上的主导地位。从文献记载来看，移民中有以杨时、尹焞、胡安国、吕本中等人为代表的思想家，有以陈与义、朱敦儒、曾几、李清照、辛弃疾、孟元老为代表的文学家，有以李唐、马远、梁楷、苏汉臣、马和之、萧照为代表的著名书画家。此外，还有数以万计的音乐、歌舞人才和有着各种技艺的人才，以及商贾、僧道等。他们利用自己的学术思想和文学艺术、科学技术等方面的才能，对当地文化的发展产生了全面而深远的影响，从而使南方的文明有了一个质的飞跃。

从风俗的各个层面来看，这种影响可以说是全方位的。从区域来说，凡是中原人士寓居越集中的地方，其影响就越大。其中，当以中原人士寓居人数最多的都城临安最具典型性。首先是南方人的饮食结构发生了较大的变化。南人食米，北人食面，这是北宋时人们早已熟知的生活习惯。可是在南宋，南方人尽管在一定程度上仍然保持着自己的饮食习惯，但大量迁居当地的北方人，尤其是由东京（今河南开封）来的移民携来了以东京为代表的北方烹饪方法，在南宋都城临安（今浙江杭州）等地纷纷从事饮食业的经营，这就在很大程度上改变了临安等地饮食业经营者的成分，同时也使临安等地饮食业经营的品种发生了很大的变化。

从衣饰来看，北宋中原，特别是东京开封的许多服装式样和发饰等在南渡以后传到了南方。因临安市民流行和崇尚北宋末年东京的衣饰，使一些寓居临安而以经营东京衣饰为生的服装店铺大发横财。据文献记载，临安城中的绒线铺就以自东京流寓的移民开的最为著名。耐得翁《都城纪胜·铺席》载："又如厢王家绒线铺（自东京流寓），今于御街开张，数铺亦不下万计。"

在节日风俗方面，南北宋之交的南方长江流域与北方中原地区尚有较大的差异，故时人庄绰《鸡肋编》卷上载："南方之俗，尤异于中原故习。"但自宋室南迁以后，北方移民将当地的节日风俗带入南方，以至于到南宋晚期，这种情况已经完全改变。如寒食节，"古来禁火惟汾晋，今遍天涯海角然"。其他如鞭春、元宵扫街、夜宫中驱傩等习俗，也含有浓厚的北方色彩。我们试将吴自牧《梦粱录》、周密《武林旧事》、耐得翁《都城纪胜》等书所载的南宋末年杭州社会风俗与孟元老《东京梦华录》所记北宋东京的社会风俗作比较，几乎看不出这两个都城之间有什么差异。毫无疑义，这些风俗正如周密在《武林旧事》卷三《乞巧》中所说的"大抵皆中原旧俗也"。这说明经过长时期的杂糅以后，北方中原地区的社会风俗已深深地融合于长江流域的社会风俗之中。

此外，南方丧葬上的风水观同样受到中原的影响。宋代民间相墓之风远远超过了以前任何一个朝代。在当时，人们普遍认为按风水之说安葬先人，可以借此改变自己及后代的命运，甚至可以发家致富，因此将其看作是经营生产的一部分，为此投放资本。这正如南宋大儒朱熹《山陵议状》所说："士庶稍有事力之家，欲葬其先者，无不广招术士，博访名山，参互比较，择其善之尤者，然后用之。"

宋室南迁以后，北方移民也纷纷到南方建庙立寺，并将他们信仰的神像从北方携到南方来祭祀。以临安为例，汴京僧人就建有太平兴国传法寺、开宝仁王寺、崇宁万寿教寺、演教院、千佛阁安福院、净胜寺、慧林寺、大德尼寺、永隆院等。汴京道士所建的道观则主要有四圣延祥观、宁寿观等。此外，皮场庙、显应观等宗教建筑也系汴京人所建。汴京祖奉的神在宋室南渡后也同样迁到临安来相奉，如二郎神和崔府君就是其中的代表。不仅这些寺观的神像由汴京迁来，就连祀奉的方法也沿袭汴京之制。

当然，北方中原文明对长江文化的影响远远不止上述的几个方面，如都市的治安和管理、坊市的设置、学校教育、书画和建筑艺术、园林的建筑风格，以及观赏植物的种植等园艺技术，等等，也无一不深受其影响，这里因限于篇幅就不赘述了。从上述这些影响来看，北宋中原文化，对南宋长江文化的影响是十分广泛而又深远的。

二、东方的文艺复兴

作为两宋时期中华文化主流的长江文化，呈现出它那奔腾、恢宏的气派，趋于极盛。无论是学术思想的活跃、宗教的兴盛、文学艺术的繁荣、科学技术的进步等,还是文化层次的普及和深入、社会生活的丰富多彩等,都达到了前所未有的高度。这是长江文化繁盛的时代,也是长江文化异彩焕发、光芒四射的时代。这在南宋时期体现得最为突出。日本有许多知名汉学家认为,南宋文化已经发展到了可与西欧近世都城相比的水平。借用宫崎市定的话,即相当于"东方文艺复兴"时期。

宋代的科学技术,不仅处于中国古代史的高峰,而且在世界科技史上也有很重要的地位。在数学、天文、历法、医学、建筑、生物、地学等诸多方面,宋人的科技成就,都对人类文明发展作出了极其伟大的贡献。其中,中国古代的四大发明有三项产生和应用于宋代。在宋代科学技术的辉煌成就中,长江流域的科学家取得了许多世界性的科技成就,作出了重要的贡献。沈括(公元1032—1096年),字存中,北宋钱塘(今浙江杭州)人,是我国历史上数一数二的大科学家。《宋史·沈括传》说他"博学善文,于天文、方志、律历、音乐、医药、卜算无所不能,皆有所论著"。他一生论著极多,仅《宋史·艺文志》所录就有22种155卷。其中《梦溪笔谈》是他的代表作,英国著名的科技史家李约瑟先生在所著的巨著《中国科学技术史》中将其誉称为"中国科学史上的里程碑"。

两宋时期,是我国古代雕版印刷业全面发展的时期,雕版印刷有了突飞猛进的发展。长江流域对此作出了重大的贡献,北宋庆历年间(公元1041—1048年)毕昇(约公元990—1051年,图7-6)在杭州发明的活字印刷术,更是印刷技术史上的一次伟大革命,被列入中国古代四大发明之中。到南宋时,南方开始推广使用活字印刷术。光宗绍熙四年(公元1193年),庐陵周必大(公元1126—1204年)使用泥活字(图7-7)印刷自著的《玉堂杂记》,是目前世界上有文字记载的第一部活字印本。

火药是我国古代四大发明之一。对此,长江流域人民作出了重大贡献。据文献记载,火药和火药武器早在北宋时期就已经开始大量使用,如冯继升

图7-6 毕昇像

第七章 宋代：长江文化的成熟

的火箭法，唐福、石普所制的火球、火蒺藜、火箭，以及《武经总要》中三个火药方子的记录等等，都足以证明。中国古代火药和火药武器的大规模使用和推广，始自南宋时期的长江流域。首先是南宋管形火器的出现，是世界兵器史上十分重要的大事。其次，烟火技术的进步。据《武林旧事》

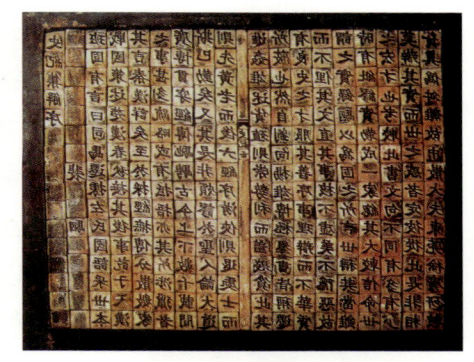

图 7-7　泥活字

记载，南宋都城临安的陈太保、夏岛子以善制烟火著称，他们设计表演的有各色炮仗、烟火、起轮、走线、流星、水爆、地老鼠等。除地老鼠外，起轮、走线等都是喷射推动的烟火。由此可以推测，当时的火器制作技术已经非常成熟了。

指南针，又称罗盘针，是一种利用磁铁的物理性质来确定方向的工具。早在战国时期，《韩非子·有度》里就有"先王立司南以端朝夕"的话，这"司南"便是指南针的始祖。这种实用的原始罗盘，在宋代已经颇为常见，南宋福建崇安人陈元靓在《事林广记》后集卷十一《器用类》中还介绍了一种当时流行的指南龟装置新法：即将一块天然磁石安装在木刻的指南龟腹内，在木龟腹下挖一光滑的小口，对准了放在顶端尖滑的竹钉子上，使支点处摩擦阻力很小，木龟便可自由转动以指南。这就是后来出现的旱罗盘的先声。在宋代，罗盘已经较为普遍地使用在当时的航海活动中。在南宋的墓葬中发现过持罗盘陶俑（图7-8）。成书于北宋末年的朱彧《萍洲可谈》和徐兢《宣和奉使高丽图经》两书就对此作了记载。朱彧《萍洲可谈》卷二在述及其父朱服于北宋元符、崇宁年间的广州见闻时说："舟师识地理，夜则观星，昼则观日，阴晦观指南针……便知所至。"这是中外科技史上公认的世界上关于航海罗盘的最早记载。

两宋时期，学术文化的主流为"宋学"。"宋

图 7-8　南宋持罗盘陶俑

169

学"是儒、释、道三家学说经过长时期的互相交流、互相斗争、互相排斥、互相渗透、互相摄取最后融合的产物,是汉学的对立物,是汉学引起的一种反动。长江文化在两宋时期中国学术文化发展史上占有十分重要的地位。以时代而言,北宋时的湖学、濂溪学、洛学、关学、蜀学五家学术中,长江流域占其三;而南宋时的闽学、江西学、婺学、永嘉学、永康学以及介于两宋之间的湖南学,均在南方。以人物而言,宋学中的重要人物绝大多数为南方人。

南宋时期中国的学术文化主要集中在南方,如钱塘江流域的浙学,闽江流域的闽学,赣江流域的江西学,湘江流域的湖湘学,眉江、资江流域的蜀学。"东南三贤"朱熹(图7-9)、张栻、吕祖谦影响尤大,再加上心学创始人陆九渊,开辟了宋代理学的新景象。浙学又称"浙东之学""事功之学",它主要包括以吕祖谦为代表的婺学、以陈亮为代表的永康学和以薛季宣、陈傅良、叶适为代表的永嘉学;闽学是指南宋以朱熹为代表的福建朱子学派;江西学因以陆九渊为代表,所以传统上又称为"心学""陆学""象山之学""象山学派"。陆九渊为心学创始人,与兄陆九韶、陆九龄并称为"三陆子之学"。

图7-9 朱熹像

两宋时期,是中国史学最繁荣的时期。陈寅恪先生说:"中国史学莫盛于宋。"邓广铭先生说:"宋代史学的发展所达到的水平,在中国帝制社会历史时期内也是最高的。"如以南北方而言,则南方的史学成就远非北方所能望其项背。两宋时期,长江文化中的史学成就主要体现在史家辈出、成就卓著,在史书体例上新意迭出等两个方面。[1]

---

[1] 夏君虞:《宋学概要》,上海商务印书馆,1937;邓广铭:《略谈宋学》,载邓广铭、徐规等主编《宋史研究论文集》,浙江人民出版社,1987;陈植锷:《北宋文化史述论》,中国社会科学出版社,1992,第235页;[美]余英时:《士与中国文化》,上海人民出版社,1987,第520页;高令印、陈其芳:《福建朱子学》,福建人民出版社,1986;衷尔钜:《从洛学到闽学——综论杨时、罗从彦、李侗哲学思想及其历史作用》,《中州学刊》1991年第1期;衷尔钜:《南宋湖湘学派初探》,《中州学刊》1989年第4期。

三、别开生面的社会风尚

两宋时期长江流域的社会风尚发生了深刻的变化，具体体现在以下几个方面：

勤学好文，善于进取。两宋时期的南方人以勤学好文著称。如福建路的百姓均奉"家贫子读书"为圭臬。《宋史·地理志》载其地"民安土乐业，川原浸灌，田畴膏沃，无凶年之忧。乡学喜讲诵，好为文辞"。宋邑人方惭说："闽人无植产，恃以为生者读书一事耳""土狭人贫，读且耕者十家而五六"。两浙地区的文风更甚于福建。绍兴，据《嘉泰会稽志》卷一《风俗》称："今之风俗，好学笃志，尊师择友，弦诵之声，比屋相闻。"具体来说，如南宋政治家、文学家王十朋说他夭折的小儿"六岁从周诚叔，能诵《蒙求》《孝经》"。时人有诗云："村夫子挟兔园册，教得黄鹂解读书。能记蒙求中一句，百般娇姹可怜渠。"此外，江西、四川、两湖、淮南等地的文风均好于以往。这种父笃其子、兄勉其弟、妻促其夫的好学盛况，在长江文化发展史上是空前的，有力地推动了两宋时期长江文化的繁荣。

趋利好贾，工商皆本。传统的"重本抑末""重农轻商"的理念在商品经济下发生了根本性的变化，"农本工商末"的传统观点已在宋代发生了逆转，人们对工商业的社会价值给予了充分的肯定，南宋不少画家都画过货郎图（图7-10、图7-11），直观地反映了当时商品经济的发展。在这一时期，朝廷奖掖商业经营，关怀商旅。而文人士大夫不仅对传统的"农本工商末"的观点进行了一定的批判，甚至还对工商业的社会价值作了全新正面的肯定。欧阳修《夫子罕言利命仁论》云："人情莫不欲寿，则济之以不夭。滞者导之使达，蒙者开

图7-10 南宋苏汉臣《货郎图》

图7-11 南宋李嵩《货郎图》

之使明。衣被群生，赡足万类。此上之利下及于物，圣人达之以和于义也。则利之为道，岂不大哉！"整个社会也弥漫着"轻农"的思想氛围，苏轼在《策别安万民三》中指出："上之人贱农而贵末，则农人释其耒耜而游于四方，择其所乐而居之。"在两浙，"越之俗好贾"，其中又以杭州为代表，据南宋周淙《乾道临安志》卷二《风俗》记载，早在北宋时，杭州市民就善于图利，竞相从事工商业。商人与工匠在临安的居民结构中已经占有举足轻重的地位。据《西湖老人繁胜录·诸行市》记载，临安有四百十四行，比唐代最多时的"二百二十行"增加了近一倍。除杭州外，两浙其他地区也普遍存在着这种重工商的风气。

逾礼奢侈，贪求享乐。古人言："俗富庶则侈僭之心生，民困穷则怨乱之心起。"宋代长江流域地区工商业的发展和商品经济的繁荣，使人们的物质生活也发生了一系列重大的变化。两浙地区在五代吴越国时期就以"风俗华丽"著称于世。到了宋代，此风尤甚，两浙地区奢侈之风首推杭州。吴自牧《梦粱录》说："杭城风俗，畴昔侈靡之习，至今不改也。"又说："杭城风俗，侈靡相尚。""临安风俗，四时奢侈，赏玩殆无虚日。"苏州奢侈之风不亚于杭州。《吴郡志》卷二《风俗》载："吴中自昔号繁盛，四郊无旷土，随高下悉为田，人无贵贱，往往皆有常产，以故俗多奢少俭，竞节物，好游遨。"四川地区的奢侈风气与两浙相埒。《宋史》卷二五七说："蜀俗奢侈，好游荡，民无赢余，悉市酒肉为声伎乐。"在两湖地区，奢侈风气同样泛滥成灾。如《宋史》卷二六三《窦俨传》说："荆南自唐季以来，高氏据有其地，虽名藩臣，车服多僭侈逾制，以至司宾贱隶、候馆小胥，皆盛服影缨，与王人亢礼。"

好尚虚荣，礼拜金钱。苏轼《上吕仆射论浙西灾伤书》说："三吴风俗，自古浮薄，而钱塘为甚。虽室宇华好，被服粲然，而家无宿舂之储，盖十室而九。"礼拜金钱的风气更为盛行，整个长江流域表现出一种强烈的功利主义的价值取向。在两宋时期，中国传统的"贵义贱利"价值观念已发生改变。婚姻、丧葬、育儿、科举、行医等，一切以钱为中心。对金钱的追求，成为人们生活的重心。婚姻论财的风气非常盛行，蔡襄《福州五戒文》也指出："今之俗，娶其妻，不顾门户，直求资财。"在这种类似于买卖婚姻的关系中，富贾大商扮演了很重要的角色。朱彧《萍洲可谈》卷一载"富商庸俗与厚藏者嫁女，亦于榜下捉婿，厚捉钱以饵士人，使人俯就，一婿至千余缗"。时人称此俗为"系捉钱"。从地域来看，此风盛行于长江流域，正因为厚嫁成风，造成一些家底较薄的人家无力娶妇嫁女，以致婚姻失时。僧人本以做善事为宗旨，但在当时竟然也嗜钱如命。更有一些不肖子孙为了钱财，置伦理秩序于不顾，盗掘祖坟，焚毁先人尸体。而一些妇女，为了贪求钱财，将贞操观念置之脑后，从事"贴夫"行当。

崇佛信道，重巫祈鬼。宋代为佛教中国化、世俗化的重要时期。在这一时期，统治者企图将佛教作为广大灾难深重的劳苦大众的"精神慰藉"，以达到巩固统治的目的，因此自宋太祖赵匡胤以来，历代皇帝都对佛教采取了扶植和利用的政策。两浙路早在五代十国时就有"东南佛国"之称。至宋代，民间信佛之风更盛。据统计，南宋都城临安（今浙江杭州）城内外寺院庵舍达671所之多。至于"诸录官下僧庵，及白衣社会道场奉佛，不可胜纪"。除了佛教，两宋时期，南方地区传统的信巫祈鬼风俗仍然盛行不衰。洪迈《夷坚志·丁志》卷一九《江南木客》载："大江以南地多山，而俗檄鬼，其神怪甚诡异，多依岩石树木为丛祠，村村有之。"从宋人的文献记载来看，信巫祈鬼之俗盛行于整个南方地区。

第三节
泽被远西：海洋时代的来临

两宋时期的中外文化交流较之汉唐不仅在地域上有了进一步的扩展，达到了中国古代文化交流史上前所未有的范围，甚至直接和北非、东非国家有了交往，而且在与周围国家文化交流的范围和内容上也有了新的突破。特别是这一时期中国火药、指南针、活字印刷术的西传，影响并推动了世界文明的进程，为欧洲资本主义萌芽的出现和发展创造了重要的条件。与此同时，由于周围国家文化的进步，两宋时期中国向外国学习的东西也多起来了。宋、元统治者在对外来文化的吸收上，也大多采取积极的、主动的姿态，摄取了外国文化中优秀的成分，滋补、充实和发展了本民族的文化。

一、日本荣西和尚与中国茶

公元1168年，一名叫作荣西的和尚跟着宋代的商船，抵达中国明州（今浙江宁波），他此行的目的是学习中国本土佛教禅宗。他在古刹中修行大约半年，随后乘船回国。可能第一次准备较为仓促，并未真正领悟禅宗之学，随后在公元1187年再次搭上来宋的商船，来到天台学习禅学。前后时间在宋总计达四年零九个月，其间，他不仅潜心钻研禅学，而且亲身体验了宋朝的饮茶文化及茶的效用，深深感到将中国茶文化带到故国的重要性。回国后，他不仅将从中国携回的茶籽在肥前的背振山上种植，而且还根据《太平御览》中有关茶茗的史料，撰成日本历史上的第一部茶书《吃茶养生记》，向日本人民传播中国的茶文化。自此以后，日本的公家（皇室、贵族、僧侣）和武家（将军、大名、武士）都以饮茶为乐事，

第七章 宋代：长江文化的成熟

并将此风散播到民间，于是饮风大盛。

荣西的两次禅学之旅，均是乘船来宋，他搭乘的宋代商船往来频次如何？据统计，仅在北宋160多年时间里，去日本的宋船数有据可查的就达70多艘次。又有学者依据日本学者森克己先生的研究成果和松浦章先生的研究成果进行统计后发现，在公元960年至公元1279年，宋朝海商赴日贸易达105次，其中北宋时期为93次，南宋时期为12次。有姓名可考的就达82次。这清楚地表明了宋朝对中日文化交流的高度重视。

那么这些商船航线怎么走？贸易货物有哪些？据日本学者木宫泰彦先生研究，"这时往来于日华之间的宋朝商船，一般是搭乘六七十人的小型帆船，大都从两浙地方出发，横渡东中国海，到达肥前的值嘉岛，然后再转航到筑前的博多，这似乎和唐末五代时的情况没有什么两样。"而这些去日本的宋朝商人，绝大多数来自南方。他们带去的商品，也主要是产于中国南方的锦、绫、茶碗、绘画、书籍、文具以及香料、染料、药材等。从日本买回的物品，主要是沙金、水银、绵、绢、布等，此外还有泥金画、贝壳镶嵌的漆器、琥珀和水晶制的念珠、扇子、屏风等工艺美术品。

在中国南方商人纷纷赴日的同时，日本僧侣和商人出于对中国长江文化的向往，也源源不断地来到中国，特别是去到当时经济、文化最为发达的江南地区。据日本学者统计，"在整个北宋时代的一百七十余年间，入宋的僧侣是二十余人，但在南宋的一百五十余年间，仅史料上载明的入宋僧侣就超过了百人。这个僧侣数可与唐代的鼎盛时期相匹敌"[①]。虽然商贸发达，然而入宋的日本人仍以僧侣居多，他们突破海浪的限制，初心仍旧是学习佛法。公元1191年，荣西和尚结束第二次访宋回国后，在日本招徒建寺，大力宣扬禅教，成为日本禅宗的始祖。公元1223年，荣西弟子希玄道元入宋，从天童山长翁如净受曹洞宗禅正脉，回国后成为日本曹洞宗的始祖。此后，日僧圆尔辨圆、神子荣尊、性才法心、随乘湛慧、妙见道祐、一翁院豪、觉琳等因慕南宋禅心，相继入宋参谒径山的无准师范（图7-12）。

---

① ［日］藤家礼之助：《日中交流二千年》，卞立强译，北京大学出版社，1982，第139页。

图7-12 宋代高僧无准师范像

随着日本禅宗的兴盛，日本禅僧入宋的增多，宋朝僧人去往日本的也逐渐多了起来。公元1246年，南宋中国禅僧兰溪道隆（大觉禅师，公元1213—1278年）率领他的弟子义翁绍仁（普觉禅师）、龙江等数人来到日本，这是中国禅僧旅日的开始。道隆抵日后两年，即公元1248年，因执政北条时赖的敦请，住在粟船的常乐寺，并于次年（公元1249年），在这里修建了僧堂。这便是镰仓第一个禅宗道场。在道隆之后，公元1260年南宋南禅福圣寺僧人兀庵普宁来到日本，传播禅学，并感化了执政的北条时赖，"使他达到大彻大悟的境界，使镰仓武士和禅宗结合起来，在这方面作出很大贡献"。到宋末元初，无学祖元、一山一宁等禅宗高僧又相继赴日，弘扬禅法。

随着佛教文化的交流和传播，长江文明中素食、陶瓷、建筑、印刷、医学、纺织、书画、儒学等也对日本产生了深刻影响。公元1222年日本陶祖藤四郎曾从僧人道元入宋，来到福建天目山学习制陶技术。经过5年的勤学苦练后，他回到了日本，在尾张的濑户开窑。他烧制的陶器，在茶褐色的底上施黄釉，创制出具有中国南方陶瓷风格的"濑户烧"，从而为日本制陶技术开辟了新的纪元。日僧荣西留居天台山等寺院时，曾向宋朝医家学过医学。公元1223年，随同日僧道元入宋的木下道正（俗名藤原隆英），就曾将从江南名医学得的解毒丸制法传入日本。宋慈所著的法医学著作也在此时传到日本，并一直沿用到19世纪。

当然，这一时期的日本文化也影响过长江文化。首先是佛教著作的传播。如公元986年（日本宽和二年）"正月，僧源信托宋商周文德献给天台山国清寺自著《往生要集》，慈惠大师作《观音赞》，庆保胤作《十六相赞》《日本往生传》，源为宪作《法华经赋》等"。其次日本的刀剑、扇子、描金、螺钿等日用工艺品，在促进长江文化的发展方面也作出了贡献。如日本的刀，就很受中国南方士大夫的赞赏。日本发明的折扇传入中国，则引发了中国扇发展的一场革命。此后，折扇逐渐取代了团扇的主导地位，成为中国最为盛行的一种扇子，并对中国文化产生了极其广泛而深远的影响。日本首创的泥金画漆，对两宋时期江南地区的漆器工艺曾产生过一定的影响。螺钿虽由中国发明，并在唐时传入日本，但到了宋朝，日本螺钿工艺已超过中国，"物象百态，颇极工巧"，很受中国人的喜爱。[①]

日本虽汲取了宋朝文化，但也向宋朝输出了日本文化，以补互相的缺陷，彼此之间的文化地位，大致处于对等状态。但到了南宋时期，中国已经形成了很有特色的宋代文化，而日本则为了适应新兴武家的爱好，正在试图建立新文化。

二、来自宋国使臣的高丽报告

公元1123年农历五月，宋臣带着礼物、罗盘针、海图，乘着夏季风，在明州踏上了宋朝沿海通往高丽和日本的传统航线。一路上，使臣徐兢都会兢兢业业地绘制沿途的礁石、海岛的方位图。经历了一番风浪之后，宋使们最终在农历六月十三日抵达开平，进入了高丽王国王氏王朝的国都。在国都逗留月余，徐兢创作下了四十卷的《宣和奉使高丽图经》。书中论述了高丽山川、城郭、风俗、典章、制度、器物、社会、民俗、宗教、礼仪，及北宋高丽海上交通、外交关系等内容。虽然是一份外交观察日记，但此书使宋代及其后的中国人民对朝鲜的自然环境和社会状况有了一个全面的了解，所记海道及航海事宜，总结了以往成就，对海洋地理知识的传播和海外贸易的扩展，都有积极意义。

据《宣和奉使高丽图经》卷三记载，从明州或泉州去高丽，船舶乘夏至以后的南风，顺利时不过5日就可到达高丽海岸。为何会有如此便捷的交通？这与政府的支持有极大关系。宋朝去高丽的商人和使臣，一般都以明州和泉州作为主要出发地或主要停靠站。宋徽宗政和七年（公元1117

---

① [日] 木宫泰彦：《日中文化交流史》，胡锡年译，商务印书馆，1980。

年），为了加强与高丽的联系，专门在明州设置高丽司，叫来远局，造两只巨船、百只画舫，负责接待高丽使臣。当时，双方的海道联系由于中国南方地区造船和航海技术的提高已变得非常频繁。

贸易的货物中，陶瓷和茶叶仍是主流。近年在南浦附近海底发现的沉船，在已打捞出的7000多件遗物中，瓷器达6000多件（其中青瓷器达3000多件）。这些瓷器大多为浙江龙泉窑系青瓷和江西景德镇窑系的影青瓷，品种有碗、盘、钵、罐、壶、枕、瓶等。它们大量输入高丽，无疑对当地的陶瓷生产工艺产生深远的影响。据《宣和奉使高丽图经》记载，大约在11世纪中叶，在高丽的西南部已出现了与越窑极相似的青瓷。因为这些高丽青瓷是受越州等窑的影响，按还原焰的窑法进行生产，在器形、花纹上都带有越窑的痕迹，所以出使过高丽的徐兢说：高丽的瓷器和中国的"越州古秘色……大概相类"。

此外，书籍也是大宗产品。高丽统治者十分仰慕长江文化，不断派人到中国文化最发达的江南地区搜集中国书籍。元祐四年（公元1089年）十一月三日，龙图阁学士、朝奉郎、知杭州苏轼《论高丽进奉状》中记载："臣伏见熙宁以来，高丽人屡入朝贡。至元丰之末十六七年间，馆待赐予之费不可胜数。两浙、淮南、京东三路筑城造船，建立亭馆，调发农工，侵渔商贾，所在骚然，公私告病。朝廷无丝毫之益，而夷虏获不赀之利。使者所至，图画山川，购买书籍……"高丽朝廷曾出高价委托福建商人徐戬在杭州雕造夹注《华严经》，用海船运回高丽。另据《高丽史》记载，高丽政府曾派人到中国江南购书，其中一次就购回"经籍一万八百卷"。此外，两宋时期江南地区的书画、文学、纺织及风俗习惯等都曾对高丽文化产生或多或少的影响。如江南地区出产的"五色缬绢"在高丽国就极为畅销。"其丝线织纤，皆仰贾人自山东、闽浙来"。高丽王朝所需的奇花异草及建筑用的琉璃瓦等，也常由中国"南商"从江南运去。

在当时，不仅高丽商船往来络绎不绝，而且高丽使臣自政和以来，每年也来华朝贡，在明州登陆，造成了明州"困于供给"的局面。由此可见，高丽使臣来宋朝贡的队伍颇为壮观。双方贸易的货物，品种更是繁多。据《宝庆四明志》卷六《叙赋下·市舶》的记载，由高丽向中国南方地区出口的

第七章 宋代：长江文化的成熟

商品有："细色：银子、人参、麝香、红花、茯苓、蜡。粗色：大布、小布、毛丝布、绸、松子、松花、栗、枣肉、榛子、椎子、杏仁、细辛、山茱萸、白附子、芜荑、甘草、防风、牛膝、白术、远志、茯苓、姜黄、香油、紫菜、螺头、螺钿、皮角、翎毛、虎皮、漆（出新罗，最宜饰镶器，如金色）、青器、铜器、双瞰刀、席、合簟。"

在出口商品中，我们发现高丽文化对长江文化的发展和繁荣也产生过一定的影响。如高丽的丝织品曾向中国南方地区大量输出，这些"文罗花绫、紧丝锦罽"的精美织物，深受中国人的喜爱。高丽产的铜器、螺钿器，"工技至巧"，深受江南士人的赏识。新罗漆比中国漆容易干，而且光泽漂亮，所以当时江南地区制造的漆器都喜欢用新罗黄漆罩光。另外，"洁白如玉"的高丽布、精致优美的高丽青瓷，在江南地区也受人欢迎。

三、"南海一号"沉船里的货物

"南海一号"是一艘木质古船，船体残长约22.1米，最大船宽约9.35米。这是一艘价值连城的沉船。1987年它被发现的时候，已经在海底沉睡了800年。经过近四十年的水下考古发掘，共出土文物14000余件、标本2575件。瓷器（图7-13）占其大类，有13000余件，种类繁多，有瓷壶、瓷瓶、瓷盘、瓷碗以及其他青白瓷器等。制作工法以及细致度都很高，可见"南海一号"是典型的宋代商船，并且是航运于国家间的贸易船只。另外还有金器151件（套）、银器124件（套）、铜器170件、铅锡器53件、铁器11件、竹器13件、木器46件、漆器28件、石器25件、铜钱约17000枚，以及大量动植物标本和香料等。当时的海上贸易航线曲折复杂，沿途有很

图7-13 "南海一号"出土的瓷器

多停靠港口。新加坡、东南亚和东非海岸都有可能是"南海一号"的目的地。目前几乎可以肯定，这艘船原计划从中国驶往印度洋。

两宋时期，高度发达的长江文化对今天东南亚地区越南、菲律宾、马来西亚、印度尼西亚、泰国、老挝、柬埔寨、缅甸、文莱等国的古代文化产生过广泛而深远的影响。由于两宋时期中国南方地区经济文化的繁荣及其与东南亚地理位置的接近，两者之间的文化交流在前代的基础上有了进一步的发展。长江文化在东南亚地区的辐射范围已达到数十个国家和地区之广。赵彦卫《云麓漫钞》对此曾有非常详细的记载，该书所载宋代福建市舶司常到诸国，计有31国。其中与宋朝关系最为密切的有交趾（今越南北部）、占城（今越南南部）、三佛齐（今印尼苏门答腊岛东部）、阇婆（印尼爪哇岛中部）、兰无里（今印尼苏门答腊岛西北角亚齐）、真腊（今柬埔寨）、暹（今泰国北部）、罗斛（今泰国南部）、蒲甘（今缅甸中部）、吉兰丹（今马来西亚吉兰丹）、蒲端（今菲律宾班乃岛西部之武端）、麻逸（今菲律宾棉兰老岛）等。

长江文化对东南亚各国的文化辐射力也显著增强。瓷器、丝绸纺织、造船、航海、手工艺、建筑、医学、天文历法、宗教、文学、书画、戏剧、语言文字等等，都对当地文化的发展有新的启迪、新的推动。从"南海一号"的出土器物来看，其中尤以陶瓷、纺织、佛教和语言风俗的影响最为突出。从宋代赵汝适的《诸蕃志》和元代汪大渊的《岛夷志略》等书的记载来看，东南亚各国都曾大量进口中国的陶瓷产品，数量极为庞大。宋人朱彧《萍洲可谈》卷二详细记载了商船贩运中国瓷器的情况："舶船深阔各数十丈，商人分占贮货，人得数尺许，下以贮物，夜卧其上。货多陶器，大小相套，无少隙地。"瓷器的品种主要有青白花碗、水坛、大瓮、小罐、盆钵、水埕等。当时浙江处州和福建泉州、德化等地出产的瓷器在东南亚地区最为畅销，不少国家专门进口"处瓷""青处瓷""处州磁水坛"等。真腊则行销"泉州之青瓷器"。此外，广东瓷窑、江西景德镇瓷窑的产品也很受东南亚地区人民的欢迎。无疑，这些中国南方陶瓷器的输入，不仅对东南亚地区的精神文化和物质文化有重大影响，而且还推动了当地制瓷技术的发展提高。

第七章 宋代：长江文化的成熟

纺织品也是两宋时期中国南方地区向东南亚各国出口的大宗货物，很受当地人民欢迎。南宋周达观《真腊风土记·欲得唐货》所载，真腊"其地向不出金银，以唐人金银为第一，五色轻缣帛次之，其次如真州之锡镴，温州之漆盘，泉州之青瓷器，及水银、银朱、纸扎、硫黄、焰硝、檀香、白芷、麝香、麻布、黄草布、雨伞、铁锅、铜盘、水朱、桐油、篦箕、木梳、针，其粗重则如明州之席。甚欲得者，则菽麦也，然不可将去耳"。真里富（今柬埔寨、泰国一带）"其所用绯红罗绢、瓦器之类，皆本朝商舶到彼博易"。凌牙斯加国（今泰国的北大年）也输入过中国江南生产的荷池缬绢和瓷器。

两宋与东南亚地区的密切交流，离不开发达的造船技术和航海技术。两宋时期，我国南方船工还能制造巨型的远洋海船和航行于长江中下游的万斛船。如北宋在明州（治今浙江宁波）所造的4艘出使朝鲜的"神舟"，长40多宋丈，折合成今天的公制为100多米，可载2万余斛米，合今1100吨左右。除发达的造船技术、指南针的实际应用外，航海技术也有十分突出的表现：一是在海洋气象方面已经熟练地掌握了海洋季节风的规律，利用它出海或返航；二是在海洋潮汐的研究上也有了显著的进步；三是在天文航海技术方面，南方"舟师"已掌握了"牵星术"——"夜则观星，昼则观日"，"惟视星斗前迈"，即能通过对北极星高度的观测来判断地理纬度；四是在测深技术方面，船工也已经比较熟练地掌握了深水测量技术，并且可以测出七十多丈的海水深度；五是在航海图绘制上，已具有相当高的技术水平。所谓航海图，顾名思义就是在茫茫大海中引导船舶安全、正确航行的一种地图。

当然，长江流域在将自己的文化源源不断地输入东南亚地区的同时，也引进了当地的文化，促进了两宋时期长江文化的发展和繁荣。比如占城稻是占城国（今越南中南部）人民培植起来的一种优质稻种，具有稻穗长而无芒，粒细小的特点，因产自占城而得名。它具有抗旱力强、生长期较短、成熟快等特点，适合大面积推广。北宋真宗大中祥符年间（公元1008—1016年），江淮、两浙一带经常发生旱灾，稍遇干旱灾害，水稻就失收。而此前福建、两广地区已大面积引种了占城稻，抗旱效果较好。其次是香料，香料是制备中药的重要原料之一，在宋代各种医学著作中，以香药为原料的汤剂或成药不下二三百种。而香药的主要产地为东南亚和大食诸国，如真腊的沉香、金颜香、笃耨香、黄熟香、苏木，阇婆的檀香、丁香，占城的生香、沉香、麝香木等，都是当地的名产。因此，这些香料的引进，无疑促进了中国古代医药事业的发展。在福建泉州湾后渚港宋代海船出土物最多的是香料药物，有4700多斤，有降真香、檀香、乳香、龙涎香、沉香、槟榔、胡椒……这些宋元时期我国重要的进口商品，是当时被广泛应用于生活和医药上的热门货。

四、住在大宋的传教士

据统计，公元12世纪以来，广州、泉州、扬州等地所建清真寺有六七十座，其中最著名的有：北宋大中祥符二年（公元1009年）修建的泉州艾苏哈卜寺，公元1310年由伊朗设拉子人贾德斯出资重修；南宋德祐元年（公元1275年），补好丁修建的扬州仙鹤寺。

如今的泉州，留有许多伊斯兰教的痕迹，如侯赛因·本·穆罕默德·哈拉提石墓碑。它是泉州发现的最古老的一座伊斯兰教徒纪念墓碑。墓碑主人逝世年份是回历567年，即公元1171年（南宋乾道七年）。侯赛因的姓哈拉提（Khalat），也是中亚古国亚美尼亚的首府（今亚美尼亚共和国南部）。根据伊斯兰教徒取姓名的习惯，推测他祖籍为亚美尼亚，或者他曾居住于亚美尼亚。1965年发现于泉州东岳山西麓金厝围村的一块"蕃客墓"碑刻，下端阴刻5行古阿拉伯文"爱资哈尔/安拉是今世和来世的主/伊卜·阿卜杜拉·穆罕默德·伊卜·哈桑"，中部阴刻"蕃客墓"3大字。"客"字下面的口多了一点，"墓"字草头下面的"曰"写成"田"，很可能是出自初学汉字的阿拉伯侨民之手。"蕃客"一词始见于《隋书》，专指来华的外国人，而后常见于7—14世纪的汉文典籍中。碑刻最低处两个小字"埃及"为死者国籍。

阿拉伯人来到中国南方后，还带来了伊斯兰教的民俗，比如富有的人家中多雇佣力气巨大的昆仑奴。他们生猛野蛮、不通语言，举止行为类似原始野人。朱彧《萍洲可谈》卷二有非常详细的记载，如："广中富人，多畜鬼奴，绝有力，可负数百斤。言语嗜欲不通，性淳不逃徙，亦谓之野人。

第七章 宋代：长江文化的成熟

色黑如墨，唇红齿白，发卷而黄，有牝牡，生海外诸山中。食生物，采得时与火食饲之，累日洞泄，谓之换肠。缘此或病死，若不死，即可蓄。久蓄能晓人言，而自不能言。有一种近海野人，入水眼不眨，谓之昆仑奴。"

其次为摩尼教。摩尼教是3世纪波斯人摩尼创建的一种宗教，信奉二宗三际论。所谓"二宗"指光明和黑暗，即善与恶。所谓"三际"即初际、中际和后际，即过去、现在和未来。摩尼教的创立，正是为了超度人类的灵魂，使之摆脱黑暗，以早日回归光明王国。摩尼教的理论，源自波斯的袄教（拜火教），同时吸收了基督教、佛教的思想材料，但又有自己独特的体系。摩尼教创立后，迅速由波斯向周围地区传播。一般认为，唐朝初期摩尼教已进入中国。安史之乱发生后，唐朝借用回鹘军队平乱。因为回鹘信奉摩尼教，所以摩尼教在唐朝境内得到很大的发展。9世纪40年代初，回鹘败于北方另一个游牧民族黠戛斯，向西迁徙。会昌三年（公元843年），唐武宗下令取缔佛教，同时也禁止摩尼教活动，摩尼教受到沉重打击。到了宋朝，摩尼教常被称为明教，逐渐与中国传统的佛教、道教相结合，主要活动于东南沿海的地区。四明（今浙江宁波西南）、台州、温州等地都有摩尼教活动的记载。

福建泉州的草庵是宋元摩尼教传播的重要史迹。草庵位于晋江华表山麓，始建于南宋绍兴年间（公元1131—1162年），庵为草构，故名"草庵"。其中草庵摩尼光佛造像是世界上唯一保存下来的摩尼教教主石刻造像，摩尼光佛造像高1.54米，宽0.83米，身着宽袖僧衣，跏趺于莲花座上，面相丰满，庄严肃穆。更神奇的是，造像依石质不同颜色浮雕而成，脸呈草绿色，手粉红，身灰白，设色得当，巧夺天工。1979年这里发现的"明教会"黑釉碗为北宋摩尼教有组织的结社活动提供了实物证据。

南宋后期，有人说，摩尼、白莲、白云，"此三者皆假名佛教以诳愚俗，犹五行之有沴气也"。可见当时摩尼教已经"假名"佛教，可以称为摩尼教的佛教化。与此同时，也存在摩尼教"依托于道"的现象。四明（今浙江宁波西南）的崇寿宫，本是摩尼教寺，在南宋时逐渐道教化。摩尼教在南方流传过程中，逐渐与当地原有的佛教、道教相混合，不外是两个原因。一是借此逃避官府的注意，二是为了便于自身的传播。

这些外来宗教的兴盛主要集中在阿拉伯人聚居的地区。阿拉伯文化对长江文化的影响，在教育和医学等方面表现较为突出。如在教育上，北宋徽宗大观、政和年间（公元1111—1118年），侨居广州、泉州等地的阿拉伯商人，请求宋朝政府允准在广州、泉州建立"番学"，并得到了批准。它的兴建无疑促进了中国和阿拉伯文化的交流和发展。在医学上，除香药等阿拉伯和波斯药材大量进入中国外，一些阿拉伯和波斯药方也传入中国，促进了中国医药事业的发展。

第八章 元代：长江文化的高潮

对于元代文化，历来评价不一。在相当长的时间内，除了元曲之外，元代社会黑暗、元代文化『衰敝』的看法，是颇为流行的。二十世纪下半叶以来，随着中外学术界有关研究的不断深入，现在完全可以说，元代是继唐、宋之后我国文化的又一个高潮时期。元代在文化的多数领域都有很高的成就，有些甚至超越了前代。除了元代杂剧、书画、史书等文学艺术成就之外，在地理学论上，元代众多域外行纪的出现，也具有重要学术价值。元代学者接受外来的影响，已把眼光投向域外的世界，绘制出包括中亚、西南亚，以及非洲、欧洲等地区在内的地图，其意义更不待言。

第一节
抗争与忍辱：与草原游牧文化的对峙

元朝结束了中国长达数百年的南北分裂局面，并使许多边疆地区归属中央政权管辖之下。这是元朝历史不同于前代的特点。国家的大统一促进了前所未有的文化大交流，特别是长江文化与中原黄河文化、北方草原文化等的交流。在元朝统一以后，南北人物彼此往还，互相切磋，无论对文学艺术创作，或是学术研究，都有极其有益的作用。

一、"四等人制"扭曲下的矛盾

所谓"四等人制"，即元朝统治者按照被征服的次序，将全国居民分为蒙古、色目、汉人、南人四个等级，并给予不同的地位和待遇。蒙古人作为元朝的"国族"，也称"自家骨肉"，是统治者依赖的基本力量。蒙古以外的西北、西域各族人，包括唐兀（即西夏）、汪古、回回、畏兀儿、哈剌鲁、钦察、吐蕃等等，统称为色目人，系取"各色名目"之义。他们是蒙古统治者的主要助手，能享受种种特权。位于"第三等"的"汉人"是一个狭义概念，主要指淮河以北原金朝统治区以及较早为蒙古征服的四川、云南地区的汉族人。另外长期以来居于北部的契丹、女真人由于绝大多数在元朝前已趋于汉化，也被包括在"汉人"之内，南人则指最后被征服的原南宋统治区（元朝江浙、江西、湖广三行省）内的居民。

"四等人"的地位和待遇极不平等。在官吏任用方面，蒙古人、色目人在从中央到地方的各级官署都占据高位，百官皆以蒙古人为长，蒙古人、色目人享受种种特权；汉人、南人则处处受歧视，尤以南人为甚，多数人只能屈居下僚，升迁无门。就法制而言，元代法律处处维护蒙古人、色目

第八章 元代：长江文化的高潮

人的利益，汉人、南人的权益得不到保护，有时连人身和财产的安全都得不到保障。元朝统治者曾经规定：蒙古人因争执殴打汉人，汉人不得还手，只许向官府申诉，违者一律治罪。此外，元朝统治者还禁止汉人、南人畜鹰犬为猎；禁止或限制汉人、南人祈神赛社、习学枪棒武术甚至演唱戏文、评话等。就文化而言，在学校教育、科举考试、语言文字的使用等方面，也有明显的民族歧视，如元朝政府中当政的蒙古、色目官员，很多人对中原传统文化怀有成见，由此对儒户心存轻视甚至敌意，强迫他们和民户一样承担杂役差役和各种苛捐杂税。因此，儒户的实际处境，远不如同时代的僧、道户，和以前各朝士人享受的优遇，更难以相提并论。

　　这种制度的形成有一个过程。热爱打猎的忽必烈（图8-1）即位之初，汉族官僚在政权中不仅不受歧视，而且掌握着主要权力。中统三年（公元1262年）李璮之乱后，忽必烈的重要谋士、元初制度主要创建者之一、中书平章政事王文统受牵连被处死，大大增加了忽必烈对汉人的疑忌情绪，色目官僚集团乘机崛起。色目人大都有较高文化水平，长于经商理财，或擅长一些特殊技艺，而且远来中土，在汉地无势力基础，因而与蒙古统治者结合紧密，颇受倚重。至元二年（公元1265年）二月，元廷规定："以蒙古人充各路达鲁花赤,汉人充总管,回回人（按即指色目人）充同知，永为定制。"在中央机构官员的任命上，经过一段时间的摸索与调整，也逐渐形成一套不成文的规定：以蒙古人为长，以下参用汉人和色目人。其基本精神，是在不能不使用汉人的情况下，另外委派色目人分任事权，进行牵制，并由蒙古人居高监视。平宋以后，忽必烈亦酌情起用南方降臣，其中一部分人因与北方官僚有矛盾，投靠色目

图8-1 刘贯道《元世祖出猎图》

187

权臣桑哥，并随桑哥的倒台而受到牵连，南士在仕途上也因而一蹶不振。到忽必烈在位末年，蒙古、色目、汉人、南人四等级序列已经形成，以后更进一步贯彻于具体政策规定，从而成为法定制度。①

除了扭曲的"四等人制"，元朝统治者在用人政策上重吏轻儒，政治上并未充分向儒士阶层敞开仕途。在元朝统治者看来"俗儒之无用，今可弃也；俗吏之不堪用，今不可缺也。以可弃之儒而视不可缺之吏，儒固不胜吏也"。在这种"儒吏颠倒不如人"的特定历史环境下，当时社会形成了一种对文化发展极为不利的文化氛围：知识分子轻则被人称之为"腐儒""酸秀才"，动辄"武夫豪卒诋诃于其前，庸胥俗吏姗侮于其后"。在这种情况下，广大士人仕途断绝，往往沦为平民杂役，也有相当一部分人适应社会需要，投身于市井艺术创作。

鼎盛一时的科举制度也遭到长期废弃，汉族知识分子通过科举踏上仕途的道路一直阻滞不畅，这无疑对长江文化的发展极其不利。直到主张以儒治国的元仁宗即位，才重新提出"求贤取士，何法为上"的问题。元代科举考试，每三年举行一次，分乡试、会试、殿试三道，然而其规模仍是非常有限。乡试科场在全国共设17处，从赴试者中选合格者300名到大都会试。而且这样规模的科举考试，还多次遭到中断。元朝统治者还在文化领域内推行文化专制政策。以戏剧为例，《通制条格》云："除系籍正色乐人外，其余农民市户良家子弟，若有不务本业，习学散乐，般唱词话，并行禁约。"当然，忽必烈及其继承者的这种文化领域内的专制程度，相对于明清两朝来说并不算突出，基本不以文字疑似之事坐人重罪，较为宽容。

这个时代的思想文化领域，呈现复杂、矛盾的态势。总的来说，怀念故国的遗民思想，随着金、宋的灭亡，在北方和南方都出现过，但持续时间不长。由于元朝统治的巩固，加上尊孔和崇儒政策的推行，大多数汉人、南人中的士人，很快便认同了元朝的统治，纷纷谋求入仕，为朝廷歌功颂德的诗文随处可见。然而，严酷的民族压迫和民族歧视的现实，不能不激

---

① 蒙思明：《元代社会阶级制度》，中华书局，1980，第25-68页。

发他们中很多人对社会的强烈不满，有的在诗文中呼叫抗议，有的则趋于消极避世。

二、南宋遗民的就义成仁与隐逸任性

由于元朝统治者政治上的黑暗统治和科举失常、南士地位低下的社会现状，使得长江流域出现了一股文士隐逸之风，郑思肖是其中较为有名的人物之一。郑思肖（公元1239—1316年，一作公元1241—1318年），字忆翁，号所南，福州连江（今属福建）人。宋末太学生。元军南下时，"扣阙上疏"，要求抗战。宋亡，流寓苏州佛寺，所居萧然，终身不娶，坐卧不向北。"遇岁时伏腊，辄野哭，南向拜而返，人莫测焉"。其名、字、号皆宋亡后新取，隐含对故国之思。以画知名，尝自题所画菊："宁可枝头抱香死，何曾吹落北风中！"他曾将一些言辞激烈的反元怀宋诗文，编为《心史》，藏于苏州承天寺井中，直到明末才被人发现，流布于世。其另绘有寓意亡国无根的《墨兰图》（图8-2）。

图8-2 郑思肖《墨兰图》

其次还有谢枋得（公元1226—1289年），字君直，号叠山，信州弋阳（今属江西）人。宋理宗宝祐四年（公元1256年）进士，宋末官至江西招谕使，知信州。抗元失败，家人多死难，枋得藏匿山谷，后出山卖卜谋生。至元二十三年（公元1286年），南宋降臣程钜夫奉诏求贤江南，枋得名在荐中，坚辞不赴。二十五年，他又受到另一名降臣留梦炎的推荐，仍作书力拒，言辞激烈。福建行省参政魏天祐将他拘禁起来，强行押解北上。枋得宁死不屈，以绝食明志，次年卒于大都。当时元朝在江南的统治已经趋于稳定，不少南方士人屈从于元廷的威逼利诱，出山任职，谢枋得却不为所动，尝借梅自喻云"岁寒心肠似铁石，不与万物同摧残"，节操高洁，誓死殉国。

其诗虽不工修饰，但正气磅礴，大义凛然。

这种隐逸之风从宋末元初，一直持续至元末。比如义乌王祎（公元1322—1373年），师事黄溍，元末上书时宰论政，不报，隐居青岩山。金华叶颙（公元1300—？），字景南，自号云顶天民，元末隐居不出，不求仕进，居芙蓉峰顶，寄情吟啸，有《樵云独唱》6卷。抚州危复之（公元1032—1091年），宋太学生，入元屡辞荐辟，隐紫霞山中。山阴全璧，入元不仕，居杭城东，世称城东处士。义乌丁存，屡辟明经，不就，晚年优游盘谷，四方学者群趋之。天台丁复，放情诗酒，浪迹江淮间，晚寓金陵，著《桧亭集》9卷。兰溪于石，宋亡，高隐不仕，诗作豪宕苍劲，肖其为人。南康庐山人于立，学道会稽山中，以诗酒放浪江湖间，时居吴中，与顾瑛友善。湖州方召（公元1225—1330年），宋末通判惠州，入元不仕，居诸暨。浦江方凤（公元1240—1321年），宋末以特恩授容州文学，入元不仕，浪游江南，与当时名士如方回、牟巘、戴表元、仇远等皆联文字交。

在当时的南方，像这样的例子真是不胜枚举，他们或者放浪形骸，浅斟低唱，追求浪漫；或者忘情于山水自然，得意于物我一体的情感交流，颓放地吟风啸月，有意隔离自我，陶醉于一种近乎麻木的自适；或者在宗教教义的领悟中，感受到人世无常，提取出一种虚无的人生认识，自警之外又用于劝世；或者在传统文化的认同中，获得一种源远流长的人格力量，找到自身的价值，充满自信地傲视芸芸众生，表现出一种顽强的生存意识。这种隐逸之风，绝不是对蒙古贵族入主中国的妥协认可，而是一种抗争，是一种强调个体感性冲动的思想解放运动，它使长期囿于帝制统治思想的士子们获得了一种回归自己本体的觉醒。

从元末整个社会来看，士人在生活条件方面并不处于社会底层，相当一部分人处于中上水平。蒙古统治者在政治上重吏轻儒，又有一套民族等级制度，士人特别是南方士人仕途不畅，很难施展"用世"的抱负。然而另一方面，元朝赋税不重，法网宽松，属于"中产阶级"的士人生活相对比较优裕而闲适，在经济最发达、士人比例最高的江南尤为如此。例如元末昆山富豪顾瑛，在家乡斥资营建以"玉山草堂"为主的园林群体，日夜招引文士，饮酒赋诗，彼此唱和。根据他自己编纂的《玉山名胜集》，从至正八年（公元 1348 年）到至正二十年（公元 1360 年），在其园林中举行的大小集会共 50 余次，参与的士人至少达到 140 人。陈建华先生认为："这些集会在时间的延续性、地域的广袤性、文化的多层性、艺文的综合性以及审美的世俗性等方面都是空前的，历史上一些以风流文采为人称道的文人雅集……都无法比拟。"[1] 管中窥豹，可见当时江南士人生活之一斑。故而钱穆指出："元虽不贵士，然其时为者之物业生活，则超出于编户齐氓远甚……故元代之士，上不在廊庙台省，下不在闾阎畎亩，而别自有其渊薮窟穴，可以藏身。"[2]

隐逸、世俗，并不是逃避、庸俗，有些士人从中演绎出了个性化，甚至达到了历史的新高度，表现出一种要求把握现世和历史，或向奥秘世界探求的创造意向；从不同侧面表达了长江文化中那种蓬勃向上、开通拓进的文化精神。诸暨杨维桢的"异端"思想就突出代表了这种文化精神。他在《大人词》中说："有大人，曰铁牛。绛人甲子不能记，曾识庖牺兽尾而蓬头。见炼石之女补天漏，涿鹿之帝杀蚩尤。上与伊、周相幼主，下与孔、孟游列侯。衣不异，粮不休。男女欲不绝，黄白术不修。其身备万物，成春秋；故能后天身不老，挥斥八极隘九州。"这种代表世俗意欲的自我精神的激扬莽荡，是对儒家伦理纲常的蔑视，对帝制社会的叛离。此外，他还在《我我说》等诗文中进一步宣扬"人欲"，强调"我"的价值，从而在一定程度上冲击了建筑在尊卑贵贱等级基础上的专制主义理论构架。

三、学社并举，长江流域文教事业复苏

从元朝制度上来看，元朝对学校是极为注重的。经金末战乱，北方学校隳废，百不存一。忽必烈即位后，于中统二年（公元 1261 年）八月降诏，设立诸路提举学校官，秩从六品，选博学老儒充任。北方各地的官办儒学，渐次得以恢复。至元七年（公元 1270 年），颁布立社法令，规定农村中

---

[1] 陈建华：《元末东南沿海城市文化特征初探》，《复旦大学学报》1988 年第 1 期。
[2] 钱穆：《读明初开国诸臣诗文集》，载钱穆《中国学术思想史论丛（六）》，安徽教育出版社，2004，第 123-124 页。

五十家立为一社，互助劝农，同时每社均立社学，择通晓经书者为师，在农闲季节进行教学活动。平宋以后，南方原有的儒学、书院大部分都延续下来，而社学之制也在南方得到推广。

元代文教事业的发展表现为三个方面，首先是中央和地方的学校教育。元朝地方学校的建设，早于中央官学。中统二年（公元1261年），也就是忽必烈即位次年，翰林学士承旨王鹗奏请委任"博学老儒"提举各路学校，于是下诏设立"诸路提举学校官"，以王万庆、敬铉等三十人充任。诏称："诸路学校久废，无以作成人材，今拟选博学洽闻之士以教导之。凡诸生进修者，仍选高业儒生教授，严加训诲，务要成材，以备他日选擢之用。仍仰各路官司常加主领敦劝。"这份文件的意义，在于正式宣布恢复地方官学设置，并将发展教育明确规定为地方政府的一项职责。平宋以后，南宋的地方官学大多保留下来，毁于战乱的也逐渐重建。以后历朝皇帝即位，颁发诏书时都要讲到保护学校、发展教育的问题。元朝疆域辽阔，很多前代王朝管辖所不及的边远地区，在元朝的统一兴学政策下都建立了官学。

儒学学生人数多寡不一，少者十数、数十人，多者一二百人，通常视当地学校的经济状况而定。总体而言，江南儒学生员相对较多，北方较少，级别高的儒学生员相对较多，级别低的较少。日常教学活动，大致在世祖忽必烈末年到成宗前期形成了较为固定的制度，主要有全体儒生每月逢朔日（初一）、望日（十五）齐集学校，拜谒孔子像，然后听教官讲解经书。如有事不能出席，必须事先请假。朔望以外，15岁至30岁的生员每天都要坐斋读书，习作经义、杂文、律诗等。30岁以上的生员不必天天坐斋。如非儒户，即可从事其他职业。8岁至15岁的生员，则在儒学中的"小学"读书，先学朱熹《小学》，次及《孝经》《论语》《孟子》等经书，同时学习书法，以颜真卿的"颜体"为范本。根据现有史料，上述制度首先是在儒学教育最发达的江南推行的，其他地区的儒学教育或许没有江南那样复杂和严格，但基本内容应无大异。地方儒学的办学经费，主要来自学田。

第八章 元代：长江文化的高潮

其次是书院教育。"书院之设，莫盛于元。"王颋曾检索史料，列举出408所元代书院的名称，而元代书院的实际数量肯定远大于此，只不过有时此兴彼废，最盛的时候同时存在多少书院，难以确知。大体上，江南的江浙、江西、湖广三行省文化发达，又有南宋时期的基础，故书院较多；北方的书院原来几乎是空白，在元代虽不断兴建，但仍难与江南相比。岭北、辽阳、云南等边陲地区，尚未发现有书院的建置。据《宋元明清书院概况》一文统计，长江流域书院数位居第一，占元代全国书院总数的65%强；黄河流域上升为27.95%，居第2位；珠江流域降为6%强。从各省来看，江西仍居第1位，占29.37%；浙江次之，占13.28%；湖南居第3位，占9.79%。三省合计52.44%，超过半数。

元代的书院根据其建立情况，可分为三种类型：第一类是南宋遗留下来的书院。如道州路濂溪书院，是南宋时为纪念周敦颐而建。有的南宋旧有书院入元以后，元廷通过委任山长，将其纳入国家教育系统进行管理。有的书院在此过程中被换了新的名称。如纪念朱熹讲学而建的奉化龙津书院，至元十八年（公元1281年）更名文公书院；建于辛弃疾故居的广信书院，大德二年（公元1298年）更名稼轩书院。第二类是元朝地方官府主持兴建的书院。按照元朝诸帝诏旨，地方行政、监察机构皆有兴学之责。除路府州县额设一所的庙学外，书院也是重要的兴学对象。地方官府所建书院，大都以纪念某位"先贤"为事由。如汪古人赵世延在四川肃政廉访使任上，还曾筹划修建纪念南宋理学名儒张栻的紫岩书院，离任之后，亦由当地官员毕其役。第三类是私人兴办的书院。其办学经费由私人筹措，朝廷予以承认，赐以书院匾额，并设置教官。这类书院又有两种不同情况：一种同样是纪念"名贤"的书院，但却并非官府倡修，而是由"名贤"的子孙向朝廷申请创办。如南宋后期名儒真德秀、魏了翁的后人，一再申请为真、魏两人建学立祠，终于获准建立了西山（真德秀别号）书院和鹤山（魏了翁别号）书院。另一种情况与"名贤"无关，仅是"好事之家慕效而创为之"，出于发展地方教育的目的而兴办。如新安人胡淀鉴于"科举未兴，学者但知临晋帖、诵晚唐诗，笔迹声气稍似之，哆然以士自名，漫不知经学为何事"，在家乡创办了明经书院。①

　　最后一类是社学，这是在乡村基层兴办的农闲学校。至元七年（公元1270年），元廷颁布立社法令，农村中大致每五十家立为一社，作为生产互助和基层管理组织。元统一中国后，又将社制推广到南方。立社条例中规定："每社设立学校一所，择通晓经书者为学师，于农隙时分各令子弟入学，先读《孝经》《小学》，次及《大学》《论》《孟》、经史，务要各知孝悌忠信，敦本抑末。"加上官府和社会创办的书院、劝农机构大司农司主管的农闲学校社学，以及蒙古字学、医学、阴阳学等专科学校，元朝地方学校的总体数量是相当大的。元代教育的发展，也带动了刻书印刷业的兴盛，后续会有陈述，此处不表。

---

① 王颋：《元代书院考略》，《中国史研究》1984年第1期；徐梓：《元代书院研究》，社会科学文献出版社，2000，第162-164页。

第八章 元代：长江文化的高潮

第二节
华贵的天城：繁荣的市场经济

一、南北通衢——京杭大运河的开通

至元初年，元世祖忽必烈迁都燕京（即今北京），先称中都，再称大都，全国政治中心移至北方，并逐步实现了大统一，大大加强了中国南北方的经济和文化联系。但因北宋以来北方长期战乱，经济凋敝，发展滞后；而与此同时，南方则获得新的开发，社会经济有了长足的发展，以至于"元都于燕，去江南极远，而百司庶府之繁，卫士编民之众，无不仰给于江南"。南粮北运，急需开辟联结南北方的交通大动脉。

至元二十六年（公元1289年）到二十八年（公元1291年），元廷先后在山东开凿会通河，在大都近郊开凿通惠河，经重新疏凿，改变了运河过去迂回曲折的航线，河道基本取直，航程大为缩短，运粮船可以直接驶入大都积水潭（今北京什刹海一带）停泊。这条从大都抵达杭州的京杭大运河，使前代呈多枝型分布的运河转变为单线型的大运河，从而把各大经济区更紧密地联系起来，成为中国运河变迁史上继隋代以后又一次重大转变，奠定了此后京杭运河的基本走向及其规模。这条河道在明、清两代一直发挥着重要作用。

虽然有了纵贯南北的大运河，但单纯的漕运并不能完全解决运输问题。在漕粮的运输上终元一代漕粮以海运为主。元朝政府在其初年即设立海运万户府，下设11个千户所，其中浙江有杭州、嘉兴、温台等3所。至大四年（公元1311年）调整裁并为平江香糯所、常熟江阴所、昆山崇明所、松江嘉定所、杭州嘉兴所、温台所、庆绍所等7个千户所，分别掌管海运

事项。

元朝海运漕粮的航线，以刘家港（今江苏太仓浏河镇）至直沽口为主要航道，傍海而北，途经万里长滩、青水洋、黑水洋、莱州大洋等地。也有从庆元（今宁波）诸港出海运粮入京。浙江漕粮多由刘家港聚集起运，从皇庆元年（公元1312年）开始，也有从庆元烈港（今宁波沥港）直接运送入京。每年二月由长江口之刘家港入海，自崇明东入黑水洋，取直线北行，绕胶东半岛入渤海，抵直沽。顺风时，十天即可驶完全程。海船在直沽交卸完毕，于五月返航，复运夏粮北上，八月再度回航。海运形成制度后，规模不断扩大，与运河共同成为元朝的重要经济命脉。

虽然海运是元代漕运的主要方式，但大运河在整个漕运体系中仍有举足轻重的地位，特别是对浙江来说。浙江漕粮运输的路线中就有经过运河的部分，"一方面，浙江沿海地区的漕粮，包括温州在内的20余处运粮船，一般先通过海路运至刘家港，然后再继续运往北方；另一方面，浙江其他地区的漕粮，尤其是浙西的漕粮，首先仍要通过内河航运输送到刘家港，然后再渡海北上。所以浙江境内的内河漕运在元朝仍占有重要地位。而杭州便扮演了中转站的角色，运河航运亦十分发达。至元十五年（公元1278年），江浙行省的省治机构从扬州移到杭州，整个行省征收的税粮和财赋，均向杭州集中，然后从杭州纲运大都，每年到杭州港的税粮就有450万石，其中有一半上下的税粮从杭州通过河、海联运转输大都"[①]。

南北贯通、大一统局面带来了农业生产的恢复和发展。北方农业在金元之际的战乱中受到了巨大破坏，后随着忽必烈推行重农政策，渐有恢复。江南地区所受战争破坏相对较轻，因此南方农业恢复更快，在宋代基础上取得更大的成就。由来已久的南、北方经济差异，在元朝进一步加大。南方江浙、江西、湖广三行省的税粮总数占全国的一半以上，其中仅江浙省即占全国的三分之一。《元史》卷一八三《苏天爵传》言："江浙财赋，居天下十七。"而江浙行省之富庶，则首推两浙。由于宋元鼎革之际，杭州的都市经济并没有遭到严重的战火破坏，仍然是中国甚至世界上最繁华

[①] 童隆福主编《浙江航运史（古近代部分）》，人民交通出版社，1993，第91页；吴振华编著《杭州古港史》，人民交通出版社，1989，第194页。

第八章 元代：长江文化的高潮

的商业都市，以至于至元年间意大利旅行家马可·波罗（图8-3）到杭州后，都惊叹杭州是"世界最富丽名贵之城"。

因为发达的运输业和商业经济，城市中居民日常生活所需要的副食、蔬菜、禽蛋、水果等，以及柴、炭之类的燃料，多依郊区及外地运入。以杭州为例，马可·波罗就对杭州的农产品供应之充裕、消费量之大而感叹不已。他说每星期有三天为集市之日，有四五万人运载货物来此交易，各种蔬果、肉食等应有尽有，尤其是鲜鱼交易量巨大。

图8-3 马可·波罗像

据记载，元时杭州的瓜果市场，已有西瓜以及其他西域佳果面市。杭州诗人吾丘衍的《西瓜诗》，用"邵圃失颜色，翠华射玻瓈""玉露滴苍佩，月冰散红犀"之句，来描述西瓜颜色之鲜艳夺目、味道之甘甜可口。事实上，当时从中亚到杭州已有陆路商道，西域瓜果以及葡萄酒的输入，是完全可能的。明代徐一夔《始丰稿》卷三《序灌园生》中"钱唐陆海之府，鱼盐蜃蛤之所产，羽革竹箭之所生，象犀珠玉之所聚"，短短几句话，把杭州物产之丰、汇集货物之多，道得详尽无遗了。

二、衣被天下——棉织、丝织业的普及

根据现有的文献和出土资料，可以确定棉花（主要是亚洲棉）传入中国的历史可追溯到公元前2世纪或更早时期。"吉贝""古贝""劫贝"等均是对棉花的称呼，在西汉时期，海南岛居民开始种棉织布，然而这一技术并没有在中国大范围普及，仅在中国西南边疆和东南沿海省份种植。

元朝统一后，南北方经济文化交流增加，社会安定，一定程度上刺激了人口数量增加，而此时棉花作为一种新兴的经济作物，不仅可满足人们服被需要，而且也带动了经济的发展。其次元朝统治者的"重农"政策为棉花种植的推广和发展提供了适宜的环境和市场。设立劝农司、司农司专掌农桑水利等一系列重农政策的颁布，也使得棉花的发展不受限制，因而

197

迅速推广开来。为了棉花种植业的发展，元朝政府还设置了专门的"木棉提举司"，开始向民间征收木棉，充实政府财政收入。据《元史·世祖本纪》记载，至元二十六年（公元1289年），元朝统治者在浙江、江西、湖广、福建设置了木棉提举司，令民众每年上贡木棉布十万匹。至元二十八年（公元1291年），置江南六提司"岁输木棉"。而这样征收棉花棉布的机构只设在长江流域，北方却没有；夏税征收的棉花棉布，也只仅限于江南地区，北方地区仅设置征收丝帛的机构，这样的机构设置也是历朝未曾有的，在元朝赋税中占有十分重要的位置，此类机构在南方的设置客观刺激了棉花在江南地区的广泛种植。关于棉花种植情况，元及以后历朝的诸多农史文献，如《农桑辑要》《王祯农书》《农政全书》等皆有详细记载，且种植棉花的地区已经由长江流域开始扩展至黄河流域。

随着植棉范围的逐渐扩展，棉纺织生产技术也有了发展。元代，是棉纺织工具不断改进、织造和印染技术逐渐提高的时期。为之作出巨大贡献的是宋末元初的女纺织家、技术革新家黄道婆。据陶宗仪《辍耕录》卷二四《黄道婆》记载，黄道婆从海南崖州返回家乡松江乌泥泾（今上海徐汇区华泾镇）时，带来了先进的棉纺织生产工具和"错纱配色，综线挈花"的织花技术，"以故织成被褥带帨，其上折枝、团凤、棋局、字样，粲然若写"。黄道婆还改进了棉花初加工和纺织的过程，即"挥、弹、纺、织"，这是棉纺织过程当中的四个主要工艺。虽然陶在文中对于黄道婆棉纺织工具的改革没有给予详细的介绍和说明，但在后来的王桢《农书》中可得到证实。黄道婆在松江一带悉心改进和推广棉织技术，在她的热心传播和带动下，松江从事织布不下千余家，她将"崖州被"的做法传进来，从而有了行销全国的"乌泥泾被"。从此，书写了中国纺织史上划时代的一页。自元代以后，棉纺业遍布全国，成为重要的手工业部门了。

棉纺织技术的提高也促使植棉业进一步发展。整体来看，长江流域有着植棉的天然优势，这与长江流域的地理条件有很大关系。东南沿海地区气候炎热、多雨，西南地区地势高，西北地区海拔较高，且气候干旱、酷寒，不利于棉花的生长，因而当地棉花的种植也受到了限制。棉花喜欢光照，适合种于土质疏松的沙土上，地势要平整，降雨量不宜过大。就这些条件

第八章 元代：长江文化的高潮

而言，长江流域比较适宜，及其稍北的淮河、黄河中下游流域也比较适宜种植棉花，而且这些地区也正是中国经济重心所在，也是人口聚集地。

考古出土的文物中有珍贵的棉织品。1996年浙江兰溪南宋墓出土了一条长约2.51米，宽1.18米，重1600克的棉毯，纯用棉花织成，从而印证了南宋江南地区已种植棉的这一史实。另外元代墓葬也出土了不少棉织品，如北京双塔寺的棉织僧帽，山东嘉祥曹元用墓出土的棉布衬衫和棉菱形花纹织锦，湖南华容县元墓出土菱形花卉纹罗对襟夹衣（图8-4）。元代集宁路古城遗址的古墓中也发掘出土了缠裹尸体用的棉毯及席状物，山西大同的元代冯道真墓发掘出土了黄色丝织大领棉道袍、丝织棉衣裳和盖在尸体上的黄色丝织棉被。据相关史料记载，这些地区的气候及地理位置在元代种植棉花的可能性不大，所以不排除当地棉织品是从其他地区转运而来的可能性。

图8-4 湖南华容县元墓出土的菱形花卉纹罗对襟夹衣

除了棉织业，元代的丝绸纺织业也取得了一定发展。由于杭州丝织业的发达，精美的丝织物不仅成了广大市民日常衣着的重要面料，而且还深受蒙古王公贵族的青睐。意大利旅行家马可·波罗游历杭州时，就发现杭州人多衣丝绸："居人面白形美，男妇皆然，多衣丝绸，盖行在全境产丝甚饶，而商贾由他州输入之数尤难胜计。"蒙古皇妃公主，也常下达懿旨，差人来杭催办上等丝绸裆袄等物，并由驿道递运到大都。至元十六年（公元1279年）九月，元世祖忽必烈"诏行中书省左丞忽辛兼领杭州等路诸色人匠；以杭州税课所入，岁造缯缎十万以进"。从中书省左丞兼管诸色人匠和岁进缯缎之多，亦可见丝绸纺织业之盛。杭州所产的丝织物，不仅远销大都等北方地区，还出口到高丽、钦察汗国等地，深受人们喜爱。凡此种种，均说明杭州丝绸纺织业水平的高超了。

三、榷货四方——海外贸易全球网

两宋时期，长江流域的海外贸易就十分发达，广州、泉州、明州等城市成为著名的港口城市。宋末时，与中国有海外贸易的国家已有60多个，贸易航线可远达非洲。到元代，这样的海上贸易范围，已得到了极大的拓展，中国"海洋的时代"才拉开帷幕。而且南北的统一，使得大陆和海洋两条路线终于连接，形成了环绕欧亚大陆和非洲北部及东海岸的交通体系，可以称之为"世界贸易圈"。

元代的海外贸易在意大利旅行家马可·波罗在杭州城（图8-5）的旅行游记中有所体现。在游记中，马可·波罗对杭州市场和商业有详尽描述，在主干街两侧有大市场十所，小市无数，市场周围商店里售卖各种货物，如香料、首饰、珠宝、米酒等，没有人能相信有足够食粮可供如此多市民之需，在集市之日，买卖之人在市场里摩肩接踵，车船运货络绎不绝，单每天胡椒进口量就达43担。马可·波罗的这些介绍，使我们

图8-5 西人据《马可·波罗行记》所绘的杭州水城图

了解了杭州市井之稠密、商品之丰富、商业之繁荣。而城里的商人大致有两类：一是行商，二是坐贾。行商包括国内其他地方来杭的商人，以及外国商人。坐贾大多是亦工亦商的作坊主兼店主，他们在沿街设店铺，屋后置坊场，自做自卖。马可·波罗说城中有很多富商巨贾，贸易之巨，无人能言其数。他们大多是居于杭州的本地人，也有外来的商人。旅行家伊本·白图泰也说，在杭州遇到过埃及富商，他因爱杭州西湖的风光秀美，就定居下来，其子孙往来贸易，把南洋各地的象犀珠玉、香药珍宝舶来杭州出售。这些外来商人，以回回人居多，有集行商、坐贾于一身的特殊身份。

和外邦输入的货物不同，中国出口的货物主要还是以丝绸、陶瓷为大宗。

第八章 元代：长江文化的高潮

元代，泉州成为世界性的商港，出口货物以丝、缎等织物为主，如苏杭地区生产的五色缎、绢、布（花布、青布）、丝，其中以泉州的刺桐缎（泉缎）最受海外欢迎。汪大渊《岛夷志略》则记载了今日泰国中北部的暹国从中国南方进口青布，位于华富里的罗斛则进口印花布，叨吒地区的罗卫进口狗迹绢（一种有金花的丝织物）……这些丝绸纺织品输入东南亚地区，不仅传播了中国文化，而且也推动了当地纺织业的发展。据《大越史记》所载，中国南方的织锦工艺在宋代已传入越南等国。

中国的货物不仅在亚洲地区流行，精致的丝绸、陶瓷也受到追求精致生活的欧洲贵族的喜爱。元代出口陶瓷以龙泉窑青瓷（图8-6）为大宗，景德镇陶瓷（图8-7）与福建陶瓷亦占一定数量，受到世界各地的喜欢。自13世纪末以来，中国丝绸锦缎用于意大利各地显贵服饰及罗马教廷仪仗等等，不仅见于文字记载，而且也可从当时的绘画和考古实物上得知。当时绘画中明确表现中国丝绸的作品，当推1317年西埃那画家西蒙尼·马尔蒂尼的《图鲁斯的圣路易为那不勒斯国王罗伯特加冕图》，画中圣路易的主教头冠和教袍缎带等皆为中国绸缎所制。此外，在意大利的考古发掘中也有中国丝绸出土。如和那不勒斯国王罗伯特等同时期的意大利北部维罗纳城统治者甘格朗德，其墓中的遗体就遍身裹以中国丝绸。这些事例说明，中国的丝绸和陶瓷一样已成为意大利上层统治者日常生活中的重要组成部分。

除了丝绸和陶瓷，这一时期到过中国的欧洲旅行家，都对中国的印刷技术表现出一种惊讶而赞赏的态度。如法国僧人鲁勃洛克、意大利的马可·波

青釉高足杯　　　青釉葵花形大盘　　　荷叶盖罐

图8-6　元龙泉窑青瓷

青花凤穿牡丹纹执壶　　蓝釉白龙纹盘　　青花釉里红镂雕盖罐　　青花鸳鸯荷花纹花口盘

图 8-7　元景德镇窑瓷器

罗、小亚美尼亚亲王海敦、意大利僧人和德理等，他们对于元朝纸币的纸张质料、形态大小、币值、文字、玺印等情况均有所叙述。而脍炙人口的《马可·波罗游记》说得更为具体，影响更为巨大。通过他们的宣传，雕版印刷术在欧洲家喻户晓。同时，这些西方旅行家大多到过当时印刷业最为发达的杭州，并从中国长江下游地区带回雕版，从而对欧洲印刷业的兴起产生了极其重大的影响。借印刷术之力，欧洲人的思想和社会都发生了深刻的变化。李约瑟指出，"它激发了文艺复兴和宗教改革的精神……有助于民族语文和本国文学的建设，甚至也助长了民族主义。印刷术还使教育普及，各地文盲减少，增加了社会流动的机会。简言之，西方世界现代文明进程中的几乎每一项成就都以不同方式与印刷的引进和发展有联系"。①

经济贸易的交流，带动了文化交流，元代，长江文化与西亚阿拉伯地区的文化交流十分频繁。据《真腊风土记》《岛夷志略》等书记载，当时与中国南方有文化往来的西亚阿拉伯地区国家（地区）有：白达（今伊拉克巴格达）、弼斯罗（今伊拉克东南沿海的巴士拉）、勿斯离（今伊拉克北部的摩苏尔）、瓮蛮（阿拉伯半岛东部的阿曼）、勿拔（今阿曼的木尔巴特）、层檀（今沙特阿拉伯西部）、麻嘉（今沙特阿拉伯麦加）等。当时，中阿商人、海员、工匠、旅行家、学者等往来频繁是我们今日所难以想象的。

---

①　李约瑟：《中国科学技术史》，科学出版社和上海古籍出版社，1990，第 329 页。

第三节
南北的交流：长江文化的绝处逢生

一、理学的北传

理学的最早发祥地是北宋统治下的中原地区，金灭北宋后，随着宋室南迁与大批知识分子南下，江南地区逐渐发展成为新的理学重镇。金朝统治下的北方，则以苏学为最盛。当时科举取士，首重辞赋，次及经义，经义之科，则以传统注疏为主。在此风影响下，北方士人对理学大都懵懂无知。就在中原地区理学发展衰而不绝的同时，南宋的理学著作也开始向北传播。

当时北传理学著作有广泛影响者，主要有《诸儒鸣道集》与《道学发源》二书。《诸儒鸣道集》为宋儒所辑，收录了周敦颐《通书》，司马光《迂书》，张载《正蒙》《经学理窟》《横渠语录》，程颢、程颐《二程语录》，谢良佐《上蔡先生语录》，刘安世《元城先生语录》《谭录》《道护录》，江公望《心性说》，杨时《龟山语录》《安正忘荃集》，刘子翚《崇安圣传论》，张九成《横浦日新》等两宋重要理学著作。这些著作大多数为长江流域的学者所写，它们在北方的流传，使中原士人对两宋时期长江文化中的理学思想有了较为全面的了解。《道学发源》由金尚书省诸生傅起等刊行，以南宋理学家张九成的经解为主，并加入张载的《东铭》《西铭》及刘子翚的《圣传论》等理学文献。赵秉文、王若虚分别为该书撰写了引与后序，都高度评价了张九成等理学家的贡献。赵和王是金末很有影响的文章大家，他们对理学的重视，无疑推动了北方士人研习理学的风气，扩大了长江文化在中原地区的影响。

金朝灭亡后，随着蒙宋战争的大规模爆发与南北隔绝状态的打破，南宋理学的北传，无论是在规模还是在影响方面，都远远超过了以往。1235年蒙古大军南下伐宋时，杨惟中担任军前行中书省事，姚枢则奉命于军中搜求儒、道、释、医、卜等各类人才。结果，凡"得名士数十人，收集伊洛诸书，载送燕都"。此次所得名士，包括了赵复、窦默、砚坚等一大批日后有影响的理学人物，为理学的进一步北传奠定了基础，自此，理学在北方的传播开始进入一个崭新阶段。

这一阶段的理学北传，以赵复的贡献最为突出。《元史》对他评价很高，甚至称："北方知有程朱之学，自复始。"赵复在德安（今属江西）被俘后，得到了姚枢的悉心照顾，为表感激，赵复将所记录的程朱理学著作和经传都传授给姚枢。在他的影响下，姚枢、杨惟中等人成为较早一批理学信徒。北上燕京后，赵复埋头致力于理学思想的传播，名气越来越大。"游其门者将百人，多达才其间。"

此后，赵复离燕南下，在中原各地广为游历，并印《伊洛发挥》数百本随身携带，以为馈赠之物。他的这次旅行，无疑使长江文化中的理学在北方的传播范围更为广阔。

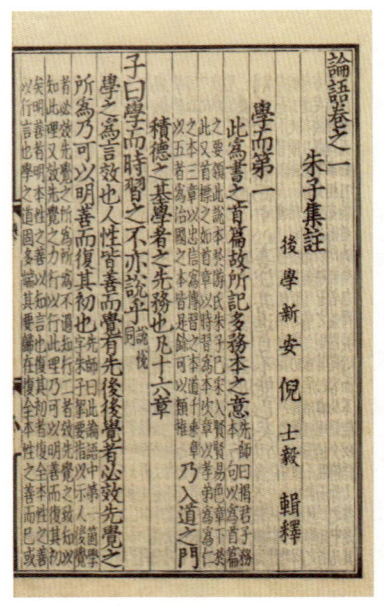

图 8-8　元代倪士毅辑释《四书辑释大成》

元灭南宋，南北一统，大大加快了长江文化中的理学在北方传播的速度。此前像朱熹《四书集注》这样的重要理学著作虽已北传，但是著录版本较少，直到"混一东南，书颇易致"，才有刊本广泛流行。在南方，朱熹的理学思想有出自朱熹嫡传的南儒张须、豫章（今江西南昌）人熊朋来等隐士教授，"取朱子《小学》书，提其要领以示之，学者家传其书，几遍天下"。对于统治阶层来说，在思想钳制方面，理学较之传统儒学更有优势，因此日益受到统治者的重视。至元二十四年（公元1287年）立国子监，重开国学，地方儒学、书院教育皆以国学为取法。《小学》《四书集注》《四书辑释大成》（图8-8）

等理学著作，因而成为从中央到地方学校教育的基本内容。这对长江文化中的理学普及有着决定性的影响。

成宗大德五年（公元1301年），王恽《义斋先生四书家训题辞》记述北方《四书》流行情况说："近年，上而公卿大夫，下而一邑一乡之士，例皆讲读，佥谓精诣理极，不可加尚。"因为诵读之热，《四书》也成为当时售卖的热销书。甚至世代以吏为业，仕至宰执，成宗时退休家居的何荣祖，也写出了"名教无穷乐，真知在暮年，中庸万事毕，太极一心全"的诗句。可见到14世纪初，长江文化中的理学在社会上已经广泛为人接受。

二、元曲的南下

与理学由南向北传播相反，元曲则由北向南进行流传。所谓元曲，在广义上包括杂剧、散曲（或南戏）两种形式，多数时候主要指元杂剧，因属于俗文学范围，在古代相对来说不受重视，但至元时期迎来了发展高峰。正如王国维于《宋元戏曲史》中所言："北剧、南戏，皆至元而大成，其发达，亦至元代而止。"元曲在中国文学史上与唐诗、宋词并称于世。

杂剧产生于北方以大都为中心的地区。早期著名的杂剧作家都是北方人，优秀演员也是如此。从世祖到成宗、武宗时期，可以说是杂剧的鼎盛期，在此期间产生了一批有影响的作品，在城乡到处演出。杂剧是当时上自宫廷、下至民间受到广泛欢迎的一种艺术形式。全国统一以后，随着南北隔绝局面的解除，以及运河的开凿和海运的开辟，中断一百余年的南北水运得以复通，富商大贾运载货物的舟楫，往来不绝。关汉卿、马致远、郑光祖、尚仲贤、戴善甫、张寿卿、侯正卿等大批北方杂剧作家和著名演员珠帘秀等纷纷南下，会集南宋故都杭州及其周围地区（当时的浙西），或定居或游宦。吸引他们南下和定居的原因，主要是江南物质生活优裕，文化底蕴深厚。大约到元中期，元杂剧达到鼎盛，杭州作家云集，人才辈出，他们在这里创作的作品汗牛充栋，杂剧创作和表演呈现出繁荣局面，一时间盛况确实不亚于大都时期，杭州成为元杂剧后期的中心。据元人钟嗣成《录鬼簿》、元末明初人贾仲明《录鬼簿续编》及明初朱权《太和正音谱》记载，元杂剧作家总数约为200人，而据现有资料所知浙江籍的就有40人左右。

其中杭州籍及籍贯在杭州附近地区的作家计23人，在杭州的外地作家20人左右，占元杂剧作家总数的五分之一。

南下的元杂剧作家以"关、郑、马、白"四大家为代表。关汉卿，在元军灭宋以后不久，即从大都来到杭州，从事杂剧创作。关汉卿生平史料寥寥，最早的记载见于元后期人钟嗣成《录鬼簿》："关汉卿，大都人，太医院尹，号已斋叟。"关汉卿在杂剧发展史上地位非常重要。明初朱权《太和正音谱》卷上《古今群英乐府格势》称关汉卿"初为杂剧之始"，说明他很可能是北杂剧定型过程中的关键人物。他创作的杂剧作品，就今所知有66种，尚存者18种（其中有一些是否确系他的作品还存在争议）。就内容而言，包括公案剧、爱情剧、历史剧、文人轶事剧等，题材多样，内涵丰富，极大地开拓了杂剧的表现功能。公案剧《窦娥冤》《蝴蝶梦》《鲁斋郎》，爱情剧《救风尘》《调风月》《拜月亭》《望江亭》，历史剧《单刀会》尤其著名，作品思想境界深刻、人物刻画生动、语言朴素自然，均是不可多得的杰作。据学者研究，关氏六十多部剧作中的大部分当写于杭州。关汉卿所作的套曲【南吕·一枝花】《杭州景》极其具体而生动地描绘了元初杭州街市的繁荣及湖山的秀丽景象。

郑光祖，字德辉，平阳襄陵（今山西襄汾）人。元曲四大家之一。以儒任杭州路小吏而定居于杭州。秀丽的风光和繁奢的风俗，给他的杂剧创作注入了新的内涵，他的作品"名闻天下，声振闺阁"。杭州的戏剧界的作家和演员们都尊他为"郑老先生"。所作杂剧今知有18种，现存8种。其中《倩女离魂》《王粲登楼》《㑇梅香》等较著名。《倩女离魂》写少女张倩女与书生王文举相爱的故事，情节新奇，曲文艳丽，描写细腻，情景交融，脍炙人口，称得上元杂剧后期中的佳作。

马致远，字千里，号东篱，大都（今北京）人。元代四大曲家之一。他于元世祖至元二十年（公元1283年）调江淮行省（后改称江浙行省），出任江浙行省务提举，从此长住杭州，至晚年退出官场，隐居杭州西郊乡村，其作品中"浙江亭，看潮生，潮来潮去原无定。唯有西山万古青，子陵一钓多高兴，闹中取静"以及"白发劝东篱，西村最好幽栖"云云，正是这一时期他生活的写照。剧作《陈抟高卧》《任风子》《黄粱梦》等神仙道化剧，明显地表现了他退隐林泉、受道教影响之后的出世思想，这些剧作当均写于杭州。另据《寒山堂曲谱》注，南戏《牧羊记》亦为马致远任江浙省务提举时所作，至今昆剧尚在演出其中《看羊》《望乡》等八出。

白朴（公元1226年一？），原名恒，一字仁甫，后改字太素，号兰谷，隩州（今山西河曲）人。父白华，金末进士。白朴出生于金末丧乱之中，幼年曾从著名文学家元好问学习，后随父流寓真定，依附于军阀史天泽。成年后出外漫游，并开始创作杂剧。元灭南宋后，白朴也到过江南，晚年约在至元十七年（公元1280年）徙居建康（今南京），也曾多次到过杭州游览，并作剧多种，其中著名的有《钱塘梦》一剧。现知其创作杂剧16种，存者仅《梧桐雨》和《墙头马上》二种。前者以浓厚的抒情意味见长，后者以生动的戏剧冲突取胜，反映出作者驾驭和运用不同艺术风格的能力。

当时的杭州，不仅聚集着大量的杂剧作家，同时也汇集着许多著名的演员。据元末夏庭芝《青楼集》记载：自元初至此书写成的至正十五年（公元1355年）的八十余年间，元代演员共有150人左右。北方杂剧名伶南下杭州者有珠帘秀、曹娥秀、顺时秀、天然秀、天锡秀等，她们原先大多是大都名妓。珠帘秀，姓朱，与关汉卿同时，是元初著名女杂剧演员，元夏庭芝《青楼集》称她姿容姝丽，"杂剧为当今独步"。她来杭州后，与散曲作家、江南浙西道提刑按察使胡紫山有过交往。胡紫山看了珠帘秀的杂剧表演后，非常赞赏，除了作【沉醉东风】曲相赠，还称她的表演如"锦织江边翠竹，绒穿海上明珠"，总之演技十分了得。这位名角珠帘秀不仅嫁到杭州，还嫁与道士洪丹谷达二十年之久，最后老死在杭州。

三、南北书画界的接触与交流

元朝的书画艺术，在中国艺术发展史上占有重要的地位。早在南北统一前后，我国绘画领域"文人画"发展的趋势已很明显。到了后期，"文人画"可以说已成为画坛的主流，称其"文人画"，主要是因为创作者主体是受中原传统文人熏陶成长的文人，其创作题材以山水画和竹石梅兰画为主，普遍与诗、书结合。

元朝后期画家近30人，籍贯江南的占绝大多数。籍贯北方的只有刘融、李肖岩、商琦数人，此外张彦辅是蒙古人，边鲁是畏兀儿人，其余20多人都是南人或是长期生活在江南的人，其中尤以浙西人最多。朱德润、陆广、张逊、明雪窗是吴（今江苏苏州）人，黄公望是常熟（今江苏常熟）人，唐棣、王蒙、赵雍是湖州（今属浙江）人。曹知白、张中是松江人，陈鉴如、张渥、王绎、陈琳、王渊是杭州人。吴镇、盛懋是嘉兴人。倪瓒是无锡人。马琬籍贯南京，但长期居住在松江。赵原籍贯山东，长期生活在平江。柯九思是天台（今属浙江）人，王冕是会稽（今浙江绍兴）人，这两人属于浙东。方从义籍贯不详，但他长期在江西龙虎山学道，亦可归入南人之列。后期画家的这种情况，足以说明画坛实际上以江南特别是浙西为中心。

特别值得注意的是赵孟𫖯在元代后期画坛的地位。赵孟𫖯的绘画创作从世祖时代一直延续到中期的仁宗、英宗两朝。他是湖州人，长期在湖州、杭州一带活动。元朝后期的许多画家（特别是浙西地区的画家）都直接或间接受到他的影响。在众多画家中，有记载可考，直接受他指点的便有唐棣、朱德润、陈鉴如、王渊、陈琳、赵雍、王蒙等人，刘融、黄公望、曹知白都曾与赵交游，至少间接受到他的影响。完全可以说，赵孟𫖯是元朝画坛的领袖。他的绘画创作理论"师古"和"不求形似"对画坛产生了重大的影响。

这一时期绘画各门类中，以山水画成就最大。山水画的名家，除赵孟𫖯外，要数钱选和高克恭成就最为突出。钱选，字舜举，号玉潭，生卒年不可考。他和赵孟𫖯既是同乡（吴兴人），又是好友，但是两人处世态度大不相同。赵孟𫖯出仕新朝，成为显贵，钱选则隐居专注绘画。但与赵孟𫖯一样，他在绘画艺术上亦有多方面的成就，山水、人物、花鸟、鞍马，无一不精。他的山水画传世有《浮玉山居图》《山居图》。高克恭（公元1248—1310年），字彦敬，房山（今属北京）人。他是"西域人"的后裔，但长期生活在长江流域。传世作品有《云横秀岭图》《墨竹坡石图》等。元末名画家倪瓒说"本朝画山林木石"画家中，他最佩服的有四人，第一便是"气韵闲逸"的高克恭，其余并列的三人是赵孟𫖯、黄公望和王蒙。由此可见他在元代画坛的地位。

元代末期绘画成就最突出的有黄公望、吴镇、倪瓒、王蒙四人，他们

第八章　元代：长江文化的高潮

在后代被尊称为"元朝四大家"，对后人的创作有很大影响。黄公望（公元 1269—1355 年），字子久，号大痴道人，常熟（今属江苏）人。他最得意也最出名的作品是《富春山居图》（图 8-10），描绘了富春江两岸的初秋景色。吴镇（公元 1280—1354 年），字仲圭，号梅花道人，嘉兴（今浙江嘉兴魏塘镇）人，善画山水竹木，传世作品有《渔父图》《秋江渔隐图》等。倪瓒（公元 1301—1374 年），字泰宇，别字元镇，号云林子，无锡（今属江苏）人，善画山水小景，传世作品有《水竹居图》《渔庄秋霁图》《梧竹秀石图》等。王蒙（？—公元 1385 年），字叔明，号黄鹤山樵，吴兴（今浙江湖州）人，传世作品有《青卞隐居图》《葛稚川移居图》等。从地域上看此四人均为长江流域的画家。

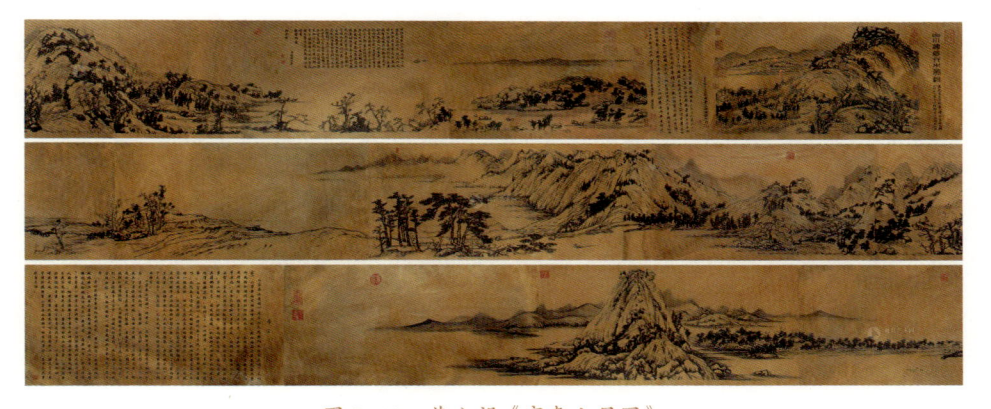

图 8-10　黄公望《富春山居图》

元朝的统一，使得长期不通声气的南北书画界有了开阔眼界和互相接触交流的可能。比如南方的赵孟頫、邓文原等到北方做官，北方的高克恭、李衎、鲜于枢等到江南任职，南北画家彼此声气相求，互相切磋，并结下了深厚的友谊。高克恭曾说："子昂写竹，神而不似；仲宾写竹，似而不神，其神而似者，吾之两此君也。"这段话道出了高克恭在艺术上的自负，同时也反映出南北画家之间存在互相切磋、彼此促进的亲密关系。

最能说明南北统一推动艺术进步的例子，应数李衎对自己创作历程的分析。李衎原在北方学画，以金朝王庭筠、王曼庆父子的作品为榜样。元灭南宋后，李衎来到杭州，经友人介绍见到文同画竹真迹，以及唐代萧悦、五代李颇的作品，他感慨万千。另一方面，来到江南，也使他对各种竹有

209

更多的认识,他先后登会稽,历吴楚,逾闽峤,东南山川林薮游涉殆尽。江南之行,李衎得以观摩前人名作,并深入竹乡实地考察,两者结合,使他的创作迈上了新台阶。李衎之子李士行(公元1282—1348年),字遵道,少年时代随父在江浙一带活动。既有家学渊源,又得到赵孟頫、鲜于枢的指点,"故其歌诗字画,悉有前人风致"。

  元朝疆域辽阔,国内各民族之间和中外之间经济、文化交流的加强,促进了长江文化的发展。其时的长江文化,在元代文化中占有举足轻重的地位,其时中国文化仍然呈现出南重北轻的现象。与宋代相比,元代长江文化的发达程度总体上有所不及,但在某些方面则要超过宋代。

第九章 明代：长江文化的繁荣

明代长江流域在经济上、文化上均处于全国领先的地位。在较为发达的商品经济的推动下，明代城市化加大加快了发展步伐，中小市镇则大量勃兴发展，起到了城乡经济的枢纽作用。在这些新兴的城镇中，获得经济发展的工商业户中就有了要求平等的意识，市民意识逐渐萌生；另一些文化水准较低的富商巨贾，则追求个人的高消费享乐。

第一节
经济浪潮：商品推动与城镇崛起

一、恢复经济的举措

图 9-1 明太祖朱元璋像

至正二十八年（公元1368年）正月初四，朱元璋（图9-1）在应天（今江苏南京）登基，建立明王朝。永乐十九年（公元1421年），明成祖迁都北京。明代历276年（公元1368—1644年），至李自成农民起义军攻占北京，明王朝灭亡。

洪武初年，战争频仍，经济凋敝，民生艰难。长江流域，人多流亡，地尽荒废。面对这样的严峻局面，朱元璋推行了"安养生息"的政策。主要措施有：

奖励农耕，实施屯田。面对人口流徙、土地荒芜的惨状，洪武元年（公元1368年）朱元璋令各州县允许百姓垦荒，谁开垦就归谁为永业，免税三年作为奖励。戴进《春耕图》（图9-2）即反映了当时农村耕垦的场景。垦荒分民屯、军屯、商屯三种。民屯劳力来源有三种：一是迁狭乡农户至宽乡开垦；二是募流民或无地农民垦荒；三是谪发罪犯屯田垦荒。军屯即军队就驻地垦荒，且战且耕，兵农结合。军屯实施成功，使粮食储备丰富，供给充足。洪武时上缴屯粮500余万石，永乐时2300余万石。商屯即"开中法"，因边防驻军粮饷不足，如果都赖军屯或由外地运粮食则很困难，也不合算。于是采用召商输粮，凡输一

第九章　明代：长江文化的繁荣

石粮米供给盐一引（100公斤），盐引可以贩卖，后来商人采用出钱募民在边地开垦种粮，以所种粮食换盐引的方法，使屯田储粮取得好成绩。至洪武二十六年（公元1393年）垦田数为洪武元年（公元1368年）的4倍，粮食总产量比元末增加2倍。

兴修水利。鉴于水利设施多年失修，明初大力修浚水利。至洪武二十八年（公元1395年），全国共修浚河道4162处，陂渠堤岸5048处。明代钱谷、张复合绘《水程图册》（图9-3）即描绘了明代便利的水运事业图景。京杭大运河是明代重要的南北交通线，尤其是漕运由此"一衣带之水"输送京师。因此，明政府视京杭大运河如命脉，十分重视对运河的管理。明成祖朱棣迁都之后，便对京杭大运河制定了详尽的工程管理规章制度。如推行保漕为先的水利政策，规定"舟楫、碓碾者不得与灌田争利，灌田者不得与转漕者争利"，要求确保漕运期间京杭大运河水源充盈，漕船不滞。明政府在对京杭大运河水源、闸坝、河道等管理作出整体布局的同时，对江南运河也作了相应规定，如：永乐九年（公元1411年）规定江南运河深不能超过7尺，目的是充分利用水源，防止河水多泄；成化十二年（公元1476年）规定江南

图9-2　戴进《春耕图》

图9-3　钱谷、张复合绘《水程图册》局部

213

运河必须两年疏浚一次，在岁修、大挑时，堤防应与河道同时修治。

重视劳动力的使用。明初对元代的"驱丁""驱户"，予以释放，令曰："诸遭乱为人奴隶者复为民。"严禁使用奴隶，"庶民之家，存养奴婢者杖一百，即放从良"。四川一次被释者达 23000 余户，占四川民户的四分之一。对剃度为僧尼也严加规定，"民年二十以上者，不许落发为僧。年二十以下者来请度牒，俱令于在京诸寺试事三年，考其廉洁无过者，始度为僧"。同时禁止女子 40 岁以下为尼姑。

清查土地、户口。 明初经 20 余年清查登记造册，查清了全国的土地户口，绘制土地总册名叫鱼鳞册，编制的户口总册名叫黄册。规定五年一均徭，十年一"大造"。除了用"黄册"登记户口外，还设计了"户帖"来管理户口和人口流动，并以"户帖"来征收赋役。这是过去历史上所没有的，值得重视。户帖是明代户口登记的凭证，通过建立户帖户籍使政府掌握天下户口数，以消除元末战乱带来的户口混乱局面，政府可以根据户籍方便地管理户口和确定赋役征收额，这是明初的首要任务。但初创的户帖制仍有不完备的地方，如未载明户口丁和田地等则。到了洪武十四年（公元 1381 年），开始编造赋役黄册。黄册的编成，标志着更完备的户籍管理制度的建立。

洪武三年（公元 1370 年）命户部籍天下户口，每户给以户帖，重民事。至洪武十四年（公元 1381 年），全国官民田达 3667000 余顷，洪武二十六年（公元 1393 年）全国垦田 8507000 余顷，有户 16052860，人口 60545812。从明初至宣德年间整个社会比较安定，几代皇帝也较为励精图治，因此社会经济得到一定发展。

二、经济结构的调整

经济作物的普遍种植。长江流域水土资源丰富，气候条件良好，与域外的水陆交通便利，这都有利于经济作物的种植和推广。自元代开始，江南一带大量种植棉花。至明，棉花的种植遍布天下，地无南北皆宜种之，人无贫富皆赖之，产生的价值远超前朝。 蚕桑业以太湖流域为主，其收益也大大高于稻谷，并成为国民经济收入的主体。为了适应棉麻丝织业的发展，人们利用空地普遍种植染料作物，如在浙江绍兴，"蓝草可染青，山阴人种之为业"。处州府宣平县，福建人来此搭棚种靛。这些经济作物的大量种植，主要是为了适应市场的需求，获取更多的经济收益，故常有改稻田为桑地、棉田、烟田、橘园等现象，这就意味着商业性农业的发展会导致农业经济体制的演化。

商业性农业的逐步发展。明中叶以后长江流域由于水地资源丰富，气候条件良好，水陆交通便利，人口密集，农业经济已从自给型占绝对统治地位的传统自然经济逐渐向多种经营综合型的商品经济过渡，吴彬绘的《岁华纪胜图》（图9-4）其一就展示了万历年间南京商业兴盛的街市风景。农业的商业化主要表现在农业经济结构发生变化，从单一稻作经济趋向于以棉花或蚕桑为主的综合型多种经济的发展，生产已与市场发生联系，由市场的需求和经济效益来调节作物品种；农业的商业化还表现为货币参与农产品

图9-4　吴彬《岁华纪胜图》

的流动。生产的出发点是交换，通过销售获得货币去购买商品粮等日常生活必需品。因为长江流域有便利的交通条件，各地区之间可以互通有无，开始出现大批起中介作用的长途贩卖商，参与农产品的流通过程。农业的商品生产还表现在专业化生产发展方面。长江中游湖广一带种植稻谷，下游江南地区发展蚕桑、棉植业，形成了两个各具特色的经济区——湖广是粮食作物区，江南为棉桑区。江南的粮缺则可从长江顺流而下的贩销粮中得到补充。太湖洞庭山发展果树和园艺，可从苏州枫桥米市上取得商品粮以补给。于是各农产品产区之间的交换借助于畅达的水陆交通得以实现。

城乡手工业的迅速发展。农业商品经济的发展、海外贸易的发展、国内流通渠道的扩大，都有利于手工业商品生产的发展。长江流域的丝织业、棉织业、瓷器业、矿冶业等在全国都处于举足轻重的地位。铜银矿和井盐

业中，矿主与矿工之间存在着雇佣的关系，以矿场为中心已形成一个生产与消费的网络。其次有些产业内部已实行较细致的技术分工，具备了工场手工业的生产性质。如明代酿酒业逐渐与农业脱离，成为一种相对独立的手工业。丝织业更是取得突飞猛进的发展。明代丝织业以江南、四川阆中、陕西潞安以及闽粤等地所产丝织物为著名。明代宋应星的关于农业及手工业生产的著作《天工开物》（图9-5、图9-6）中即记载了大量明中叶以前中国古代各种技术，留下了宝贵的资料。技术的提高，使得精品名品不断涌现，不仅出现了专业化生产，还出现了专业市镇，如杭州产皓纱、吴绫，湖州产线绫、绉纱，南京产云锦，苏州产纻丝等这些都具有地方特色，形成各专业产区。不仅如此，在城镇周围的农村也形成了一个个丝织专业生产的村落。

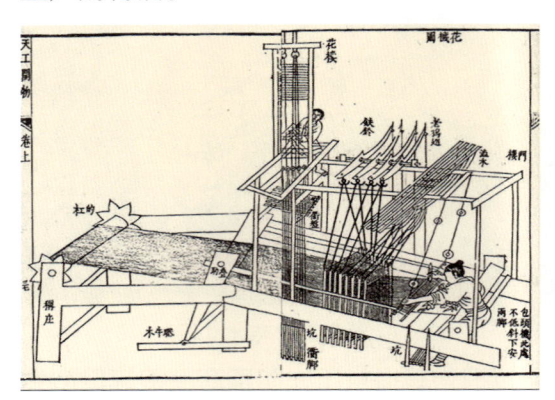

图9-5 宋应星《天工开物》中的花织机

图9-6 宋应星《天工开物》中的锤制大铁锚图

资本主义萌芽的出现。以丝织业资本主义萌芽为典型代表，表现在以下几个方面：一是工场手工业的出现。万历二十九年（公元1601年）苏州已有不少较大规模、有分工协作关系的染坊、机房。二是小业主上升为工场主。三是商人投资丝织工场，即"商人直接支配生产"的形式产生。四是有了自由雇佣者和劳动力市场。根据上述四点，一方面有了拥有大批脱离土地、可以自由处置自身劳动力的雇佣劳动者，另一方面又拥有了有资金的商人或逐渐积累资金的小业主，开设以技术分工为基础的作坊或工场，从事于商品性的丝织生产，这种工场当属于资本主义生产方式的一种萌芽形态，但由于它脱胎于帝制母体，发育得不健全，仅仅是萌芽或胚胎，我们才称之为资本主义的萌芽。

除了丝织业，明代的棉植业、榨油业、造纸印刷业、瓷器制造业也都取得迅猛发展，不少行业也出现了资本主义萌芽。瓷器以江西景德镇最盛，王宗沐说："景德镇民以陶为业，弹丸之地，商人贾舶与不逞之徒皆聚其中。"据统计，景德镇各方雇佣的佣工每日不下数万人，且每个窑分工很细，至少有数十人。工匠来自附近，以获取工资为生，这些佣工来去自由，以技售值，"工兴则挟佣以争，工毕则鸟兽散"。

三、城镇经济的发展

明代城乡商品经济有了较高程度的发展，社会分工进一步扩大，水陆交通便利，商业和商业资本十分繁荣，这些都对城市、市镇经济的发展起推动、促进作用。明代长江流域的城市分布于长江、运河两大水系沿岸，王士性《广志绎》卷一《方舆崖略》中列举天下著名码头及其商品，其中码头大都分布在长江流域内："天下马头，物所出所聚处。苏、杭之币（帛），淮阴之粮，维扬之盐，临清、济宁之货，徐州之车赢，京师城隍、灯市之骨董，无锡之米，建阳之书，浮梁之瓷，宁、台之鲞，香山之番舶，广陵之姬，温州之漆器。"中国历史博物馆所藏《南都繁会图》（图9-7）即描绘了晚明陪都南京商业兴旺、帆樯如林的盛景。

明代中国城市化的趋势已有一个显著的新动向，大中城市基本上已趋定型，保持着原貌而变化不大；代表着城市化前进的方向则开始转向中小城镇，

图9-7 《南都繁会图》

特别是市镇在此期间大量勃兴发展。赵冈先生指出:"两宋以后,大中城市的发展完全停顿,城市化的新方向转到市镇。"①

明代是长江流域市镇大发展的时期,特别是在长江三角洲一带市镇大量勃兴、发展。如苏州吴江区,弘治间为3市4镇,嘉靖间为10市4镇,崇祯间为10市17镇。嘉定区,正德间为15个市镇,万历间为3市17镇。常熟县,正德间为14个市镇,嘉靖间为22个市镇。在长江中下游和东南沿海一带众多市镇中,知名的有:江西的樟树镇,苏州的盛泽镇、震泽镇,嘉兴的濮院镇、江泾镇,湖州的双林镇、菱湖镇,松江的枫泾镇、朱泾镇、朱家角和杭州的塘栖镇等。与此同时,各种《货郎图》(图9-8)的大量出现,也证明了这些市镇与乡村有着频繁的贸易往来。

上面我们论述的典型城市和市镇,大体上已显现了中国历史上城市化的进程,表明明代长江流域的大中城市基本上已趋定型,继续发挥着区域经济中心的作用,联络和连接全国广大的城乡,使长江流域经济在全国处于非常重要地位。特别是苏州,它在经济上,尤其在文化上,在全国所起导向性的作用很明显,各地皆以苏州的衣食住行、文化娱乐等为追慕的标杆,其流风遍及全国。逮至晚明,东林、复社无不以江南城市为活动中心,讽议朝政,结党抗争,体现了士人群体对于社会责任和政治改革的新认识和追求。

明代市镇的勃兴和发展,是城市化的主流,是推动商品经济向更高水平发展的

图9-8 佚名《货郎图》(左)及《夏景货郎图》(右)

---

① 赵冈:《论中国历史上的市镇》,《中国社会经济史研究》1992年第2期。

动因，在中国传统经济结构嬗变中起着特殊的作用。明代南方，特别是长江流域，市镇大量勃兴、建立、发展。从时间上看，随着明代社会经济的发展，市镇在成弘间开始勃兴，经济发达、交通便利的一些沿河沿江村落或居民聚落点，人口聚集成为村市、市集、小市、市镇；至嘉靖间，经济有所发展，但东南沿海一带遭到倭寇骚扰，使正在发展着的城乡经济受到破坏；至隆庆、万历间，海禁解除，海上交通和海外贸易发展起来，也刺激了长江流域经济的复苏、发展。于是，在沿江沿河的水运交通便捷或经济发达的城乡中，商品流通量增大，商品经济以前所未有的速度迅速发展，于是一批批市镇在此时建立、发展，大约在每一个重要城市周围三十里辐射区内形成了一个个市镇，呈现出网络化的特征。

明代的市镇按其职能可分为四大类：一是手工业专业市镇，如景德镇的陶瓷业，庞村的铁冶业，南翔、罗店的棉织业，双林、盛泽的丝织业，这类市镇为数很多。二是商业服务性市镇，如枫桥、平望、长安的米市，八斥（在今苏州市境内）的旅馆饭店。三是交通枢纽型的市镇，如瓜洲、乌青、塘栖。四是文化、旅游的市镇，如曹王庙、屠甸镇，因佛宇禅院丛立，吸引了各地的香客游人来此参拜游览。有些市镇则兼具府、县治的功能，带有一定的政治职能，是当地行政权力的中心。城市与市镇已成为一个体系，形成繁密的网络，以大中城市为圆心，向四周辐射。如苏州、杭州附近就有数十个大小市镇围绕在四周，为苏杭等大中城市的市民提供了生活必需品，如蔬、薪、粮、果等，同时形成了一个生产和销售网络。这些分布在苏杭四周的市镇，主要是丝织业市镇，市镇的产品（包括粗加工品、半成品）送到城市去销售，进行技术深加工。这些市镇就是大中城市的卫星城镇群体，围绕着城市经济的发展而运转。

明代市镇的兴起，是城市化进程中的新现象，意味着商品经济的发展和商品流通渠道的开发。而市镇群体的出现，又表明了市场网络的形成，它担负着商品生产的加工，是乡村农副产品技术加工和销售的中心。它将附近乡村中副业、手工业加工的商品聚集起来，经过长途贩运商的购销活动将聚集的商品运销到全国各地。因此市镇在促进商品流通中起了很大作用，加快了商品流通运转的速度，同时也促进了商品经济的发展。

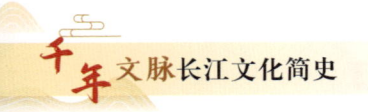

第二节
风尚新貌：贫富分化与奢靡之风

随着明中叶商品经济的发展，人们的社会生活和思想观念都发生了相应的变化。在明弘治以前，家给人足，社会较为稳定；正嘉年间，贫富有所分化，社会风气始趋奢侈；隆庆时，社会已是末富本穷；万历时，贫富差距已很悬殊。商品经济的发展加速了农村的贫富分化，打破了千百年来自然经济封闭式的超稳定局面。

一、重商思潮的涌现

士农工商，何者易发财致富，众则趋之若鹜。人们的普遍心理是讲求功利、讲求实际，不讲社会地位上的空名。正如张瀚所说："利者，人情所同欲也。"社会财富分配也不大一样了，世臣富、内臣富、商贾富、游侠富，土著日贫。因此商人的地位逐渐提高，他们对走江湖、逛娼楼的生活乐此不疲，并显得信心十足。

经商易致富，这自然吸引了人们追求此捷径，过去十年寒窗苦求功名，欲跻身仕宦阶层，现在他们不图虚名，做起生意来了，这种儒人就贾的现象表示明中叶以来人们价值观的大变化。于是诸如"吴中缙绅士大夫多以货殖为急"，"虽士大夫之家，皆以商贾游于四方"这样的文献记载，在江南地区的方志、文人文集中频频出现，不胜枚举。一些已有功名的士大夫也不甘落后，投身商业。如启祯年间常熟的毛晋，将家中千亩土地和资产一时尽售出，即以买书刻书，高价邀集名书良匠，建造刻书、藏书之地——汲古阁。他的刻书工场规模极大，据其子毛扆回忆："吾家当日有印书作，聚印匠二十人，刷印经籍……今版逾十万，亦云多矣，窃恐秘册之流传尚

第九章 明代：长江文化的繁荣

十不及一也。"毛晋办书坊不单是兴趣所至，还深含以刻印书籍增富的目的。不仅士人如此，许多农民也纷纷弃农就贾，愿意背井离乡，从事长途贩运或去外地营商。长江之南正是"昔日逐末之人尚少，今去农而改业为工商者三倍于前矣"。

社会经济的发展和社会风气的变化，使一些有眼光的知识分子从理论上探讨和阐述商业在国民经济中的地位与作用，大声疾呼重商，把"重本轻末"的帝制传统观念倒置过来，为"末"争一席之地。张又渠说："男子治生为急，农工商贾之间，务执一业。"庞尚鹏说："民家常业，不出农商。"曾任万历朝内阁大学士、首辅的张居正（公元1525—1582年），面对变化着的时代和社会现实，认为商业在农业社会中的地位和作用不可忽视，在政策上不能再抑商了，应该商农结合，使两者互相促进。

由重商思潮发展到工商皆本的思潮，是明中叶以后工商业自然发展的结果。"工商为本"的思想，学界一般认为是黄宗羲首先提出，其实不然。早在明万历间冯应京（公元1555—1606年）就提出这个思想，比黄早了半个世纪。明中叶人们从社会经济发展中已逐渐意识到工商业的重要，但较早看到这点并加以比较系统表述的是曾为高官的张瀚，他于万历二十一年（公元1593年）在所著的《松窗梦语》中提出"百工之事，固不可废"的观点。张瀚论述"百工而足财用"，只有百工才能开发资源，制造器具为世所用，就是舟楫牛马车都是百工所制，只有有了这些运载工具才能使交通便利。商人在"有无相而通"中起了桥梁与媒介作用，其作用也不可否定。

"奢易为生"说的出现如同"工商为本"一样，也是时代的产物，同样具有很大的意义。明中叶社会风气渐趋奢侈，面对这一社会现象，有主张返奢为朴者，有倡导奢易为生者，两种思想针锋相对。奢易为生说的代表人物是陆楫。陆楫（公元1515—1552年），字思豫，上海人，未及仕而夭逝，但留下著作却很有名，有《蒹葭堂稿》《蒹葭堂杂著摘抄》，辑有《古今说海》142卷。他在《蒹葭堂杂著摘抄》中提出了崇奢黜俭的观点，为明中叶以来奢侈之风呐喊助威。

"奢能致富"的思潮，从较高层次上摆脱了传统的重本抑末、重俭抑奢的思想。无独有偶，后来的魏昭士的"奢比俭好"的经济观与陆楫非常相近。

221

他们共同点在于,眼界较远大,已摆脱了以一家一户小生产为单位的生产、消费观,把全国全社会作为一个单位来观察,把生产与消费作为一个整体来观察,这是难能可贵的。

二、奢靡的世风

明中叶社会财富积累较多,一些富商巨贾拥有大量金银却难以找到扩大投资的机会,因此大量挥霍,追求物质或官能享受。经济发达的江南地区,特别是有天堂之称的苏州和杭州,是这一风气的引导者。明代画家如唐寅(图9-9)、程嘉燧(图9-10)等对两地美景多有描绘,可见时人对游山玩水的向往。

游乐风气的大盛。商业繁盛,商贾活动频繁,促进了旅游观赏活动以及相适应的交通、服务、饮食的发展。如杭州西湖、苏州虎丘等,各地旅客商贾纷纷前往游玩观赏。据《西湖游览志》所载统计,杭州景点多达450多处,且形成了五条旅游线路,游览风气相当兴盛。大众的西湖旅游,多集中于断桥至苏堤一带。其游况之盛,如张京元《断桥小记》所说:"酒多于水,肉高于山,春时肩摩趾错,男女杂沓,以挨簇为乐。无论意不在山水,即桃容柳眼,自与东风相倚游者,何曾一着眸子也。"这就是群众性旅游的基本特点,其意不在山水,不在身旁

图9-9 唐寅《钱塘景物轴》

图9-10 程嘉燧《西湖画舫图》

第九章 明代：长江文化的繁荣

之桃柳，而是关注于酒肉，甚至以"挨簇为乐"，人与人相挤，挤得满身臭汗，暖风吹来竟有"粉汗"之味。明人黄省曾所著的《吴风录》，说苏州的士大夫时常画船游泛，携妓登山，尤以虎丘为甚，即使遇到风雨，也无寂寞之日。即使是一般的平民百姓，也知道享受生活的乐趣。家无斗粟，身上也敢穿"罗衣"，尤其是野游，更是成为他们生活的一部分。江南乡村还有借着庙会、香市和集市等各种名目，将旅游、宗教、商业相结合的活动。

服饰逾制。衣食既表现了人们的生活水平和审美观，又代表人们的社会地位。明代对衣饰是有严格规定的，穿着不能随便，尤以冠巾表示等级，庶民百姓与官僚世家、缙绅不混用。张瀚《松窗梦语》卷七《风俗纪》载："国朝士女服饰，皆有定制……命妇礼冠四品以上用金事件，五品以下用抹金银事件，衣大袖衫，五品以上用纻丝绫罗，六品以下用绫罗缎绢，皆有限制。今男子服锦绮，女子饰金珠，是皆僭拟无涯，逾国家之禁者也。"但"富者服饰僭制逾过侈"。明中叶以来政纲松弛，政令申而不行，发财致富的富贾和乡居的缙绅士大夫怀着好奇与逆反的心理冲破传统和政令的限制，反其道而行，骏帽方巾、衣丝穿缎招摇过市，斗艳争奇。唐寅曾作画《孟蜀宫妓图》（图9-11）以讽喻明代奢华的社会风气。以瓦棱帽为例，嘉靖以前"非豪人不用"，价值四五两银一顶，到万历时则人皆戴之。

图9-11 唐寅《孟蜀宫妓图》

饮食讲排场。饮食是人们日常生活所必需的，明中叶财富多了，饮食方面也讲究山珍海味，餐具也要唯美是论（图9-12）。请客非讲排场不可，一席酒菜满桌应有尽有，耗费巨大。明代许敦俅《敬所笔记》便载："当初设席待客，前面空果罩五个，宾榔盒四个，每个四格，一糖色，一

223

细壳，一小菜，一咸。案牲味五盘，盘亦大，而装亦满。又用点心一盘，如肉包、松团之类。汤三盏，先粉汤，末鱼汤。其鱼汤号为撬臀汤，以言客将去也。近身盐醋二碟，更无他物，待新亲亦不外此……今则席上约数十味，水陆具备，必觅远方珍异之物。"可见人们不仅仅是追求口腹之美食，更是要展示富有之程度，所以宴席必讲排场规格。

图9-12 明代金杯一组

房居的奢华。关于建房规格，历代亦有规定。唐制：六品以下，堂舍不得超过三间五架，门屋不能超过一间两架；百姓庶民，不能超过三间四架，门口不准装饰。宋制：百姓民房只准五架一间两厦，其门窗栋梁也不准用朱漆。明制稍有放宽，百姓民房准三间五架，已达到唐代六品官的标准。但是到了明中叶，只要有钱，人们盖房往往竞相富丽，大大逾制。据明代唐锦《龙江梦余录》卷四所载，"江南富翁，一命未沾，辄大为营建。五间七间，九架十架，犹为常耳，曾不以越分为愧"。徽州歙县的明代建筑民房保存至今，其建筑规模之大，占地面积之广，构筑设计之精美，令人叹服。尤其苏州士大夫富商的园林构建，更远远突破了政府对建房的规定和限制。以前盖房不敢用砖瓦，怕官府视为富豪，至明中叶，中产之家前房必土墙茅盖，后房始用砖瓦。

享乐主义的负面效应。人欲横流，沉渣泛起。缺乏崇高道德观念和文化修养的暴发户，只追求物欲享受，吃喝玩乐，造成社会畸形的消费和虚假的繁荣。如《金瓶梅》中所刻画的西门庆、应伯爵之流，他们对社会负面影响很大，不仅带坏了社会风气，还毒害了一些淳朴的平民。清代史学家赵翼《廿二史札记·万历中矿税之害》谓："明之亡，不亡于崇祯，而亡于万历。"正是指明中叶后社会风气对政治、社会的消极作用。它使国力财力消耗殆尽，人无斗志，造成社会两极分化，导致农民揭竿而起，清兵入关，内外夹攻，明政权岂有不亡之理！其内伤致命处早在明中叶已经隐现。

三、长物的欢愉

小巧玲珑的园林，是明代江南市镇引人入胜的人文景观。由于城镇比乡村人口密集，因此他们需要有与自然接近的空间，在繁忙工作之余需要有一个休息的场所，所以园林在明代得到了空前的发展。明代城市园林以苏州园林最为著名，苏州整个城市非常美丽，就像一座大型园林。其中著名的有拙政园，它始建于正德年间，以山水相映、台馆分峙、风格隽永而闻名。留园则始建于嘉靖年间。以上二园与北京颐和园、承德避暑山庄并称为中国四大名园。有人计算，苏州有255处园林。杭州也是明代园林最为集中的城市之一。明人薛冈言："北土名园，莫多于都下；南中名园，莫盛于西湖。"杭州西湖胜景，天下闻名。在西湖南路柳洲亭一带，别墅园林更多。有寄园，是戴斐君的别墅；有钱麟武、商等轩、祁世培、余武贞、陈襄范各家园亭；又有黄元辰的池上轩、周中翰的芙蓉园。西湖边上的名园，当数包涵所的北园与南园。南园在雷峰塔下，北园在飞来峰下。大厅用斗栱抬梁，大到可以舞狮。北园有八卦房，园亭如规，分作八格，形如扇面，造型独具一格。南京园林，早在王世贞写《游金陵诸园序》时，就将其分为东园、凤台园等16座著名园林。扬州有梅花岭、影园、休园、嘉树园、五亩之园等园林。[①]

在士大夫的生活习俗中，书斋既是追求功名的起始，又是功名成就之余的一方宁静之区，即所谓的藏修之地，更是急流勇退之后的消闲去处。他们对于书斋，不求过分的奢华，但求与败屋、图书、老树、修竹、鲜花为伴，如仇英所绘《梧竹书堂图》（图9-13）即代表了当时读书人的梦中情屋。如嘉兴李日华，他理想中的书斋是：在溪山纡曲处择书屋，结构只三间，上加层楼，以观云物。四旁修竹百竿，以招清风；南面长松一株，可挂明月。老梅寒蹇，低枝入窗，芳草缛苔，周于砌下。东屋置道、释二家之书，西房置儒家典籍。中横几榻之外，杂置法书名绘。朝夕白饭、鱼羹、名酒、精茗。一健丁守关，拒绝俗客往来。张岱在绍兴城内造梅花书屋、

[①] 王春瑜：《论明代的江南园林》，《中国史研究》1987年第3期。

不二斋。梅花书屋内，设卧榻，对面砌石台，插太湖石数峰。内植花草树木。非高流佳客，不得入内。不二斋，图书四壁，充栋连床，鼎彝尊罍，不称而具。书斋案头并供人赏玩之物，尤以文房四宝为大宗，但也包括其他诸多可供清玩之物。案头清玩是士大夫生活必不可少的一部分。

藏书文化的兴盛。明代社会风气不好，有些人认为留财产给子孙，会使后代贪恋于物质享受，成为纨绔子弟，必沦为败家子，不如多藏书与子弟，使之才智扩拓，成为社会上有用的人才。因此有"遗子黄金满籯，不

图9-13 仇英《梧竹书堂图》

如一经"的训诫，江南藏书为全国之首，清代孙庆增《藏书纪要》便说："大抵收藏书籍之家，惟吴中苏郡、虞山、昆山，浙中嘉、湖、杭、宁、绍最多。"据吴晗先生对两浙藏书家的研究，从晋至清，两浙共有藏书家399人，其中明代有80人，约占总数的20%。从地域来看，杭县、海宁、绍兴、鄞县（今鄞州区）、海盐、吴兴、嘉兴出藏书家最多，余姚、桐乡、萧山、兰溪、嘉善、慈溪、平湖、浦江次之，他县又次之。[1] 范凤书《中国私家藏书概述》统计，明代藏书家有869人，而且主要集中在东南地区，最多的10个县市是：苏州（268人）、杭州（198人）、常熟（146人）、湖州（94人）、绍兴（93人）、宁波（88人）、福州（77人）、嘉兴（75人）、海宁（67人）、南京（60人）。[2] 明代浙江是藏书的重地，知名的藏书楼就有范钦（图9-14）的天一阁（图9-15）、沈节甫的玩易楼、茅坤的白华楼、丰坊的万卷楼、项元汴的天籁阁、吕坤的樾馆以及绍兴祁氏的澹生堂等。江浙藏书如此丰富，

---

[1] 吴晗：《江浙藏书家史略》，中华书局，1981，第3—4页。
[2] 范凤书：《中国私家藏书概述》，载虞浩旭主编《天一阁论丛》，宁波出版社，1996。

第九章 明代：长江文化的繁荣

当对文化传播起了巨大推动作用。

图9-14 范钦像　　图9-15 天一阁

娱乐的戏班子的兴起。明代的社会生活内容相当丰富多彩，梨园生活只是众多文化生活的一个方面。梨园是士大夫消闲的好去处（图9-16）。他们不但写了很多戏曲的剧本，而且还自己养着家乐班子，以供娱乐消闲。南、北两京是明代政治与文化中心，理所当然是各地戏班荟萃的地方。南京的戏行主要集中在水西门、淮清桥一带。在明代末年，南京城内以技艺称雄梨园的有数十班，其中最为著名的戏班有两个，一个称"兴化部"，另一个叫"华林部"。除了上面所述的营业性的戏班外，明代的士大夫还有别具一格的家庭戏班。明末，绍兴张氏的家庭戏班，颇负盛名。自万历以后，张岱的祖父就开始蓄养声伎，组成了很多家乐班子。

除此之外，还有丰富多彩的博戏游艺。明代的博戏游艺中有猜枚、弹棋、叶子戏、马吊、斗鹌鹑、斗鸡、弈棋等。在明代，弈棋之风在士大夫中悄然盛行，而且出现许多名手。据载，如新安之方生、吕生、汪生，福建之蔡生，一时俱称围棋国手。而在这几位国手中，方生比起其他几位来，又有"白眉之誉"。

图9-16 佚名《明人演戏图》

227

第三节
西学东渐：思想转换与海陆贸易

明代长江文化与海外文化的交流，由于自身文化实力的增强，因此较之宋元时期又有了进一步的发展。从 14 世纪到 20 世纪初叶这段漫长的历史时期里，从事于远洋航行的船舶主要是中国的帆船。海洋贸易的发展，使得长江文化向外辐射的区域已扩大到美洲大陆，加深了与西方欧洲文化的接触与融合。

一、阳明的心学

明代哲学是在宋元哲学的基础上发展起来的。理学仍然在这一时期占统治地位，并直接承继宋代程朱理学的传统。明太祖朱元璋曾下诏："一宗朱子之书，令学者非五经孔孟之书不读，非濂洛关闽之学不讲。"明成祖更使儒臣将宋代理学家的著作汇辑成《性理大全》，颁布天下，不许任何人反对和非议，从而使明初的哲学成为程朱理学的天下，别无创新。江西崇仁人吴与弼也非常崇尚程朱理学，在吴与弼的影响下，广东新会人陈献章（公元 1428—1500 年）创立了白沙学派，成为明代心学的前驱。至明代中期，随着社会矛盾的加剧，学术思想也酝酿着大的变革。正是在这种背景中，以"正心"挽回衰世为目标的王守仁心学（通称"阳明学"或"王学"）便应运而生了。

王守仁（公元 1472—1529 年）（图 9-17），本名王云，字伯安，号阳明，又号乐山居士，浙江余姚人。他是明代主观唯心主义的哲学家，宇宙观为"心外无物""心外无理"，认识论为先验唯心的"致良知"，伦理道德观为"知行合一"，他力倡"心学"，反对程朱理学空谈，后人编有《王文成公全书》

（图9-18）。他的理论基础可概括为三点：一、宇宙观。他认为"心之本体无所不该"，一切由心派生衍变出来，认为心外就无物、无理。凡"我"未有感知、认识的外界事物，也无所谓事物，更无所谓理；二、认识论。"致良知"是他认识论的基本命题，他非常强调"致良知"的意义。良知即天理，"吾心之良知，是所谓天理。"人人都要"存天理，去人欲"；三、知行合一。知、行并非人所谓的认识和行动，而有特殊的含义。"知行合一"论就是知行本体无分，"知之真切笃实处即是行，行之明觉精察处即是知。知行工夫本不可离，只为后世学者分作两截用功，失却知行本体，故有合一并进之说"。

图 9-17　王阳明像　　图 9-18　王阳明《王文成公全书》书影

后期阳明学派由于他的两大弟子钱德洪（宽）和王汝中（畿）对阳明学的理解不一产生分化，有"浙中王门"（钱、王为代表）、"江右王门"（以江西邹守益为代表）等。泰州学派创始人王艮（公元1483—1540年）的理论对阳明学来说是一大改革，他讲求实际，认为"天地万物一体"，人人应平等，有否定礼法等级制的思想，所以有人称其为王学的左派，具有反道学的积极因素，已具有早期启蒙思潮的意义。

泰州学派后继的中坚分子是何心隐（公元1517—1579年），江西吉州永丰人。当他"闻心斋（王艮）立本之旨"后，舍科举而从事讲学。他具有启蒙意识，反对"天理""人欲"的对立，主张"与百姓同欲"，"性而味，性而色，性而声，性而安逸，性也"。认为人类追求物质欲望乃人之本性也，无可厚非。何心隐是反礼教的斗士，被统治者诬为"妖逆"，后被湖广巡抚王之垣杖杀于武昌。另一个重要人物是罗汝芳（公元1515—1588年），号近溪，江西南城人，也力倡人欲，提出了"赤子之心""实天机之发"，具有反对传统伦理思想的进步含义和战斗精神。

后世反理学思想以罗钦顺为代表。罗钦顺（公元1465—1547年），字允升，号整庵，江西泰和人。弘治进士，官至南京吏部尚书。著作有《困知记》《整庵存稿》等。他是与王守仁同时，并与王守仁学说直接对立的唯物主义哲学家。他和我国古代朴素唯物主义哲学家一样，也承认"通天地，亘古今，无非一气而已"。认为"气"是宇宙万物的根本，"理"是"气"运动变化的一定条理秩序。他还对程朱理学中"理一分殊"的唯心主义观点进行了批判改造，对王守仁为代表的主观唯心主义论点进行了有力的批判，竭力反对王守仁的"天地万物皆吾心之变化"的观点。他的这些学说，为后来的唯物主义思想家王夫之的理论开辟了道路。[①]

二、郑和的宝船与海外文化交流

说起明代的造船业，不得不提"郑和宝船"。"郑和宝船"又名"大鯮宝船"，据《明史·郑和传》记载："造大船修（长）四十四丈，广（宽）十八丈者六十二。"四十四丈约为150米，一十八丈约为60米，可以想见"郑和宝船"之庞大。难怪巩珍在《西洋番国志》里说："其所乘之宝舟，体势巍然，巨无与敌。"这种巨大的海船就是由南京的龙江造船厂和太仓浏河及浙江、江西、湖广、福建等地的船厂制造的。

从文献和考古资料来看，明代江南地区在船型设计、模型制造、船坞设备、滑道下水等造船技术方面，都达到了相当高的水平。而且据明代的《龙江船厂志》记载，造船已趋于定型化，有了"起船、出船、车水、作坝"等一整套较为科学的方法。制造宝船的工匠来自江西、福建、湖广、浙江及江苏等地的"熟于造船者"。"郑和宝船"（图9-19）的舵杆有三四层楼高，用铁力木制成，全长10多米，上有孔可装转舵的柄，下有槽榫安装舵叶和拖泥木，估计舵叶高度为6.35米。这种升降舵用绞关（绞车）升

[①] 冯天瑜：《明代理学流变考》，载冯天瑜《明清文化史散论》，华中工学院出版社，1984，第33-49页。

第九章 明代：长江文化的繁荣

降。宝船的桅帆和锚更是巨大，费信《星槎胜览》说"张十二帆"，巩珍《西洋番国志》则说"篷帆锚舵非二三百人莫能举动"。由于宝船体大质优，所以郑和能够乘船七下西洋，航行十万余里。它充分反映了明代长江流域劳动人民高超的造船工艺水平，并因此以光辉灿烂的篇章载入世界造船史的史册。

图 9-19 郑和宝船想象图

明代的航海技术，充分体现在郑和七下西洋的壮举上。郑和（公元1371—1435年），原姓马，小字三宝，云南昆阳人。他曾奉明成祖朱棣的诏令，自永乐三年至宣德八年（公元1405—1433年）前后七次率领上万人、数百艘大型海船的船队去西洋各国，历经30多个国家和地区，帆舟远及东非各地，是15世纪初叶世界航海史上的空前壮举。郑和船队远航的顺利，与当时掌握先进的航海技术密切有关。对此，曾随郑和船队下西洋的巩珍在其所著的《西洋番国志》自序中，曾概括地记述其中一次往还三年的航海经历，文中已见郑和船队能综合运用物标导航、罗盘指向、天文定位、计程计速等先进的航海技术。另外，郑和航海技术还在《郑和航海图》上得到了充分反映，《郑和航海图》是中国历史上第一幅亚非远洋航海图，也是中国历代航海技术成果的总成。

总之，郑和下西洋是中国古代航海事业鼎盛的标志，它开辟了亚非海上交通网，为世界地理大发现铺平了东方航线，对人类航海事业发展作出了辉煌的贡献。同时也在一定程度上反映了明代文化对海外的影响。其中长江文化对东南亚、南亚地区的文化传播极为典型。当时东南亚的苏禄、渤泥国与中国多有交往，友谊浓厚。苏禄位于菲律宾西南，邻接渤泥，皆为岛国，这两国在唐宋时已与中国友好往来，洪武三年（公元1370年）遣使张敬、沈秩出使这两国。永乐七年（公元1409年），郑和七下西洋，亦曾至这两国。在这个广泛而深入的文化交流中，长江文化始终是主流，对东南亚地区的文化产生了极其重大的影响。

长江文化对东南亚文化影响最大、最为深远的当推陶瓷（图9-20）。从文献和考古资料来看，明代陶瓷外销东南亚的数量远远超出宋元时期。这在郑和下西洋随行人员马欢所著的《瀛涯胜览》、费信《星槎胜览》、巩珍《西洋番国志》等书中均有大量的记载。如费信的《星槎胜览》暹罗国、满剌加国、苏禄国、苏门答腊国、花面国等条，都载有"货用青白花瓷器……烧珠……之属"诸类的文字。丝绸也是长江文化向东南亚地区输出的一个重要内容，如巩珍《西洋番国志》柯枝国条说，当地有一些被称为"哲地"的商人，"专收买宝石、珍珠、香货，以待中国宝船，同中国船队交换瓷器、绫罗绸缎等产品"。东南亚国家的商人也会到中国来定制本国流行款式的瓷器（图9-21）。在丝绸贸易的同时，中国的养蚕和制丝技术也传到东南亚地区，养蚕和制丝成为当地重要的家庭手工业。

图9-20 明永乐青花外销瓷　　　　图9-21 大明宣德年制青花阿拉伯花纹绶带耳葫芦扁壶

医药也是长江文化与东南亚文化交流的重要内容之一。明代李时珍的《本草纲目》、张景岳的《景岳全书》等医学著作先后传入越南，越南医生对此也深有研究，并撰有《本草拾遗》等著作。另外，一些中草药和针灸的使用方法也已传入东南亚地区。此外，在造纸、印刷、造船、农业、手工业及日常生活与社会风尚等方面，长江文化都对东南亚地区产生了或多或少的影响。

长江文化与南亚地区的文化交流，在明代"禁海"前后十分兴盛。郑和在七次奉使下西洋、长达28年的航海活动中，曾到达古里、柯枝、大葛兰、小葛兰、西洋琐里、加异勒、阿拔把丹、榜葛剌这些印度港口城市。他们从中国运去了布缎、色绢、青白花瓷器、麝香、银珠、水银、草席等等，并从印度购回各种布类、香料、宝石、水晶、珊瑚、胡椒、各色毛巾被面、椰子、槟榔、犀角、糖霜、翠毛等物品。至今，东南亚一些地方仍流传着一些有关中国的传说。比如，渔民捕鱼的网叫作中国网，一些建筑形式是从中国传过去的，等等。同时，印度文化对长江文化的发展仍有一定的影响。以文学为例，吴承恩的《西游记》、汤显祖的《邯郸记》均受到印度文化的影响，这已是公认的事实，这从一个侧面反映了长江文化与东南亚文明中的印度文化的密切联系。

三、高丽人的漂海见闻

明代长江文化与朝鲜文化的交流，虽然远远不及长江文化与日本文化的关系密切，但也有一些。朝鲜全罗道罗州人崔溥（公元1454—1504年，字渊渊，号锦南）应王命撰成《漂海录》，内容涉及明朝弘治初年的政治、军事、经济、文化、交通以及市井风情等方面，对于研究我国明代的海防、政制、运河、城市、地志、民俗以及中朝两国的关系等很有帮助，堪为一部很有参证价值的古籍。

在《漂海录》卷二中，崔溥以一个外国人的独特眼光，将从台州至北京的沿途山水风光与风土人情真实地记录下来，其中就包括杭州的西湖风光："城中有吴山，其景最好，上有十庙，伍子胥庙、三茅观、四圣庙等也。又有九井三潭，吴山大井为上，郭婆上八眼、下八眼、中八眼、西寺等井居次。又以小沟浚西湖之井导入城中。府之镇乃武林山也。西湖在城西二里，南北长，东西径十里，山川秀发，歌管骈阗之地。竹阁在广化院，白乐天所建。乐天诗'宵眠竹阁间'者此也。岳鄂王墓在栖霞岭口。冷泉亭在灵隐寺前飞来峰下。古志'许由尝饮于灵隐涧'者此也。表忠观在龙山南，有东坡所撰碑。风篁岭在放牧马场西，即东坡访辩才之处。南屏山在兴教寺后，崖壁剥落之余，唯存司马温公隶书'家人卦'及米元章书'琴台'二字，坡诗'我识南屏金鲫鱼'者此也。"

明代长江文化对朝鲜文化产生的影响，这主要体现在以下几个方面：

一是陶瓷。在明代，帝制统治者往往用江西景德镇御窑烧制的青花瓷器，作为赠送给朝鲜李氏王朝的珍贵礼品。这些制作极其精美的青花瓷器，使朝鲜李氏王朝的君臣们赞叹不已，大为惊讶。为此，在明宣德三年（公元1428年）明代使臣尹凤献给李世宗青花瓷器时，李世宗就下旨命官窑仿制，"制细烧造"青花瓷器。其所仿制的产品，具有浓厚的中国长江文化的色彩。例如李氏王朝文人学士们喜用的八角水洗，在每一面上都描绘了我国湖南省洞庭湖和潇江、湘江的所谓八景：远浦归帆、洞庭秋月、平沙落雁、烟寺晚钟、山市晴岚、渔村落照、江天暮雪、潇湘夜雨[①]，这充分说明了长江文化对朝鲜文化的影响。二是医学。关于医学，在朝鲜金礼蒙于1445年撰的《医方类聚》（365卷）及17世纪许浚所编《东医宝鉴》（23卷）等书中，都曾大量引用了长江流域医家的著述。例如许浚的《东医宝鉴》一书，就引用了朱丹溪及明代江西金溪人龚信、龚廷贤父子所著的《古今医鉴》等，由此可见当时长江流域医学对朝鲜的影响。

当然，朝鲜文化也对长江文化产生过一定的影响。如在纺织技术方面，朝鲜所产的高丽布纺织之法，已为中国基本掌握。

四、西方传教士和冒险家的东方之旅

自明正德年间起，明代长江文化与欧洲文化的交流进一步加强。欧洲传教士、商人、旅行家、冒险家大批来华传教、经商、游览，他们以好奇的目光观赏中国城乡的风光、建筑、物产、人文和风俗。在他们的笔下，长江流域美丽富饶，杭州、南京等皆是美丽富饶的文明城市。他们以自身的感受写下了大量游记，详尽地介绍长江文化，留下的文字记录是翔实、可靠的史料，比之国人的史籍文献，更有公正、客观性。当然，这些记载不免也有夸大失实之处，这是由于他们对中国国情缺乏长久深入的了解，记载只能是浮光掠影式的。

西班牙人拉达在《记大明的中国事情》一书中，就记载了他在中国南部一些城市中所见到的丰富的肉类食品，有烧肉、鹅、鸭、阉鸡、熏咸肉

[①] 朱培初：《朝鲜李氏王朝的青花瓷器》，载朱培初《明清陶瓷和世界文化的交流》，轻工业出版社，1984，第148-155页。

第九章 明代：长江文化的繁荣

及猪排骨、新鲜牛肉，另有鸽子和斑鸠等野味。葡萄牙人奥伐罗·塞默多（汉名为谢务禄、曾德昭）曾在杭州布道，他为西湖美景所陶醉，写道："西湖，它是世界奇景之一，四周有30里，合6英里，其中筑有优良的宫廷，覆盖着青草，植物和树林，美丽的山峰，围绕这些宫廷；潺潺流水，从一头进水，另一头流出。"又说杭州的特产是丝绸，他很欣赏杭州的丝织品，"优质丝绸，如以上所述非常丰富，制成品大多富有艺术，用贵重漂亮的金丝锦边"，供应宫廷享有。葡萄牙人克路士在《中国志》一书中，也认为南部城市有大量牛肉和类似牛肉的水牛肉，有很多鸡、鹅和数不清的鸭，还有用猪肉制成的非常奇特的腌肉，而且这里还吃蛙。他还谈到中国南部城市中鱼非常之多，有好多品种，从不缺鱼。在城市中，有售鱼的街道，其实就是鱼市。他还说，广州城内一天肉类的消耗量，猪达五六千头，鸭1万只或1.1万只。此外，还消费大量的牛和鸡。

典型的传教士如利玛窦（公元1552—1610年）（图9-22），意大利人。出身于意大利马切拉塔城一个贵族家庭，7岁入当地教会学校，后来进入罗马神学院。19岁时加入耶稣会。他天资聪颖，刻苦好学，不仅通读天主教教义，而且努力研习科学知识。万历五年（公元1577年），他经耶稣会批准，赴东方传教。万历十年（公元1582年），利玛窦抵达澳门，次年他随罗明坚到了肇庆。从此，他一直在中国居留，致力于传教事业，直至万历三十八（公元1610年）去世。长江流域一直是西方传教士传教活动的重要地区之一。在上海，对天主教传播贡献最大的是徐光启。34岁时，他在韶州认识了传教士郭居静，从此便与耶稣会士密切往来。万历三十一年（公元1603年），他在南京受洗入教，圣名"保禄"，天主教内常称他为"徐保禄"。万历三十六年（公元1608年），徐光启将郭居静带到上海，开始在上海传播天主教。郭在上海住了3年，其间有200人受洗，他创建了圣母玛

图9-22 利玛窦像

利亚祈祷所。在徐光启的影响下，不仅徐的子孙全部受洗入教，而且徐家汇周围地区的许多人也纷纷入教。

  在这一时期，中西文化发生了剧烈的碰撞。西方传教士，带来了西方文化和先进的科学技术，如天文学、数学、地理学、水利学、枪炮制造术、哲学、音乐、绘画等方面内容。明代长江文化对西方文化影响最大的当推陶瓷。正德九年（公元1514年），葡萄牙航海家科尔沙利、埃姆渡利等人来到广州，购买了他们向往已久的中国瓷器和丝绸，这是我国和欧洲国家在16世纪的第一次直接贸易。此后，葡萄牙商人源源不断地来到中国，将中国的瓷器、茶叶、生丝、漆器等运回欧洲售卖，以获取高额利润。继葡萄牙之后，西班牙人也接踵而来。

  除陶瓷外，长江流域一带出产的丝绸、茶叶及手工艺品等也大量运到欧洲，对欧洲文化的发展产生过一定的影响。据顾炎武《天下郡国利病书》卷九六所载的郭造卿《防闽山寇议》记录，葡萄牙人和西班牙人皆好中国绫罗杂缯。江西瓷器、福建糖品果品诸物，也受到欧洲人士的喜爱。公元17世纪初西班牙史学家德·摩加更是详细地开列了中国商人在马尼拉与西班牙商人进行贸易的货单，从货单中可见中国输入欧洲的货物十分丰富，包罗万象。在中国丝绸及工艺品等输入欧洲的同时，欧洲人对中国长江文化的了解和认识也进一步加深了，从而加快了双方文化交流的速度。

第十章 清代：长江文化的鼎盛

具有特定内涵的区域文明和群体文化特征的长江文化，在清代前期，出现了前所未有的发展盛况，并与海外文化相互交融。西学东渐的深化，则为清代长江文化的兴盛提供了种种契机，长江文化的发展较之前代呈现出各种文化效应，如经济区域调节效应，政治的中坚、民主、自立、自救效应，思想伦理的先导、共鸣、呼应、传承效应，文化的南北互补、互应、互融效应，科技的实用、改良效应，区域文明的一体化效应，民风的趋时竞尚效应等。

第一节
盛世之名：错认江山是画图

一、因文字贾祸——长江文人的困顿

在中国古代，统治者因文字而兴冤狱，文人则因文字而致祸之事，非自明清两代始。然文字狱的大兴，却在明清两朝。其中，又以清朝为最盛，不仅狱兴时间最长，历时顺治、康熙、雍正、乾隆四朝，长达一个半世纪之久，而且狱案繁多、涉案人数甚众，对社会发展的波及与危害也最巨。据《清代文字狱档》《东华录》及有关实录等文献的记载，康、雍、乾三朝的大中型文字狱即达 108 起之多，其惩治之酷烈，在乾隆朝达到高潮。

早在清王朝开国之初的顺治年间，便发生文字狱狱案三起：其中，顺治二年（公元 1645 年）有"黄毓祺诗词案""河南乡试案"两起；而另一起则是比较著名的顺治五年（公元 1648 年）与江南地区有关的"毛重倬仿刻制艺序案"。后者肇始于毛重倬、胥庭清等人仿刻选文，而撰写的序文所署纪年，只用干支，不用清王朝的顺治年号，被清王朝统治者认为是"目无本朝"，结果，毛重倬等人则被置于典法惩治究办。康熙朝时，著名的文字狱大案则有"庄廷鑨《明史》案""戴名世《南山集》案"两起。在文字狱狱案的数量和酷烈程度上，雍正时期均超过顺治、康熙时期。其中，最著名的为"查嗣庭试题案""吕留良文选案"。乾隆时期，文字狱最甚，远超前代，对思想文化领域的监控达到历史高点。在乾隆朝的大大小小文字狱中，比较著名的有以反叛清廷而治罪的"胡中藻《坚磨生诗钞》案"；有因具反清思想而遭戮的"沈德潜《咏黑牡丹》诗案""徐述夔《一柱楼诗集》案"等。

第十章 清代：长江文化的鼎盛

自清初至乾隆朝，秉掌国政的统治者，为巩固和强化在政治、思想、文化方面的专制统治，镇压敢于反抗的汉族士大夫、文人，出于扼杀和消灭任何处于萌芽状态的异端、邪说的目的，在采取、实施文字狱这种"因文字贾祸"的惩治办法时，将制裁之网向全国撒开，而在文人集聚的江南地区收拢，故江浙、两湖、皖赣之地的学士、官员，频频罹难，狱案之数达总数的90%以上。而触网犯案的人，均锒铛入狱，轻者"重遣""革职""杖刑""流放"，重者"立斩""立绞""弃市""寸磔"，已死的还得开棺戮尸，甚至夷灭九族，属人、朋辈多被株连受惩。这种持续达一个半世纪之久的、人为的高压政策和措施，必然在诸多方面对长江文化的正常发展造成不小的"摧折"。

首先，在人才方面：文字狱案发生时，江南许多已入仕（官员）或未入仕的文人、学者，均因文而致祸，或被杀、被禁、被株连、被悬赏缉拿，使得一大批宝贵人才被摧残。这些人才的丧失，不仅使统治者的阶级基础和后备队伍被削弱，而且使得长江文化正常发展所赖以依托的人才群体受到沉重打击。另一方面，清王朝通过文字狱，对敢于作任何反抗的文人，"杀一儆百"。这是从思想方面，对文人仅有的个性和自主意识的扼杀，伴之而来的则是奴性的增加和个性的泯灭。

其次，在世风方面：文字狱的兴起，为诸多奸佞之徒和势利小人，提供了钻营、升迁的难得机遇。在朝廷的倡导下，小人告讦文人、学者、官员诗文之事，屡起不绝，且兴狱后，告讦者得以升官发财，晋身仕途。如"戴名世《南山集》案"的告讦者赵申乔，原先不过是一个左都御史，因告讦有功，后竟升至户部尚书。"吕留良案"的告密者岳钟琪，一直担任封疆大吏，富贵显荣；"庄廷鑨《明史》案"的告发者吴之荣，原先不过是贪赃枉法的革职县官，但因告发有功，不仅升官，而且还侵吞了多人的家产。这就大大败坏了世风，使得文人人人自危，恐惧畏避。

最后，在学术文化方面：清代文字狱所罗织的罪名甚多，大致有：以修史为名，指斥本朝，"倒置是非，语多狂悖"，以"为不经之乱道"（如戴名世案）。或妄议朝政，谤讪君上（如查嗣庭案）。或诋毁怨望，影射讥刺（如胡中藻、徐述夔案）。或诋毁程朱，倡导异说（如谢济世案）。

或惮加著述,不避圣讳(如韦玉振案)。或倡乱邪说,蛊惑人心(如曾静案)。不论是非曲直、青红皂白,统统予以治罪,此后广大士人只好苟且偷安,不问国事,埋头整理、考据古籍,真正的"经世致用"和科学精神被扼杀了,所谓"避席畏闻文字狱,著书只为稻粱谋"即是显著例证。在庄廷鑨案中,被牵连的潘柽在狱中,便道出"纵使平反能苟活,他年应废蓼莪诗"的悲哀心境;同案的陆圻则反复告诫儿子:"终身不必读书,似我今日。"其结果是使长江文化中的学术、文化发展,出现两种倾向:一种是宋明理学被尊为"钦定"学术,其陈腐教条紧紧地禁锢着学者的头脑,且使之僵化、平庸;另一种则是"为考据而考据""不谈义理"的乾嘉之学(朴学)和学派的兴起。大批"英拔之士"因无用武之地,只得"诠释故训,究索名物"。这样的学术文化,必然会呈现出"无本之木,无源之水"似的畸形状态,无疑会受到内外交加的摧折。[①]

二、皇帝下江南——盛世的到来

位于长江下游的江浙地区,由于自然条件好、土沃人稠、物产丰饶、商业繁盛,历来是帝制国家的重要财赋来源之区。到清代,东南之地的财赋不仅"甲于天下","天下之有吴会,犹如富室之有仓库"。江苏的苏州、松江,浙江的嘉兴、湖州,"竟有一县额征多于他处一省者"。同时,它更是人(才)文(物)荟萃之地,是官员队伍,特别是文官科举考试的常供"生源之区"。由此沿江上溯的皖赣、两湖、川滇地区,经济发展水平虽稍次于江浙,然就赋税、人才、商业诸方面而言,则依托长江水域互补交汇,与江浙首富之区交相辉映,共存共荣,在全国的经济、文化、人才格局中,确有举足轻重的作用。

正由于长江流域的重要战略地位,因此,清代康熙(图10-1)、乾隆(图10-2)两帝,从维护和巩固清王朝统治,使之长治久安的需要出发,以"南巡"(图10-3)江南为契机,借以实现政治、经济、文化方面的多种举措,进而达到观风问俗、重农恤商、笼络仕宦、维系民心、

---

① 孔立:《论清代文字狱》,《中国史研究》1979年第3期。

第十章 清代：长江文化的鼎盛

图 10-1 康熙像

图 10-2 乾隆写字像

稳定社会的多重目的。康熙、乾隆两帝在位期间，都曾分别六次巡幸江南。其中，康熙帝曾分别于康熙二十三年（公元 1684 年）、二十八年（公元 1689 年）、三十八年（公元 1699 年）、四十二年（公元 1703 年）、四十四年（公元 1705 年）和四十六年（公元 1707 年）时，六下江南，巡幸队伍自京师出发，沿运河南行，最后到达杭州。南巡期间，他沿途巡视河工、蠲免租税、省风问俗，体察江南民情、商情、政情，笼络汉族士商和官员，以示体恤民众、商人的"圣恩"和"优渥"之情；他还通过谒明太祖陵、访孔庙、召见并奖励耆老秀才等，以示对人才的厚爱之意。

到乾隆时，乾隆帝也在乾隆十六年（公元 1751 年）、二十二年（公元 1757 年）、二十七年（公元 1762 年）、三十年（公元 1765 年）、四十五年（公元 1780 年）和四十九年（公元 1784 年）时，南巡六次。沿途除审视黄河堤坝、修筑浙江海塘、参观江南织造机房之外，还通过多种举措来实现政治文化策略方面的调整。如：在巡幸期间，谒明陵、祭孔庙、加祭历代先贤、勋臣、名宦、

图 10-3 焦秉贞《南巡苏州虎丘行宫图》局部

241

忠烈（包括岳飞）的祠堂、坟墓，遣祭本朝故吏的陵寝；增加巡幸地区的官学生名额，亲自选拔一批文人官吏；对盐商等商人的出力报效，予以"优渥"待遇；加上免去钱粮等办法，以求达到笼络汉族士商、维系民心这一目的。

乾隆帝笼络汉族士商的举措有：（1）祭孔视学，优礼学人。乾隆帝多次到曲阜祭孔行礼并到书院视察。乾隆四十七年（公元1782年），《四库全书》告成。乾隆帝于是在四十九年（公元1784年）南巡时，以"江浙为人文渊薮"为由，命发给内帑缮写《四库全书》三份，在扬州大观堂的文汇阁、镇江金山寺的文宗阁、杭州西湖孤山的文澜阁各藏一份，用以"嘉惠士林，俾得就近抄录传观"。（2）广开仕途，亲选人才。乾隆在南巡中，还采取增加科举名额、亲自命题等多种举措选拔人才。南巡中，他以"三吴两浙，为人文所萃，民多俊秀，加以百年教泽，比户书声，应试之人日多而入学则有定额"为由，命增加江苏、安徽、浙江三省岁试文童府学及州县大学录取的名额。南巡期间，凡各地"以文字献颂者"，命各省学政"择其有学有品者代为进呈"，并对这些为皇帝巡幸颂德的文人举行考试，从中选拔人才，授以功名。（3）赏赐高年，优顾旧臣。通过赐诗、赐座、赏饭、赐人参、貂皮，晋封官衔，赐子孙功名出身等措施，以协调、联络、沟通君臣之间的关系和感情。（4）现废吏员，怀柔有加。南巡每过省境，乾隆帝和皇太后除对官员、命妇多有赏赐外，还赐诗文、匾额，以示褒奖。对扈从巡幸的籍隶江浙两省的汉族大臣，乾隆帝则特准他们在回銮时便道归家省亲。这样做，既可稳定官僚队伍，使之对清王朝更加忠心，又可在江南这个文字狱的"重灾区"，产生消除疑虑、恐惧之心，增强士子文人对朝廷的政治"向心力"的多重效应。（5）出力盐商，予以优渥。乾隆帝南巡中，两淮、两浙盐商不仅踊跃捐输，承办各种差务，而且出资在扬州等地建造行宫，耗资巨大。对盐商们的出力报效，乾隆帝则在政治上、经济上予以种种奖励，以示"恩宠"与"殊荣"。

维系民心的举措则有：（1）修筑海塘，"以卫民心"。江浙海塘连接东海，特别是海潮逆钱塘江而上，一日两至，对农业和民生影响颇大。在清历代帝王的重视下，江浙地区自康熙时起兴工修筑海塘，历康、雍、乾三朝，它自浙江钱塘起至江苏金山，绵延 150 余公里，对于防卫海潮侵袭，保护杭嘉湖一带农业生产和人民生命财产，有着重要意义。正如乾隆帝在御制诗《御制观海塘志事示总督杨廷璋、巡抚庄有恭》中所说，它是一件"以卫民心"的大事。（2）蠲免赋税，以示"爱民"。乾隆帝一直以"减赋蠲租"作为他实施"爱民之道"的重要手段。因此，他六次南巡，共免除经过州县逋赋钱粮达 2000 余万两。（3）截漕平粜，平抑粮价。南巡期间，随驾人员多至 10 万，为不致使地方粮价骤增，乾隆帝谕令将江浙两省冬季应兑漕粮各截留 10 万石，在他抵达时，在苏州枫桥、杭州墅河等处平粜出售。（4）赦免人犯，维系民心。每次南巡时，乾隆帝都要颁诏，命将江苏、安徽、浙江等省军流以下人犯减等处罚。乾隆帝为显示"用播德音，以符宽大"的赦免举措，在当时确对维系民心、消除文字狱案处罚中的隐患及后遗症，有一定实效。

三、百业滋生——长江文化的复兴

被誉为"盛典"的康乾两帝十二次南巡，虽然有着重要的政治目的（如康熙帝"欲观览民情"，且使之"改心易虑"；乾隆帝一方面声称要"观民问俗"，另一方面更称此举"关政治之大端"），但两帝数次南巡，的确表明江南地区在统治者心目中，有着至关重要的地位。因此，在策略运用上，多用"抚"的办法，从而在客观上，为长江文化的复兴、百业的滋生繁盛，提供了难得的契机。

人才复兴。涌现一批干练实才。康、雍、乾三帝在位时，对吏治十分重视，且喜通过巡幸或直接接见文武官员，来选拔干练的人才。通过南巡，乾隆帝亲自挑选，涌现出一批具有实干精神的干练之才，如桐乡人陆费墀，南巡时被选拔成了进士，后来又肩负四库全书馆的总校官、副总裁官等大任显职；又如任内阁学士、四库全书馆总阅的嘉善人谢墉，后来更官至吏部左侍郎之位；再如曾任四川湖北学政、在上书房行走的吴省钦等，均是其中的佼佼者。

据诸多文献资料的统计，康熙帝在南巡江浙时，召试诸生 73 人；乾隆帝六巡江南，招录 85 人。他们均以广揽招纳人才为己任，还将在巡幸中

图10-4 《乾隆帝南巡图卷》局部

发现的一批具有专长的人才，带回宫中予以超擢使用。如其中有历史画巨作《康熙南巡图》的作者、著名画家王翚和杨晋（俱为江苏常熟人）；乾隆时绘制《乾隆南巡图》（图10-4）《姑苏繁华图》（又称《盛世滋生图》）的苏州著名画家徐扬；著名厨师张东官、宋元、张成、朱二官等人以及一批著名江南园林建筑工匠等。这些能工巧匠、文化艺人北上，直接服务于宫廷，对于传播长江文化，促进南北文化交流所起的积极作用是不容置疑的。

经济复兴。百业兴旺，市场繁盛。康、乾两帝南巡，更带动了长江物质文化的复兴，使江南呈现出一派百业兴旺、市场繁盛的景象。首先，在农业上，到乾隆末，修筑了金山至杭县100多公里的鱼鳞石塘，以及钱塘江南岸诸多的石塘、土塘，这就有力地护卫了吴越平原富饶之区，使这里的农业、蚕桑业更加兴旺。加之精耕细作，使"苏松之田居天下八十五分之一"，粮食亩产却高于其他地区。其次，在手工业方面，官办手工业、民间手工业均有大的发展。康熙帝南巡时，江宁织造的丝织机竟达到四五百张之多，至乾隆时增至五六百张。再次，在商业上，包括盐商在内的大小商人，既是康、乾两帝南巡差务的承办者，也是南巡所带来的商业繁荣的受益者。关于商业繁盛的景象，《康熙南巡图》（图10-5）作了形象的再现。这十二卷绘画中的人物逾万，行业众多，街市错纵，舟车辐辏，表现出商业活动的繁盛。商业繁盛的同时，因南巡而获利的淮商、徽商、浙商等，还将其所获巨利的一部分，投资于沿长江的两湖、皖赣等地方中小市场，这又带动了当地城镇、乡村商业的兴旺。

城镇复兴。新镇崛起，旧市新颜。康、乾两帝南巡，以及由此引发的经济、商业的繁荣，农业手工业的发展，人口的增加等，促使长江文化中

第十章 清代：长江文化的鼎盛

图 10-5 《康熙帝南巡图卷》第七卷局部

城镇文化的复兴。一方面是新兴市镇的出现和崛起，另一方面则是旧市的扩大和市容的改观。新兴市镇以苏州府吴江县为例，康熙时便新增设一市(即黄溪市)三镇(即庐墟、盛泽、章练塘三镇)。总计该县有七镇十市之多。而新兴的盛泽镇发展尤为迅速，到乾隆时"实为邑中诸镇之第一"。旧城也焕发出了新貌。扬州、苏州等江南重镇，是具有悠久历史的旧城，但经康、乾两帝南巡之后，市容风貌已大为改观。

　　文化复兴。书院林立，典藏愈丰。 康、乾两帝南巡，促成和激起长江文化的复兴，还表现在文化教育、文化艺术的兴盛上，具体体现在博学鸿词科的设立，书院林立，藏书、刻书愈丰，戏曲艺术的广泛传播等诸多方面。为配合南巡和招揽人才，自康熙十七年(公元 1678 年)始，设立博学鸿词科(康熙时称"鸿儒"，乾隆时改"鸿词")，由地方官推荐、皇帝亲加面试，选拔"学行兼优，文辞卓越之人"以录用。书院是进行文化教育活动和培养人才的基地，一般由藏书、教学两部分构成，在教育制度和体系上独成一格。到了清代，特别是康、乾两帝南巡以后，书院的发展更加迅速，江南的不少书院规模也在不断扩大。由于统治者的首肯和倡导，江南书院已成林立之势，不仅培养出一大批学者和文化名人，而且还对长江文化的复兴繁荣，起着特殊的、不可替代的积极作用。

第二节
革故鼎新：江山代有才人出

康熙二十二年（公元1683年），清王朝结束海禁，二十四年（公元1684年）正式宣布开海贸易，在广东、福建、浙江、江南四省设立海关，负责管理对外贸易事务。自此，西方欧洲各国便可以和沿海各省定期举行贸易商务活动，进行广泛的经济往来。与此同步的是，早在明代便大量传入中国的西方文化（又称为"西学"），此时更以多种渠道和方式，传入中国（又称为"西学东渐"），给清代的长江文化注入了新的内容和气息。

一、西学东渐，天文算法的革新

早自明代中后期开始，随着西方传教士的东来，中国开始接触西方较为先进的科学技术和文化；入清以后，这种接触在规模上有所扩大，在深度上有所加深。顺、康、雍、乾时期，从宫廷到民间部分地区，均有来华的传教士活动；顺、康两帝在利用西方来华人才方面，采取取长补短的积极态度，努力吸收西方科学知识。这对西学东渐的深化，无疑起着导向和推波助澜的作用。

面对着大量传入的西方科学技术和文化，中国的学者和文人采取了三种截然不同的态度：有的人积极吸收，有的则疑虑观望，还有的则坚决抵制。这就必然会导致中西文化的撞击、摩擦和交汇，其结果是给中国传统而古老的文化，融注新的成分，形成有较高水准的新文化。长江流域为数众多的学者和文人立足于中国传统文化，他们对西方文化和科学技术，多采取积极吸取、消化、融会的态度，开一代风气之先，大胆而不盲从，务实而又审慎，从而在天文、历法、地理（图10-6）、数学、物理学、气象学、

第十章 清代：长江文化的鼎盛

医药学、建筑学、机械学，以及语言学、绘画学等领域，取得了一批丰硕的成果，为清代长江文化的繁荣鼎盛和多元化，作出了贡献。

早在西方传教士来华的前后，即明末清初之际，西方天文学取得了突破性的成就：公元1543年（即明嘉靖二十二年），波兰天文学家哥白尼出版《天体运行论》一书，建立了科学的太阳系模型。公元1609年（即明万历三十七年），意大利的天文学家伽利略第一次用望远镜观测天空，发现了人们前所未见的天空景象。同年，德国天文学家开普勒发现行星绕着太阳运动的轨道是椭圆形，遵守面积定律；十年后，又发现第三定律，建立起太阳系行星的运动法则。

图 10-6　法国国家图书馆藏清代着色版《坤舆全图》

然而在天文、历法学方面，直至清代，来华的传教士所传播的仍然是由丹麦天文观测家第谷所创立的介乎哥白尼日心说和托勒密地心说之间的宇宙结构体系。按照这个体系，月亮绕地球运行，五大行星绕太阳运行，太阳又带着五大行星绕地球运行，地球居于中心不动。这种理论虽有很大局限性，但较之中国传统的天文学理论而言，仍有值得借鉴之处。如清初由清廷颁布的、取代《大统历》的《时宪历》，便是由德国传教士汤若望根据"第谷体系"制定的新历法，它较之《大统历》而言，仍是一大进步。清代的学者、科学家则对西方传入的天文学理论采取科学、实事求是的态度，在接收的同时，又指出西方理论的局限，取得了一些可喜的新成就。这是十分难能可贵的。

数学方面的主要成就有：其一，研讨西学，并"订补"其漏遗。数学家梅文鼎对西方新传入的数学知识，在融会贯通基础上，予以系统地整理介绍，写出了多本译著，如《笔算》5卷，介绍西方笔算；《筹算》2卷，介绍纳白尔算筹；《度算释例》2卷，介绍伽利略比例规等。同时，还对漏遗加以"订补"。如在《几何补编》《堑堵测量》两书中，讨论四等面体、八等面体和球面直角三角形弧角关系式等问题时，论证的立体几何内容，便是传入我国的西方数学所未涉及的内容；又如对积化和差术（即九九加减术）的论述，西方传教士也仅举其名，不详其说。因此，它们是梅文鼎"发西书之覆"而"订补"的成果；其二，译介西方科学著作，开拓研究新领域。在《赤水遗珍》一书中，梅毂成最早翻译介绍了西方的割圆密率捷法，并加简要说明，这对突破几何割圆方法的旧传统，开辟新领域，作出了贡献。

物理学方面的突出成就，主要体现在理论上的创获和光学仪器制造上的创造发明两个方面。方以智曾跟从传教士毕方济学习西洋奇器、历算，故所著《物理小识》12卷，均采用西方科学理论解释自然现象，其根据又多源自《天学初函》和各种传教士著作。他在物理学理论上的贡献是，融会中西之学后，科学地解释了蒙气差（即"大气折射改正"）。居住在江苏吴江地区的孙云球虽生活贫困，却努力学习、掌握中外科技知识，并依靠自身的独思奇智，创制和发明了多种光学仪器。时人不仅佩服其"奇巧"，而且一些手工作坊还对这些仪器依法仿制，在各处使用。由此可见，孙云球十分重视理论的实践与普及。同时，他还将自己的造镜实践经验加以科学总结、升华，写成《镜史》一书。

在气象学和机械学方面，随着西学气象科技知识的传播以及传教士带来的西洋钟表的进入宫廷、流入民间，一些中国学者，努力学习中外气象仪器、机械的制造技艺，发挥独创精神，创制出许多新的仪器、机械，且有多项科学发明问世。浙江钱塘的科学家黄履庄精研西方物理学，注重结合付诸实践，在28岁时，发明、创造的新式机械便有27种之多。其中，在气象仪器方面，他发明的"奇器"为可测体温和气温的"验冷热器"；能预报天气阴晴和测量温度的"验燥湿器"，器"内有一针能左右旋，燥则左旋，湿则右旋，毫发不爽，并可预证阴晴"。除此之外，他发明、创制的其他机械仪器还有：显微镜、千里镜（即望远镜）、取火镜、瑞光镜（灯塔）、自动戏（近似现代八音盒）。另一位学者、发明家名叫徐朝俊，他是明代著名科学家徐光启的五世孙，自幼深得良好的家庭教育，又谙习西洋机械制造工艺。他在上海、苏州一带精研与创制各种钟表。晚年时又写成《高厚蒙求》一书，书中有"自鸣钟表图法"专章，论述钟表的制作原理、方法，并附有图录。这也是他对自己的多项机械制造创获、发明的科学总结。①

随着西方科技的传播，中国学者在建筑、医药、语言、绘画等领域所取得的成就，也是前所未有的。主要有：江苏的顾若思采用西法提炼药露；江苏华亭王宏翰用西医研究中医，著有《医学原始》等书15种；安徽桐城方以智主张中文拉丁化，著有《通雅》；浙江钱塘丁允泰用西洋烘染法作画等。

二、经世之学，匹夫有责保天下

公元17世纪后半期，以长江区域文化为依托，以顾（炎武）、黄（宗羲）、方（以智）、王（夫之）为代表的进步思潮，及其后继者（乾嘉吴派皖派汉学、常州今文经学派），为长江精神文明（学术思想文化）的革故鼎新，作出了巨大贡献。

清初四大家及其进步思想的产生，可以追溯到明末清初。明王朝的倾覆、清军的入关，继之而起的南明政权的腐朽、江南抗清斗争相继失败的残酷现实，迫使江南诸多进步的思想家和广大知识分子痛感晚明理学的空疏、世风的腐朽、士人的脱离实际和崇尚无端的争斗。其中，面对现实、最先觉醒，并提出"救弊之道"的，是顾炎武、黄宗羲、方以智、王夫之这清初四大家。他们深深地植根于长江文化的深厚"沃土"之中，认为"救弊之道在实学，不在空言"，即务须将经世致用而有成效的"实学"，去取代那种"明心见性"的空谈对策和见解，将实学思潮的发展推向高潮。这为长江学术思想文化的繁荣和鼎盛，起了重要的先导作用。

在公元17世纪后半期的进步（实学）思潮中，清初四大家虽然学术成就各异，政治主张不尽相同，但他们的共通之处和主旋律是：其一，在政治主张方面，对专制制度持严厉的批判态度，揭露其腐朽本质；其二，在现实认定方面，主张对现实进行政治、经济方面的变革；其三，在哲学思想方面，发展了古代的唯物主义和科学的辩证法思想；其四，在学术文

---

① 沈福伟：《中西文化交流史》，上海人民出版社，1985，第400页。

化方面，注重实证、实测和实学，并在对前代学术文化进行科学总结的基础上，开启近代启蒙与改革思潮之先河；其五，在社会实践方面，主张学术要"经世致用"，反对空谈心性之学，力倡学者的务实之风。尽管这些思想见解和主张，与统治者提倡的程朱理学相对立，遭到摒弃、排斥、扼杀，无法在更大范围内获得传播以实现其目标，但这一思潮所闪烁出的科学、民主、进步的光芒，却充分显示出长江文化的巨大价值和旺盛生命力。

生于明末清初的浙江余姚人黄宗羲（公元1610—1695年）（图10-7），虽毕生历尽坎坷，却博学多才（于政治、哲学、经学、史学、文学、天文、历法、地理、数学诸多学科领域均有成就），著述颇多（一生著述300余万字，编辑巨著达1600余万字），学者又称其为梨洲先生。他是清初四大思想家之一，也是17世纪后半期长江文化进步思潮的杰出代表。黄宗羲的进步思想，突出地表现在对君主专制的揭露与批判上。在《明夷待访录》（图10-8）一书中，他结合明朝的历史经验教训，抨击了专制君主给人民带来的巨大祸害。针对君主专制带来的祸害、传统社会的诸种弊端，黄宗羲提出了政治、经济方面的积极变革主张。黄宗羲的学术成就，除《明儒学案》《宋元学案》对宋明理学进行科学总结外，还体现在他的学术"经世"宗旨和批判精神上。他提倡学术须着眼于现实社会，这种学术与社会"人伦日用"相结合的宗旨，反映出经世务时的新倾向，有着进步意义。

图10-7　黄宗羲像　　　　图10-8　《明夷待访录》书影

第十章 清代：长江文化的鼎盛

安徽桐城人方以智（公元1611—1671年），不仅是杰出的天文、数学、物理学家，而且是一位具有科学辩证思维的思想家。他博学多才，自青年时代起便努力通晓经史百家之学，清代马其昶《桐城耆旧传》卷六《方密之先生传》说其"凡天人、礼乐、律数、声音、文字、书画、医药、下逮琴剑技勇，无不析其旨趣"。因此，方以智能将自然科学、哲学等多门学科融于一体。同时，他又努力汲取长江文化中科技、思想文化的丰富营养，以丰富完善自己的思想理论体系，并受到近代科学思想萌芽的影响。其具体贡献是：其一，强调科学与哲学的辩证关系。其二，认识到事物有"相反相因"的变化规律。其三，提出事物"相反"，却"同处于一原"，即"二合而一"的对立统一观。其四，揭示事物矛盾的主次辩证关系。其五，勾绘事物对立双方"颠倒"转化的辩证模式。其六，从"学"（学习）与"辨"（认识）的关系中，总结出朴素的辩证思想。

顾炎武（公元1613—1682年），人称亭林先生，江苏昆山人，是清初经世致用之学的倡导和实践者。他对《天下郡国利病书》《肇域志》的编纂，从方志、文书中辑录全国各地的山川形势、物产、赋税、农田、水利、交通、兵防等社会经济、人文、军事、文化资料，供人们经世治国之用。一生著述宏富的顾炎武，留下著作50余种，这些学术文化遗产既是长江文化宝库中的瑰宝，也是他汲取南北文化的丰富营养、践行"明道""救世"主张的学术结晶。作为倡导、实行"经世致用"之学的思想家顾炎武，其学风、主张是：力倡"明道""救世"的进步治学主张；提出天下"众治""利民富民"的"经世"与"致用"之道；强调"天下兴亡，匹夫有责"的"经世"社会责任感、自主意识；并身体力行，注重实践，以求"经世致用"之学。

清初四大家之一的湖南衡阳人王夫之（公元1619—1692年）（图10-9），晚年隐居石船山著书，人称船山先生。是一位承前（集古代朴素唯物主义、辩证法思想之大成）启后

图10-9 王夫之像

（启近代启蒙思潮）的早期启蒙思想家。他出身于书香门第之家，其父尤精于"春秋学"，故自幼便随父兄习学，博览群书，深得古代学术传统和长江文化的滋养，为后来取得卓越的学术文化成就，奠定了坚实的基础。作为早期启蒙思想家的王夫之，对清代学术文化的繁荣、长江文明的鼎盛所作的贡献，在于对古代唯物主义、朴素辩证法思想的总结和发展，以及在此基础上形成的理欲观：其一，坚持物质性的元"气"是世间万物的构成"本体"论的观点。其二，强调物质（"气""器"）的第一性和精神（"理""道"）的第二性的观点。其三，提出"未见"不能"生其心""行可兼知"的认识论和知行统一观。其四，运用朴素的辩证法思想阐释事物的发展规律。其五，主张"理在欲中"和"理欲统一"的理欲观。

三、随园诗宴，文人的一份食单

《随园食单》是中国古代一本著名的烹饪著作，共一卷。其作者为清代文学家袁枚（图 10-10），身为乾隆才子、诗坛盟主，他一生著述颇丰；作为一位美食家，他所著的《随园食单》是其四十年美食实践的产物，以文言随笔的形式，细腻地描摹了乾隆年间江浙地区的饮食状况与烹饪技术，用大量的篇幅详细记述了中国 14 世纪至 18 世纪流行的 326 种南北菜肴饭点，也介绍了当时的美酒名茶，是清代一部非常重要的中国饮食名著。

图 10-10　袁枚像及《随园食单》书影

第十章 清代：长江文化的鼎盛

随着清代长江文化的鼎盛成熟，长江流域饮食文化的发展也出现了繁荣的局面。饮食业十分发达。如南京的饮食行业，在清代大多集中在秦淮河一带。据捧花生《画舫余谭》记载，茶食店有利涉桥的"阳春斋"和淮青桥的"四美斋"；酒楼以利涉桥的"便宜馆"和淮青桥的"新顺馆"两家最为著名。茶店直至乾隆末叶才出现，民国徐珂《清稗类钞·饮食类·茶肆品茶》载："鸿福园、春和园皆在文星阁东首，各据一河之胜，日色亭午，座客常满。或凭栏而观水，或促膝以品泉。皋兰之水烟，霞漳之旱烟，以次而至。茶叶则自云雾、龙井，下隶珠兰、梅片、毛尖，随客所欲，亦间佐以酱干生瓜子、小果碟、酥烧饼、春卷、水晶糕、花猪肉烧卖、饺儿、糖油馒首，叟叟浮浮，咄嗟立办。但得囊中能有，直亦莫漫愁酤也。"除酒楼、茶馆外，亦有许多走街串巷、登门入户的食品小贩，沿途叫卖各种食品。据陈作霖《金陵物产风土志》记载，在清代的南京，果饵中的煮熟菱、藕、糖芋，粉粢中的茯苓糕、黄松糕、甑儿糕等都由商贩担着到街市上售卖；又有油炸小蟹、细鱼，炸面裹虾的虾饼，炸藕团的藕饼等，小贩亦担到市巷去卖，并摇小鼓为号，人们则闻声而出。

伴随饮食行业的繁盛，长江流域形成了许多地方风味的菜系。据民国徐珂所编的《清稗类钞》等书载述，清代"各省特色之肴馔"而论，"肴馔之有特色者，为京师、山东、四川、广东、福建、江宁、苏州、镇江、扬州、淮安"。在地方菜系中，长江文化中的菜系占全国的十分之六。这些菜系的特点，一是有不同的风味。如川菜味多、广、厚；江宁菜口味平和；扬州菜鲜嫩味醇、清淡适口；苏州菜以口味趋甜等著称。二是有独特的烹饪技艺，如川菜便有炒、煎、烧、炝等39种烹调方法。三是有其代表性的名宴、名席、名点、名菜、名厨。四是每个菜系中又可分为若干不同的流派，进行传承与创新。[1]

清代文人雅士多有"以酒会友"的习尚，甚至结"酒社"，呼朋聚饮以为快事，如华喦《玉山雅集图》（图10-11）就展示了清代风行"酒社"的情况。文人学者中不乏有识之士，他们已将饮酒活动上升到风俗文化现

---

[1] 林永匡、王熹：《清代饮食文化研究》，黑龙江教育出版社，1990，第144-197页。

象来加以考察、评述和探究，从而得出自己的结论。这些结论虽难免流于粗疏，但其探索精神实属难能可贵。如乾隆时期，浙江钱塘吴秋渔，名升，曾做过杭州府知府（民间俗称太守），是一位诗人。他一生"素不嗜酒，而喜观人酣饮"。通过长期的观察、体验、总结和探索，终于提出了自己对酒与饮酒文化的一整套较为科学的见解，并撰著成《酒志》一书，此书共分为28卷，其下有子目12个。

儒士文人不乏嗜茶之辈。他们或借助茶之刺激，作诗唱赋，挥毫泼墨，大发雅兴；或自视清高，退隐山林，烹茗饮茶，以求超脱；或邀友相聚，文火青烟，慢品名茶，推杯移盏，以吐胸中积郁；或夫妻恩爱，情深意切，"文火细烟，小鼎长泉"，花前月下，品茗共饮，以诗唱和，不一而足。从而引出诸多或喜或悲、或愁或乐、或聚或离的人间故事。"董小宛罢酒嗜茶"，是清初江南才子冒襄与名妓董小宛二人通过饮茶品茗而引出的动人的爱情故事。而清初顺治时，江苏丹徒张则之，名孝思，亦为江南文士。他一生嗜茶，且有"茶癖"。

与此同时，饮食理论也得到了提升。清代杰出的戏曲理论家、文学家李渔（图10-12）在《闲情偶寄·饮馔部》中，对饮食审美的论述不少，内容甚丰。他主张人们要通过饮食的求美尚真的途径，来达到审美的目的。

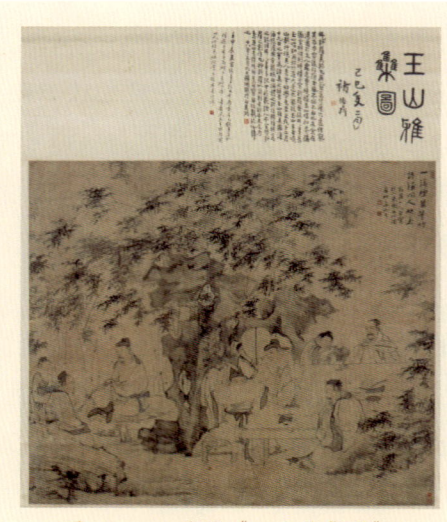

图10-11　华嵒《玉山雅集图》

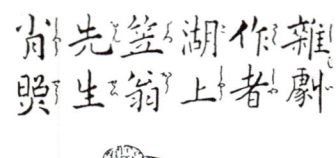

图10-12　李渔小像

具体而论，这些思想是：其一，李渔在"蔬菜第一"中，提出了饮食的"美"与"真"的标准在于"渐近自然"的审美思想。其二，饮食"美""真"的标准，李渔提出了"务鲜"的审美见解。其三，对饮食"美""真"的审美标准，李渔提出了"务洁""务净"的思想。其四，李渔对饮食的"美""真"的审美标准，还提出了当为"精""细"的科学见解，具体到制糕饼时，则应是"糕贵乎松，饼利于薄"。而"食之精者，米麦是也；脍之细也，粉面是也"。

四、戏曲曲艺，姹紫嫣红行南北

戏曲曲艺趋于繁盛，是长江文化繁荣的生动体现。早在明代，流行江南一带的昆山腔、海盐腔、余姚腔、弋阳腔（同属南戏体系）四大剧种，又被称为明代四大声腔。其中，昆山腔经乐工魏良辅和剧作家梁辰鱼合作，创新改造，采用笛、管、笙、琵合奏演唱，形式更加多样化，内容更趋丰富，因而流行区域愈加广泛，并传入北方，形成南北两派。南昆流行于江南，风格清丽而细腻；北昆流行于北京、河北一带，以粗犷豪放而著称。

清代，昆山腔称为昆曲、昆剧。李声振《百戏竹枝词》记载："吴音，俗名昆腔，又名低腔，以其低于弋阳也。又名水磨腔，以腔音皆清细也。"在清初，昆曲受到统治者的青睐，他们一方面对民间戏曲采取了严厉的禁抑政策，另一方面又大力扶持昆腔戏曲，所谓"国初最尚昆剧"，文人士大夫亦无不靡然从风，纷纷编写戏文，雕词琢句，审音协律，将自己的审美趣味融入其间。清人钱泳《履园丛话》卷一二《度曲》称："近士大夫皆能唱昆曲，即三弦、笙、笛、鼓板，亦娴熟异常"，使昆曲一枝独秀，愈益丰满，成为风靡南北的官腔剧种。乾隆皇帝不仅爱看戏、听戏，而且还亲自颁定了昆曲的《钦定曲谱》。这一举措虽表明乾隆对戏曲的重视程度，但使昆曲在艺术上走向了凝固化、程式化的误区。直至清中叶，它一直以"正声"的姿态在戏剧舞台上居于统治地位，故又称"雅部"。后因为长江流域等地方戏曲的兴起，使它逐渐走向衰落。

与之形成对照的是，乾隆年间，不少地方戏曲剧种渐显活跃，许多来自民间俗曲、小调、说唱的特色各异的新腔不断涌现，在调式上开始突破传统的曲牌连套形式，转而以板式变化为主要表演手段，一时间诸腔竞作，纷纭不类，但因见别于正声，遂被称为花部、乱弹，颇含鄙视之意。雅部即昆山腔，花部为京剧、秦腔、弋阳腔、梆子腔、罗罗腔、二黄调，统谓之"乱弹"。其中的"二黄"，又叫"皮黄"，它本是湖北黄冈、黄陂的地方戏曲，由于它的腔调婉转动听，受到当地人的欢迎，后流传到安徽，安徽人也很喜欢。随着岁月推移，它便与徽调融为一体，后来，它又吸收了汉调、秦腔（西皮）的一些腔调，后者源于西北，它音调高亢，与二黄的婉转相结合，更加声情并茂，激越动人，于是在南方地区广泛流行。

乾隆五十五年（公元1790年），时值乾隆帝八旬寿诞，浙江盐务承办皇会，经由推举，安徽人高朗亭"以安庆花部，合京、秦两腔，名其班曰'三庆'"，奉旨入京祝寿，随后，四喜班、春台班、和春班这三大徽班相继入京演出，于是嘉、道年间京城戏坛形成了四大徽班各擅胜场的局面。而后越剧、绍剧、扬剧等地方戏种都相继传入北方。其中，三庆班的主持人程长庚将昆曲、徽调、汉调（二黄）、秦腔以及北京地区流行的皮黄等腔调中的优点，融合在一起，又特聘文人卢胜奎在班中编剧本（如《全本三国志》《东周列国志》等），还组织了一批名演员进行演出，结果轰动京城。常常一个剧目反复上演半年，还是满座。不久，它被朝廷认可并予以提倡。这就是被称为"国粹"的京剧的来历。京剧与昆曲比较，文字通俗易懂，词句不拘长短，声调和布景也很多样，兼之又吸入了昆曲的精华以及各种地方戏曲（主要是秦腔、二黄）和京调（皮黄）的优点，因此，它不仅在京城，而且在大江南北普遍受到欢迎，得以迅速传播。从一定意义上来说，京剧是长江文化（地方戏曲文化）的硕果，也是南北戏曲文化交汇、融合的结晶。国家图书馆藏《升平署戏曲人物画册》（图10-13）记录了当时京剧旦角扮相，是十分珍贵的资料。

一大批戏曲作家、理论家进行艺术实践，取得了丰硕成果。成就卓著的戏曲作家、理论家有李玉（原江苏吴县人）、李渔（浙江兰溪人）、尤侗（江苏长洲人）、洪昇（浙江钱塘人）、杨潮观（江苏金匮人）等。其中，李渔（笠翁）的戏曲理论影响最大。他提出戏曲作品须"立主脑"（确定主题），"减头绪"；主张戏曲应浅显易懂，反对典雅晦涩；对于插科打诨，则要求"戒淫亵""忌俗恶""重关系""贵自然"。这是颇为难能可贵的，具有很高的艺术价值。而在戏曲创作上，洪昇和他的《长生殿》成就最为显著。作者采用现实主义与浪漫主义结合的艺术手法，描写了唐明皇与杨贵妃的爱情故事，曲词清丽流畅，婉转动人，充满诗意，故深受时人的喜爱。

图10-13　佚名《升平署戏曲人物画册》

除此之外，长江流域以说唱为表现形式的曲艺也迅速发展。首先是弹词，这是一种说唱相兼的板腔式曲艺品种，得名于伴奏所用的弹弦乐器。明中叶以后开始流行于江南地区，清代又渐兴于北方。其形式有一人自弹自唱、二人轮流弹唱，以及多人弹唱等，道具则以琵琶、三弦为主。清代弹词艺术发展较盛，其中南方弹词以苏州弹词的传统最为悠久，始终占据着弹词曲种之冠的位置。有清一代，产生了不少有名的艺人，如乾隆时期的王周士，嘉道年间的陈遇乾等。其中女性舞台表演曾影响轰动一时，成为社会风气渐开的一种标志。有名的唱本有《珍珠塔》《再生缘》《桃花扇》等。其次是评话，即说书，又名评书，评话始于唐宋以来的"说话""讲史"，明末清初，逐渐形成南方评话、北方评语两大分支，前者有名的像扬州评话、苏州评话等，明末清初的柳敬亭便以善说书而闻名于大江南北。清代李斗《扬州画舫录》卷十一载："评话盛于江南，如柳敬亭、孔云霄、韩圭湖诸人……郡中称绝技者：吴天绪《三国志》、徐广如《东汉》、王德山《水浒记》……皆独步一时。"

第三节
万国来朝：风靡全球的"中国热"

清代处于鼎盛成熟期的长江文化，以其独具的人文群体、物质文明及科技成就优势，对清代社会生活的丰富与进步、中外文化的交流，产生了广泛而深刻的影响。清代长江流域所生产的江南精美丝织品、各色瓷器（如江西景德镇所产名瓷）、园林与建筑技艺，通过各种贸易渠道和中外文化交流途径，传播至欧洲、美洲，并在海外产生过轰动性的文化效应和深远的影响，《万国来朝图》（图10-14）即是其最好见证。

图10-14 佚名《万国来朝图》

一、江南丝绸的贸易

17世纪的江户时代，日本曾实行闭关锁国政策，但对中国、荷兰网开一面。清人的商船被日人称作"南京船""宁波船""福建船"等。当时，江浙一带的宁波、澉浦、乍浦均是闻名海外的国际商港，在中日贸易关系史上的地位尤其显著。在行驶日本的众多商船中，大宗商品以江南的丝绸为主。日本学者西川如见在《华夷通商考》中将他统计的商品种类列举出来：南京：书籍、白丝、绫子、纱绫、绉绸、罗、纱、纪、闪缎、南京缎子、锦、南京绡、金缎、五丝、柳条、袜揭、捻线绸、金线棉布、绢绸、棉布、斜

第十章 清代：长江文化的鼎盛

纹棉布、丝纬……浙江：白丝、绉绸、绫子、纱绫、南京缎子、锦、金丝布、葛布、毛毡、绵、罗等。从南洋航线闽广地区运来的商品有：松、杉、楠、靛青、兰、茉莉、橘、柚、佛手、柑、龙眼（桂圆）、荔枝、橄榄、糖等；自浙东输入的有：竹、木、炭、铁、鱼、盐等。出港物品以布匹、丝绸为大宗。

在公元17—18世纪，由于贩卖包括江南丝绸在内

图 10-15 浙江省博物馆藏清代杭州织造红花锦和红地绿花闪缎

的中国丝织品（图10-15），可获100%~300%的巨额利润，于是欧洲商队将东方丝绢大量运入欧洲。在法国市场上，中国的手绘丝织品和印花丝织品、白色与彩色丝绸肩巾，备受人们欢迎，销量大增。为争夺市场，法国、荷兰的丝织业工厂竞相仿制，进而推动了两国丝织工业的发展。因此，西方学者利奇温在《十八世纪中国与欧洲文化的接触》一书中，便得出结论称："十八世纪之末，法国的丝业，在美术及技术方面的欣欣向荣，实出于十七世纪中国材料不断输入的刺激"，而其技术特点连同花式，则"都是取法中国的"。

包括江南丝绸在内的中国丝绸，作为大宗商品，是由菲律宾运往美洲的。因此，从马尼拉开往阿卡普尔科的商船，被称作"丝船"。例如，自公元1774年出发的运送中国丝绸的商船，抵达美洲后，很快被蜂拥而来的大小商人抢购一空，他们再将此转销美洲各地。公元1748年，安达卢西亚的商人便说，大帆船装的中国货物遍布整个西班牙美洲，"沿着南美海岸，无处不有中国丝绸的踪迹"。即使印第安人也喜欢用中国江南丝绸来打扮自己。

江南盛产的各色各式丝绸制品，不仅通过海船抵达世界各地，而且通过陆上贸易到达边疆和周边陆地，深受各地区人民的喜爱。在清代，清廷每年命江南江宁、苏州、杭州三织造制办数千或万余匹各种花色品种的丝绸缎匹，运往新疆伊犁、塔尔巴哈台、乌什、叶尔羌及和阗、喀什噶尔、

259

喀喇沙尔、阿克苏等地，与维吾尔、哈萨克、蒙古、柯尔克孜、塔吉克、回、锡伯、藏、满等兄弟民族的商队，进行民族贸易，以易取他们的马匹、牛羊、玉石、农畜产品等。

江南丝绸在清朝与西北民族贸易中占有重要地位，主要表现在：其一，输运缎匹数量多。乾、嘉、道、咸时期，在内地与新疆的丝绸贸易中，南方的绸缎无论在数量和质量上，均占绝对优势。概言之，乾隆时在90%以上，嘉道前期在85%以上，道光后期至咸丰初年在90%以上。如乾隆二十五年（公元1760年）为8250匹，三十二年（公元1767年）为19235匹，五十二年（公元1787年）为5230匹，嘉庆八年（公元1803年）为4280匹，二十四年（公元1819年）为3872匹；道光元年（公元1821年）为3632匹，二十九年（公元1849年）为3809匹；咸丰三年（公元1853年）为3860匹（此统计数字源自清代满汉文档案资料）。

其二，缎匹花色规格各异。在内地与新疆的丝绸贸易（实际上是在以江南为主的地区与新疆之间进行）中，江南等地每年输往新疆的丝织物，据档案记述，主要有缎、绸、绫、绢、纱五类。缎有近20种，绸有十几种，纱有3种，绫有1种。最长者达4丈，最短者仅有1.8丈。最重者达42两，最轻的仅有5.5两。最贵者每匹需银13两，最贱者仅为银1.26两。在花色方面，每个品种少则数色，多达几十色。属于赤色和橙色系统的有大红、桃红、木大红、绯红、红色、泥金色等；属于黄色和绿色系统的有古铜、黄色、鹅黄、米色、蜜色、香色、火香色、绿色、官绿、油绿、松绿、松花绿、沙绿、葱心绿等；属于青色和紫色系统的有铜青、藕色、酱色、京酱、库灰、月白、鱼白、墨色、库墨、紫色、真紫等。至于图案更有八宝、江山万代、万福万寿、拱璧花、三朵菊、西番莲等象征吉祥的各式纹样，备受欢迎。这一切表现出了很高的工艺水平和织造技术。

其三，民族贸易影响深远，意义重大。江南丝绸为清代西北民族贸易作出过巨大贡献，长江文化也与边疆文化在经济、技术、文化方面进行交流。通过交流，对增强统一多民族国家的凝聚力、向心力；对边疆地区的开发和边防的巩固；对西北城市的兴起、商业的繁荣；对内地与边疆民族之间的经济、技术交流，均起着巨大的、积极的、无与伦比的促进作用。因此，它影响深远，历史意义重大。

二、漂洋过海的"满大人"

"满大人"一词出现于十七世纪晚期，原是西方人对中国清代各级地方长官的称呼。清代外销瓷出现清装人物纹以后，西方人把这种瓷器上描绘的清装人物纹也称为"满大人"。这些外销瓷上的"满大人"题材纹饰多描绘一家人的生活，背景或是树木、河湖远山、亭台楼阁、轻舟画舫，人物画多儿童婴戏、仕女生活、母慈子孝的主题，一幅幅"满大人"的纹饰，就如同一张张中国清代官宦家庭的"生活照""全家福"，充满富足、温馨、和平、享乐，甚至奢侈的气氛。"满大人"题材盛行的康熙到道光时期，是西人的"崇华"时期。通过传教士、艺术家传递的"满大人"瓷器给欧洲的是一个强大、富裕、美好、奇特的中国形象，这对十七至十八世纪欧洲的"中国热"起了直接的推动作用。

清代瓷制品的外销，更盛于前代：首先，外销数额甚巨。据《荷兰东印度公司与瓷器》一书记载，17世纪晚期，从巴达维亚每年运往欧洲的瓷器竟达300万件之多。其次，瓷制品深受顾客青睐。经考证，十八世纪英法等国在向中国进口的瓷器订货单中，茶具、餐具占多数便证实了此点。其中，茶杯、茶壶、茶叶罐、糖缸、果盘等用于茶会的茶点瓷器，尤占多数。如1700年荷兰东印度公司向中国进口的订货单中则有茶盘、茶叶罐、糖缸、大口茶壶等。而1738年法国的东印度公司向中国进口的订货单中，列有茶壶、青花杯、五彩杯、深肚碗、果盘、糖缸、面团缸等。这表明，中国制造的五彩瓷、青花瓷茶具与餐具，在欧洲备受人们的青睐，广东省博物馆藏"开光洋人狩猎图潘趣碗"（图10-16）即是此期中欧贸易的见证。

从国外发现的实物来看，清代自康熙朝始，已有专为国外市场制作的外销瓷器，主要是西餐餐具和咖啡壶，深受欧洲人的欢迎和喜爱。较之欧洲

图10-16 清乾隆广彩锦地开光洋人狩猎图潘趣碗

瓷制品，中国瓷器不仅价格低廉，而且在造型、质地、装饰上远胜欧瓷。制瓷工艺技术的外传，也促进了欧洲瓷器工业的兴起，公元 1709 年欧洲制造的第一件瓷器问世。即便如此，连欧洲学者德克·卜德在《中国物品传入西方考证》一文中也不得不承认："尽管自欧洲产生瓷以来，大量的瓷器在欧洲和其他地方也生产了出来，但没有任何一个地方的瓷器能与原产地中国的上等制品相媲美。"[1]江南瓷器在内的中国瓷器也大批销往美洲。公元 1730 年，"萨克拉·费末莉亚号"船停泊在阿卡普尔科港时，船上便载有 120 桶精美的中国瓷器。这些造型精美、图案绚丽、制作巧妙的瓷制品，深受美洲各界人士的喜爱，从而十分畅销。

　　清代陶瓷工艺在中国工艺史上亦有特殊意义。清初诸帝均酷爱瓷器，使清代瓷业发展自始便呈现出兴旺局面。清代陶瓷生产仍然以明代制瓷中心景德镇为御窑重地。由于废除了匠籍制度，民间经营成为主流，瓷业生产则形成了官搭民烧的格局，乾隆年间更是出现了官民竞市的繁华景象。从工艺特点上看，首先，受慕古风习的影响，清代瓷业普遍表现出仿古特色，尤其是末叶所仿，最为全面。其次，制作技术更趋完美，像康熙青花瓷，"集其大成，制品特多"，堪称历代青花瓷之冠，其间有"纯为白地者，有兼油底红者，有略施油面绿者，有用铁沙圈者，有为金漆缘或棕色缘者"等，当时的釉上彩技术十分出众。釉上彩是指在烧成的陶瓷釉上面进行彩绘，然后再作低温烘烤处理。清代釉上彩以康熙时的五彩瓷器最为精妙："康熙五彩，以绿、红、黄、赭、蓝为主"，因其堆砌甚厚，彩色过浓，而有"硬彩"之称。最富创新者当属康熙时期出现的粉彩："白地而绘彩者，谓之粉彩。"粉彩是将明代景泰蓝铜胎画珐琅技术移植为瓷胎画珐琅法，用铅粉掺入绘瓷色料，在素烧瓷胎上作画，然后再入窑烘彩。借助粉彩方法，釉上彩的色调趋于柔艳清逸，会产生明暗层次，形态更显逼真，其风格与硬彩形成鲜明对比，故又有软彩之名。

　　康熙年间，西方珐琅器的输入渐多，对制瓷工艺产生了重要影响。人们在制瓷施彩时开始引入某些西洋彩料，于是又称五彩为古彩，称粉彩为

---

[1] 沈定平：《从国际市场的商品竞争看明清之际的生产发展水平》，《中国史研究》1988 年第 3 期。

洋彩。根据粉彩技术制成的珐琅彩瓷，在一定程度上受到了欧式装饰技巧的影响，艺术效果臻至上乘，是釉上彩的珍品，在康、乾时期乃极为名贵的宫廷御器，堪称内廷秘玩，时人皆以"古月轩"名之。

三、哥德堡号上的松萝茶

1745 年 9 月 12 日，瑞典"哥德堡号"在驶入瑞典哥德堡港口时沉没，当时船载有 366 吨中国茶叶，数量最多的是安徽休宁地区的一种松萝茶，属绿茶类。19 世纪后人们陆续进行多次打捞，在打捞上来的货物中，沉没海底 250 余年的一部分乾隆时期古茶因包装密封良好，仍能饮用，因而震惊世人。

"哥德堡号"是瑞典东印度公司专门建造的、装备有 30 门大炮、排水量为 833 吨的远洋商船。"哥德堡号"前后三次来中国，在其运载的货物中，茶叶是主要的物品；第一次贸易收到 48% 的回报收益，第二次为 40%。茶叶是所有货物里最赚钱的，两次分别带回来 255 吨和 317 吨。第三次返程时虽然沉没，但从保存下来的货物清单里，可知当年"哥德堡号"装运的情况：计有 2677 箱茶叶，重 366 吨；289 箱 2388 捆和 12 桶瓷器，多为茶具；还有 19 箱 1180 卷丝绸……仅茶叶就占总运量的近三分之二。就茶叶种类来看，武夷茶与徽州茶所占比重最大。

据《阅世编》所载，"徽茶之托名松萝者，于诸茶中犹称佳品"。清代顺治年间，这样通过精包装起来的松萝茶，其每斤的市场价格竟高达锭银一两；而到了乾隆年间，徽州茶商在北京城的茶市资本，相比于明朝时期更加雄厚。安徽徽州茶的外销，与安徽的徽商发展也有着重要的关联。清代徽商商帮势力达于极盛，如在两淮盐场，徽商便居诸盐商之首。康乾之际，"两淮八总商，邑人恒占其四"，足见财力之雄厚。他们的商业活动范围，"几遍国内"，甚至有"无徽不成镇"之谚；甚或有远涉重洋，经商异国者。在经营货品内容上，也是"其货无所不居"，尤"以盐、典、茶、木为最著"。徽商的资本财力也十分雄厚："下贾"者为银二三十万两，"中贾"者银四五十万两，"上贾"之家赀财竟达"藏镪百万"之巨。因而，徽商的商业经销活动，必然对清代商业的繁荣、城镇的兴起、货品的流通、经济的畅达，起着有力的促进和推动作用。然而自嘉庆、道光开始对松萝茶出口进行限制，加上鸦片战争的影响，松萝茶在19世纪末20世纪初，就已经退出了世界历史的舞台，留给人们的就只有典籍中的记录。

中国的茶叶在17世纪时就在西方成为财富的象征和难以抵御的诱惑物，西人用"喝所有中国茶"来比喻至高无上的享受。中国的茶叶大量流入西方，成了海上丝绸之路上的五大主要商品（丝绸、瓷器、茶叶、中草药、农作物）之一。从1697年开始，英国每年都从中国进口茶叶万镑以上。从1717年开始，在英国对华贸易中，茶叶已开始代替丝绸，成为贸易中的主要商品。茶叶贸易成了西方列强的东印度公司最重要也是盈利最大的项目。

据学者研究，清代通过海上茶叶之路销往西方的茶叶，绝大部分来自浙、闽、皖、苏这四大省。如1828—1833年，中国通过广州港共出口86055吨茶叶，其中有85%来自这四省，只有少量来自广东省的清远和广西的梧州地区。广州港出口的中国茶叶品种也基本上是浙皖苏的绿茶以及闽地的黑茶和白茶，其具体品种主要有武夷茶、工夫茶、拣焙茶、小种茶、松子茶、宝种茶、白毫茶、松罗茶、东溪茶、熙春茶、皮茶、珠茶、珠兰茶、三昧茶和条枝茶等15种。它们分别供应给阿姆斯特丹、哥本哈根、巴黎、汉堡和伦敦市场。中国茶叶的出口促进和繁荣了历史上"一带一路"的发展，活跃了国际商品市场，最终导致西方于18—19世纪产生了一股强大的"中国热"风潮，从而突显了茶叶在世界人类命运共同体的形成与维系中的作用。

值得注意的是，1784年8月美国船"中国皇后"号木帆船抵达中国黄埔港，接着，它带着大批茶叶、丝绸、瓷器、土布以及各种杂货等，于次年5月返回纽约。此后，不断有美国商船来到中国，并带走中国货物。这些中国货物输入美国后，得到社会各界的接受与欢迎，因而饮茶风气渐开，中国其他相关社会习俗也远播美国，与当地风俗交流、共融。

茶叶贸易引发了西方消费习惯的变化，促使中国茶叶文化与西方咖啡文化交流、竞争与共存。许多西方近代先进技术和理念、全新的植物品种、近代机器设备和文化，也都在丝绸与茶叶的贸易过程中传入了中国，使中国加快了迈入近代社会的步履。

第十一章 率先走向世界的长江文化

——鸦片战争至新文化运动

长江文化和世界文化的交融在清末臻于顶峰。《南京条约》的签订撬开了中世纪通往近现代的大门，两次鸦片战争后，港口开埠，华洋杂处。从此东方精美的特产步入了西方寻常人家，西方文明的先进思想与工业成果也与中华传统文化碰撞融合，落地生根。从此，长江文明从传统走向现代、从区域走向全球、从专制走向民主，开始了世界化的进程。

第一节
王朝的覆灭与近代的开启

从文化的角度考察，似乎可以把公元 1840 年的鸦片战争比作一扇门：门的这一边是农耕渔樵、社会发展缓慢的中世纪；那一边却是车马喧嚣、声光化电的又一重天，是熙熙攘攘的近世繁华。在大江南北、长城内外，一批充满时代生机的近代文化开始迅速成长，特别是长江流域的上海、江苏、浙江、湖南、湖北、巴蜀等地适应时代潮流，先后拓展各自的地域文化，由传统走向近代，由封闭走向开放。长江文化由此流变、转型，并走向了新生。

一、实学和经世思潮

清王朝进入道光（公元 1821—1850 年）和咸丰（公元 1851—1861 年）时期后，由于自身的腐败而国势大衰。严重的社会矛盾无情地困扰着当权者，亦引起关心时政和社会现实的开明官绅的严肃思考。早在道光前期（鸦片战争前），一些以"治国平天下"为己任的文人学士和开明官绅便极力提倡重振"经世致用"之学风，以探求纾解民困、匡救时艰的良策，遂使久已湮灭的经世之学开始复兴。

经世之学本由明朝遗民黄宗羲、顾炎武等思想家所倡导，他们有感于明朝灭亡的沉痛教训而认真反思明代的弊政和风气，批判空言心性和脱离实际的学风，进而倡导昌明汉学、匡世济民、献身国家、献身社会的精神。但在清初的高压政策统治下，这派很有生气和光彩的学风和思潮日趋湮灭了。及至道光前期它才开始复兴。复兴后的经世之学主要"讲究如何由制度的安排，政府多种政策的运用以及法令规范的约束，以求

第十一章 率先走向世界的长江文化

政治社会秩序的建立。总而言之,它是希望以外在的政治和文化力量以求达到儒家所谓的治法"。因此它包括的内容更为广泛和丰富多彩:举凡与国计民生有关的政治、经济、文化、教育等方面的改革,乃至变法、谋求富强、整饬吏治、革除弊政、减轻赋税、理财、治河、漕运、海运、盐务、水利、刑狱,以及养民、边政、海防、"夷务"等务实之学,统统成为晚清经世之学的重要内容。

晚清经世思潮的复兴,以魏源代贺长龄编辑《皇朝经世文编》一书为标志。刘广京先生称道此书的序文"不啻晚清经世运动之宣言"。此书于道光六年(公元1826年)编成,次年刊行,共120卷,收清代议论、条陈、章奏2000余篇,分为学术、治体、吏政、户政、礼政、兵政、刑政、工政等八纲,纲下分立子目,集清初至道光以前经世致用文章之大成。它清晰地体现了经世派研究注重当代制度及其历史沿革,注重实用、功效、变革与进取的治世精神,是长江文化宝库中的瑰宝。

长江流域素为人文荟萃之区,经世之学等传统文化最为发达。这里也是晚清政治运动的发源地。嘉道之世,这里出现一大批忧国、务实和关心民瘼的经世致用派的学者和以经世为己任的疆臣官吏,其中不少人既是官吏又是学者。陶澍、李兆洛、贺长龄、包世臣、魏源、姚莹等等,都是这一时期经世派的佼佼者。这些经世派疆吏、学者在有关国计民生、制度兴革、除弊兴利等方面颇有建树,思想主张丰富多彩,成效也较为显著。例如,陶澍在整理淮北盐务、开辟海运漕粮和兴修水利等方面政绩显赫。林则徐(图11-1)在任江苏巡抚时注重经世致用,关心民瘼,革除弊政,兴修水利,并对吏治、盐务、漕运等作了有益的改良,赈济灾荒不遗余力,被民间誉为"好官""林青天"。

当时,对经世致用之学的倡导最力、理论贡献最著者,当推包世臣、龚自珍、魏源等人。

图 11-1 林则徐像

包世臣长期从事刑钱两席幕府，对漕运、河工、盐务、币制都有精深的研究，并提出一系列政治、经济改革主张，是讲求时务、注重实学和经世致用的代表人物。故以"善经济之学"著称于世。

龚自珍（图11-2）是近世今文经学家的代表人物之一。他早年潜心史籍，中年主张借经义以求改变衰世的种种弊端，即以微言经世，倡言通经致用，提倡学术为政治服务。他反对脱离实际寻章摘句的烦琐考证的学风，反对八股取士的科举制度；提倡学士大夫应向富有实践经验的"田夫、野老、驿卒"学习，并重视实地调查研究，成为注重实学和经世思潮的代表人物之一。

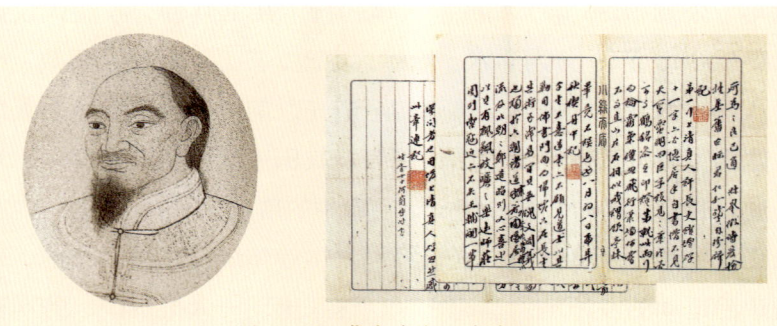

图11-2　龚自珍像及其手迹

魏源（图11-3）是和龚自珍齐名的今文经学家，倡导和实践"经世致用"之学。他编辑《皇朝经世文编》时撰《筹漕》《筹鹾》《筹河》篇，并助江苏巡抚陶澍筹办漕运、水利诸事。他反对脱离实际的训诂和考证，主张以"经术为治术"，解决社会实际问题，是一位有理论、有实践经验的经世派的杰出代表人物。

图11-3　魏源像

鸦片战争前，经世派重点探究以下两大社会政治问题：一是研究和试图解决鸦片危害及由此而引起的社会危机与统治危机。二是抨击时弊，揭露社会黑暗与政治腐败，要求整饬吏治和更法、变革。龚、魏在鸦片战争前的变法主张与呼喊，是那个时代的最强音，也是经世思潮所能达到的最高境界。但是清王朝早已积重难返，仅靠经世派以传统的兴利除弊、治乱兴衰的学说与方法进行修修补补，不仅挽救不了清朝的衰败，更抵挡不住西方资本主义的鸦片、商品和坚船利炮的入侵。可喜的是，注重实际和讲求实效的经世派，在同西方资本主义较量的失败之中勇于接受痛苦的教训，勇于学习西方的长处，遂使经世致用思潮迅速地向学习西方"长技"的西学思潮演变。[①]

长江文化的流变转型也正是从道咸时期刚刚复兴不久的经世致用学派倡导学习与吸收西学开始，继由洋务派、维新派、革命派的不懈努力而完成的。

二、屈辱的条约与开放的口岸

在近代中国历史上，帝国主义列强利用战争侵略，强迫签订不平等条约等手段，相继开辟了80多个通商口岸，使通商口岸成为半殖民地化的典型地区，也成为传播西方近代文明的基地和橱窗，与此同时，西方照相技术的兴起与再现主义画作的流行为人们留下了当时大量宝贵的图像资料，使人们能够一睹转型期长江文化的风貌（图11-4、图11-5、图11-6和图11-7）。在80多个通商口岸中，长江沿岸就有20余座，成为通商口岸最为密集的地区。尽管这些通商口岸的开辟是资本主义侵略、掠夺中国的产物，但它在客观上打破了中国社会长期封闭的状态，加强了中国同世

图 11-4　近代西方人画笔下的杭州城武林门　　图 11-5　1900 年左右的英租界外滩

[①] 刘广京：《魏源之哲学与经世思想》，载《近世中国经世思想研讨会论文集》，台湾"中央研究院"近代史研究所，1984。

图 11-6　1909 年的汉口码头　　　图 11-7　1940 年 J. P. Koster 拍摄的《鸟瞰中国》

界的交往，并且刺激了中国资本主义的发展和近代文明在中国的传播。因此，殖民地化的加深和近代文明的建立、传播，便构成了通商口岸"一身二任"的显著特点。这种特殊的社会历史现象，成为长江近代文化的鲜明特质。

　　地处长江入海口的上海，是全国最大的通商口岸，这里的近代文明最为发达，影响最为深远，成为宣扬和传播西方近代文明的"模特"和特大"橱窗"。许多中国人的近代知识和对西方近代文明的追求与向往，都是从这里开始的。19 世纪末期，英人干德利在《中国的今昔》一书里说："曾有一次，人们有力地指出，上海的工部局是在中国最好的宣教士。这意思是说，上海的外国租界是一个实例，阐明西方文明的优点。每年成千成万的中国人由帝国他处去过上海，他们可以看到美丽的建筑，整洁的街道，明亮的电灯或瓦斯灯；他们可以看到机器、自来水、电报、电话、火轮船、公园。他们在这里所得到的印象，必然多少传到内地去。上海如此，香港也如此。"康有为、梁启超、郑观应、王韬等一批又一批的改革家正是先后游历了香港和上海，目睹了西方舶来的近代文明而眼界大开，坚定了学习西方和变法图强的信心。这正是近代中国人认识与学习西方的开始，在一定程度上反映了通商口岸传播近代文明的历史轨迹。

　　近代建筑首先在通商口岸出现与发展。广州、上海、汉口与天津等商埠的近代建筑花样翻新，尤以租界地区最为集中。那里的西洋建筑有领事馆、工部局、洋行、银行、商店、饭店、教堂、住宅、俱乐部、影剧院、工厂厂房、仓库等等，应有皆有。建筑豪华精美，风格各异（图 11-8、图 11-9）。开埠初期多是一两层的"券廊式"楼房和欧洲古典式建筑。进入 20 世纪之后各种流派和各种功能的西洋建筑在上海等通商口岸拔地而起。20 世纪

第十一章 率先走向世界的长江文化

图 11-8　上海外滩部分欧洲风格建筑 　　图 11-9　上海苏州河口美丽的建筑

20—30年代建造的工业建筑、公共建筑、银行和住宅等等多为四五层或更高层次的建筑群。其功能、设计、建材、工艺、结构和设备都达到近代化较高的水平，并成为展现西方文明的"样板"。

　　中国对西方建筑的模仿与学习也正是从沿海各通商口岸开始，并缓慢地传播到内地的。洋务运动时期仿建了一批工业建筑群及学堂斋舍等；20世纪初的清末"新政"时期亦采西法建造了一大批工业建筑、公共建筑、衙署与学校等新式房屋。这些种类的西式建筑，尤以上海最多。此外，在汉口等沿江各口岸也相继建造了一些风格各异的西式建筑群，与中国传统的青砖灰瓦、雕梁画栋的官衙府邸、商店民居形成鲜明的对比。与近代化建筑交相辉映的则是近代化的市政设施。大凡重要的通商口岸都修筑了马路、电灯、自来水和近代化的交通与邮电通信等公用设施，这些成为近代城市文明的重要标志。

　　通商口岸的近代工业，首先是外国资本主义侵略者为了掠夺原料、倾销商品与榨取中国人民的血汗而建立的，主要是船舶修造、轮船运输、棉纺（图11-10）、缫丝、制面粉、榨油、卷烟、炼铁、制茶、印刷、电力、制水泥、金属矿场等近代企业。这些厂矿企业大都集中在上海、广州、武汉、天津等通商口岸及其

图 11-10　近代纺织厂

271

周围地区。它们的发展轨迹是，先有洋务派兴办的军工和民用企业，继有民族工业。至20世纪20年代，上海的中国工厂的数目大大超过外国工厂数，增速迅猛。因此，集中在通商口岸的宏伟的厂房、林立的烟囱与轰鸣的机器声，显示了近代化城市的活力。上海、天津、广州、武汉等通商大埠，不但把工业品运销四方，还为各地建立工矿企业提供了技术力量、机器设备、培训技师和工徒等帮助。近代中国的民族工业，正是这样先从沿海通商口岸兴起，继而推广到全国各地的。而工业文明的兴起与发展，也是与兴办新式教育相辅相成、相得益彰的。

三、复兴中华的运动

首先是求富与强军并重的"洋务运动"。公元1860年前后，定都在长江下游重镇南京的太平天国与清王朝的战争达到了白热化状态，与此同时，英法联军发动的第二次鸦片战争也给清廷造成了又一次巨大的冲击。当此"内忧外患"之际，一部分清朝大员如奕䜣、曾国藩、李鸿章等震于世变时迁，恐于王朝日衰，而率先倡导采用西法练兵，引进和仿效西方先进科学技术，兴办工矿企业，发动一场以"求富求强"为口号的洋务运动。

这场运动历时30余年，在军事、工矿、交通、教育等领域取得了中国有史以来第一批具有近代意义的物质文明成就。这些成就表明，传统的中国社会和文化开始在实质意义上跨出中世纪的古老氛围，逐步迈向了近代化。由于便利的水上交通和优厚的地理条件，长江一带首先成为洋务运动的重要基地，长江文化也由此进入了以"采西学，制洋器"为核心的洋务时代，并率先在军事、工矿、教育等领域大举兴革，由此开始了近代化的历程。[①]

这一时期长江沿岸最引人注目的变化，是以大批军事工业的开办为标志的近代军事文明的诞生。公元1861年，洋务大员曾国藩在下游的安庆设立了安庆内军械所，为长江流域军事科技文明的兴起揭开了序幕。自此，长江军事科技的近代化首先在仿造西洋枪炮船舰的层次上展开。公元1865年，李鸿章在上海奏设江南制造局。从19世纪70年代开始，洋务运动在

---

① 中国史学会主编，中国科学院近代史研究所史料编辑室、中央档案馆明清档案部编辑组编：《中国近代史资料丛刊·洋务运动》，上海人民出版社，1961。

创办军事工业的同时，也创办了一批以"求富"为目的的民用工业，长江沿岸大部分地区由此进入了工业近代化的时代。早在19世纪50—60年代，以上海为中心的近代工矿企业就已开始涌现。70年代以后，诸如轮船招商局、上海机器织布局等洋务企业的设立，更增强了长江下游的近代工商业实力，再加上上海租界向来不乏西方列强开办的各种资本主义工商企业，遂使这里在19世纪末建立起了一个颇具资本主义色彩的工商体系，形成了独树一帜的海派工商文明。在洋务运动后期，长江中游以湖北为核心的两湖地区的近代工矿企业在"湖北新政"时期兴办实业的浪潮中得到了较快的发展，湖北的工商实力迅速崛起于长江江畔。

其次，是重视传播与教育的维新运动。甲午战败，割地赔款的重创剧痛，极大地震动了中国社会各阶层的人们，促使人们普遍觉醒。一批思想敏锐的资产阶级知识分子如康有为、梁启超等开始从改造中国根本制度的层面思索中国的前途和未来，倡导维新，从而在19世纪的最后几年，掀起了一场轰轰烈烈的变法维新运动。

如果说，维新运动以北京为政治中心，那么在南方，整个长江流域都走在了维新的前列。有康有为、梁启超（图11-11）等维新思想巨子极力宣传倡导，有谭嗣同、唐才常等维新实干家勇于任事，竭力推行，长江的维新事业不仅在全国独领风骚，它所取得的成就在全国也占据了突出的地位。维新前后，长江一带举凡政治、经济、军事、教育、社会生活等各个领域都较此前发生了不同程度的变化，长江文化不仅积极参与维新，而它本身也在这场深刻的政治思想运动中得以拓展，由此加速了近代化的步伐。

维新时期，长江流域最突出的变化发生在教育传播领域。"挽世变在人才，成人才在学术，讲学术在合群"，这是维新派的普遍共识。为了扩大影响，推动变

图11-11　康有为（左）和梁启超（右）像

法，这一时期维新派不仅继续大办学堂，培养维新人才，而且还广立学会，创办报纸，发展出版业，以学会为讲台，以报刊为喉舌，以出版为普及手段，广泛宣传维新主张，传播近代西方社会和自然科学知识。长江近代教育遂超越了以往只偏重学堂教育的局限，逐步走向社会，新知新识被介绍到广大的民间，长江流域教育的深度、广度在延伸和扩大，维新运动促进了长江流域教育的飞跃。

第三，是民主变革的辛亥革命。进入20世纪后，近代中国抛开了改良幻想，转而致力于全面改造中国社会的实践，一场资产阶级民主革命遂在全国蓬勃兴起，长江也因此迎来了资产阶级民主革命的时代。在这场划时代的变革中，长江文化继续向新型近代文化的方向演变，军事、工商、教育、社会生活等方面继续发生改变，较全面地推动着近代社会的变革；资产阶级的新思想、新文化促使了辛亥革命的爆发。如果说洋务运动时长江在军事领域的兴革还较多停留在仿制洋式枪炮的低级层次，那么到19世纪末20世纪初，随着晚清有识之士对西方军事体制认识的加深，长江进入了以大规模设立新式军事学堂和编练新军为主题的军事变革新阶段。

其中湖北、四川等地在这一时期的作为尤为突出。在湖北，为了培养新式士兵，大批军事学堂开始出现。湖北武备学堂、陆军小学堂等一系列军事学堂的设置，为两湖补充了大量具备近代军事技术知识的新生力量。可以说，湖北新军的练成，在很大程度上应归功于湖北军事教育的振兴。在四川，清末新政编练新军的需要，促成了这里举办军事教育的热潮。除了派遣留学生赴日学习军事外，四川省还开始广泛开办军事学堂。1903年，川督岑春煊在成都创办四川武备学堂，本科分为步、马、炮、工、辎5种，学制3年，训练及管理均仿日本。1905年设官弁学堂，1906年成立测绘学堂，1908年开办陆军小学堂，同年还设立了高等巡警学堂，以培养警察，发展警政。此外，还有四川陆军速成学堂、官弁小学堂等。军事教育的兴办，表明四川省近代军事文明步入了更为高级的时代。另外，这一时期长江其他省份也大都投入了这场以设立军事学堂、培养军事人才、编练新军、造就新式军事力量为主题的时代浪潮，长江各省大都设有本省中小陆军学堂、武备学堂等。

第四，是思想澎湃的新文化运动。1915年9月，陈独秀在上海创办《青

第十一章 率先走向世界的长江文化

年杂志》，次年更名为《新青年》（图11-12），针对军阀统治之下中国社会贫穷、落后和文化蒙昧的现状，大胆喊出"民主"与"科学"的口号，呼吁人性的自由与解放，向旧文化发出有力的挑战，拉开了新文化运动的序幕。1917年，《新青年》迁往北京，新文化运动的中心由此北移。然而，正如陈独秀所宣告的："我们现在认定，只有这两位先生（指德、赛两先生）可以救治中国政治上、道德上、学术上、思想上一切的黑暗。"在大江南北，在长城内外，

图 11-12 《新青年》杂志封面

许许多多先进的中国人尤其是青年，正是为着这一信仰而投入到这场宏伟的历史巨流之中。在长江流域，新一代长江人励精图治，使这里再一次成为文化革新运动最热烈的一隅，在教育、报刊出版以及社会风尚等领域，都发生了前所未有的变化。近代长江文化在20世纪20年代的这十余年间，逐步走向成熟，最终迈上了向新民主主义文化发展的新台阶。

在新文化运动中，长江流域最为生机勃勃的领域莫过于教育界。"自五四运动思潮澎湃，社会人士均感新式教育力量之伟大，应予以发扬"，传播新知识、新思想的需要，促成了长江新式教育向更为成熟的方向发展。不仅已有的各类新式学校更趋繁荣，还出现了职业教育、平民教育等新型教育形式，在教学内容与教学管理等方面也相继发生了变革。在上海，随着民族资本主义的发展。培养技术人才的中等职业教育成为应时之需。1917年左右，黄炎培等发起了职业教育运动，在上海创立中华职业教育社，张元济、马相伯、史量才、张謇、蔡元培、张伯苓等教育界知名人士纷纷入会。

其实，这一时期长江文化表现最为突出的，还不仅仅限于教育的革故鼎新，那些此伏彼起、活跃于长江流域各地的文化团体，那些多如繁星般的新型报纸杂志，在宣传新思想、传播新文化的同时，进一步加强了近代长江文化繁荣发展的态势。

第二节
都市工业与文教兴盛

一、实业救国

经过晚清数代长江人的努力,在与西方列强争夺利权的斗争中,长江流域取得了中国有史以来第一代近代工商物质文化成果,长江流域的经济开始由自然经济向近代资本主义经济过渡。在此过程中,长江流域涌现了一批具有近代意义的企业家、商人、技术专家和产业工人,他们构成了长江近代工商文明中最有生气的力量,推动着大江两岸近代工矿业、商贸业以及近代交通运输等行业的发展,从而促进了长江城市的都市化与工业化。

从更深的层次看,长江近代经济的起步从经济的角度展示了近代中国社会的发展方向。19世纪末,经过近半个世纪的积累,长江下游以上海为中心的海派工商业得到迅速发展,海派工商文明正逐渐形成。到1911年,上海、江苏、浙江的企业家数和资本数已分别占这一时期全国近代企业数和总资本额的30.3%和28.2%强,不仅领导了长江流域的经济之潮,振兴了长江经济,而且促进了近代中国资本主义经济的发生和发展。

在西方物质文明的刺激下,海派首先建立起来的是近代工商业文明。这当然不是朝夕之功。自开埠以来,上海的近代工商业经历了一个曲折的发展历程。最初的一些近代工商业如轮船修造业、百货业、洋布业、五金业等随着外国商船的到来和洋货、洋布的输入应运而生,由此改变了原有的以手工棉纺织业和沙船业为核心的传统手工业、运输业和商业。经过洋务运动,上海产生了一批近代军事工业以及航运、纺织、电信(图11-

第十一章 率先走向世界的长江文化

13）等民用工业。到19世纪80—90年代，上海开始拥有较大的纺织厂、缫丝厂、轧花厂、机器修造厂、翻砂厂、造纸厂等企业。旧行业得到发展，新行业不断出现，出现了民族资本的火柴厂荣昌、

图 11-13　上海大北电报局大厦

燮昌和中西大药房、中英大药房等。甲午战争后，在资产阶级"设厂自救"的热潮中，上海的民族工业发展较快。据不完全统计，1895年到1911年间，上海新设民族资本工厂86家，主要分布在棉纺织、面粉、卷烟、食品、制革、榨油等轻工业部门。其中以棉纺织业和面粉业发展较为突出，出现了诸如大纯、华新、申盛等规模较大的棉纺织厂以及阜丰、华丰等大面粉厂。

民族资本航运业也在这时开始起步。1904年，张謇等在上海建立大达轮埠公司，开辟上海至泰州、扬州的内河航线；1909年，荷兰银行买办虞洽卿创办宁绍轮船公司，轮船往返于沪甬之间（图11-14即为当时繁忙的宁波码头）。随着民族资本主义工业的发展，民族资本主义商业也逐渐成长起来。1900年，上海有洋布店一百三四十家，10年之后增至二三百家。1898年至1911年，全市新设药房二十余家。五金商业的发展较快，形成了全国性的五金市场。1908年，全市各种商号共有7381户。上海商业之盛，由此可见一斑。1897年5月，随着中国人自办的第一家银行——中国通商银行的正式开业，中国银行业配合民族资本主义工商业的发展应运而生。到20世纪初，经过

图 11-14　20世纪初的浙江宁波码头

277

数代人努力经营，上海已成为一座近代化的工商业大都会。这里商店林立，工厂、银行遍布街巷，黄浦江中各种船只往来如织，工商盛况为他处所不能及。上海雄厚的资本主义经济是海派文化最牢固的物质基础。①

其次是湖南的近代工业，19世纪末20世纪初期，湖南的近代工矿企业有了初步的发展，诸如矿务局、和丰火柴公司、宝善成机器制造公司、小型发电厂等工矿企业的开设，诸如电报局、轮船营运以及铁路等近代邮电交通事业的逐步举办，湖南省第一次拥有了近代工业文明。几乎同时，湖南省的商业贸易也呈现日新月异的气象。与贸易相呼应，湖南省商业也是一片繁荣景象，"湘省铺店无论大小，专事铺张，尚形工整，一入其市，五光十色，层出不穷。即罐头、水果、洋酒、面包、酱菜等物，无不具备，欲购极为便利。并有门面阔大，装潢精洁，专售外洋纸张、笔墨、各项仪器、书籍、图画，生意甚为闹热"。这一切已足见湖南省受西方影响之深之广，表明带有资本主义色彩的近代工商业文明已开始在湖南省建立并发展起来。

二、学堂启蒙

在教育和文化传播上，经过洋务运动、维新运动、辛亥革命，长江流域的教育及文化传播日益走向近代化。随着新式学堂的兴盛、学术团体的繁荣以及近代报纸杂志的盛行，长江流域的教育开始冲破书院式的传统框架，日渐得到普及，日益走向民间，教育形式也呈现多样化，并开始建立起一定的近代教育体系，遂使长江新式教育日益繁荣（图11-15 求是书院是中国近代最早的新式学

图11-15　求是书院旧影

---

① 刘惠吾：《上海近代史》，华东师范大学出版社，1985。

堂之一，同时也是今日浙江大学的前身）。不仅为近代中国培养了一大批军事、科技、文化、教育人才，而且也造就了一批为挽救近代中国而不懈奋斗的优秀中国人，为近代中国的历史变革准备了强大的生力军。关于这一点，不妨从清末湖北的教育兴革中略窥一二。

20世纪初，湖北进入了新式教育勃兴时期，到辛亥革命前至少已有各种近代学校1318所，不仅初步建立了一套近代新式学校教育体系，形成了"各省考察学制者必于鄂，延聘教师员者必于鄂，外省学生负笈远来者尤多"的兴旺局面。而且，它所造就的人才更可谓灿若繁星。黄兴、刘成禺、李书城、吴禄贞、蓝天蔚、宋教仁、孙武、张继煦、时象晋、张难先、刘公、詹大悲、熊十力……这些人物几乎都与清末湖北的文教兴革有着千丝万缕的联系，他们不仅与辛亥革命渊源匪浅，而且分别在政治、军事、经济、科技、教育、文化等领域取得了层次不同、轻重有别的历史功绩，成为20世纪湖北乃至全国开风气之先的人物。从文化史的角度看，这是一个崛起的星群，从某种意义上说，如果没有这个崛起的星群就没有划时代的武昌起义。晚清长江教育近代化的价值或许正在于此：它促成了长江新知识分子星群的诞生，并由此加快了近代中国社会变革的进程。

近代长江文化的突出贡献也表现在对人才的培养上。近代以来，长江文化充分发挥了它的文化功能，培育和造就了一个人数众多的近代长江人才群。孙谦先生对近代200位著名人物进行定量分析，结果发现有177人集中在东南沿海和长江流域，占总数的88.5%。其中广东居全国第1位，有41人；湖南居全国第2位，有26人；浙江居全国第3位，有25人；江苏居全国第4位，有24人；广西居全国第5位，有20人；福建居全国第6位，有12人；四川居全国第7位，有11人；湖北居全国第8位，有7人；安徽居全国第9位，有6人；江西居全国第10位，有5人。而华北、东北、西北、西南地区的人才则极为稀少，连满、蒙、汉在内，也只有23人，仅占总数的11.5%。[①] 褚绍唐先生的统计也大致如此，据他统计，

---

① 孙谦：《试论中国近代人才的地理分布》，《晋阳学刊》1982年第6期。

近代中国名人的诞生，多集中在沿海各地。苏、浙、闽、粤四省，名人总数居全国51.3%，平均每百万人中得名人3位。浙江有名人99位，占15.4%，以省区人口计之，则每百万人中得名人4.6位；江苏有名人87位，占13.5%，以省区人口计之，则每百万人中可得名人3.6位。人智云集，可称极盛。

在这些近代人才中，思想界前有龚自珍、魏源、包世臣、陶澍等近代经世思潮的倡导者，引导了长江社会的经世务实之风，中经梁启超、谭嗣同、汪康年等维新思想家倡言变法，救亡图存，后接章炳麟、邹容、陈天华等资产阶级民主革命思想宣传家号召革命，推翻帝制，长江文化遂在一代又一代思想巨子的呐喊助威声中，紧跟时代潮流，保持了与时代同步的精神内涵。在军事上，先有曾国藩、左宗棠（图11-16）、李鸿章、张之洞等致力军事变革，挽救晚清衰局，后有黄兴、彭家珍、喻培伦等青年革命军事家在辛亥革命的炮火中锻炼成长，他们一方面接受长江文化的熏陶成为近代中国军事上的风云人物，一方面又以他们的军事作为在一定程度上加快了长江文化迈向近代化的步伐。其他如工商界、教育界、文化界等，先后都涌现出了一批力图挽救中国的有识之士。这些人的学术渊源来自长江文化，又在不同领域积极变革，从而从不同角度推动了长江文化的进一步演变。

图11-16　左宗棠像

近代长江文化的历史作为还在于其文化的思想内涵始终是与时代俱进的。鸦片战争前后，当一批识见敏锐之士震于世变，奋起而倡导的经世思潮在中原大地广为流传之前，长江流域早已在一批经世致用论者的推动下发展成为经世之风的极盛之区，为此后长江流域洋务运动率先实践经世主张准备了理论前提。随着洋务运动的发展，长江流域更因为集中产生了一批洋务企业，举办了洋务教育，训练了新式军队而成为全国洋务运动的主战场。接着，当时代的主题进一步转化为维新变法、改革政治体制时，长江流域又因为上海、湖南、四川等地声势浩大的维新之举而再次成为近代中国的时代中心。至于辛亥革命到来之际，长江流域更是从军事、经济教育、文化风尚等多层次、多方面积极作为，紧紧跟随着民主革命的时代步伐。这一切无疑表明了一点，即近代长江文化已进化为一方积极进取、自求发展、自为更新的新型文化。

三、文艺潮流

长江流域是中国传统文化最为发达的地区之一，也是接触西方资本主义最早、吸收西方文明最多的区域。她经过近百年的继承与扬弃、引进与创新，取得了灿烂辉煌的成就，带来了文学艺术、绘画书法、学术文化与科学技术等方面的发展繁荣，并形成了鲜明的时代特征。文学艺术在长江流域有着深厚的根基。进入近代以来，这里的文学艺术仍然居于全国的领先地位。

在近代文学发展的前期（鸦片战争至甲午战争），桐城派古文和八股时文依旧处于"正宗"的优越地位，旧体诗文充斥文坛诗界。但是，以上海为中心的爱国主义和现实主义新文艺却以磅礴之势异军突起，向旧体诗文挑战，为文学改良运动摇旗呐喊。因此，这一时期呈现出新旧对垒的复杂局面。传统的诗歌、散文、小说在新思想的潮流下也有了新的风气。与此同时，近代历史上还出现了中国最早的文学专业刊物，这就是1872年在上海创刊的《瀛寰琐记》，由申报馆发行。该刊以刊载诗词、散文为主，兼及小说、笔记、政论。两年后先后更名为《四溟琐记》《寰宇琐记》。1873年出版了刘熙载的文艺评论专著——《艺概》，全文共分"文概""诗概""赋概""词曲概""书概"等六个部分。概，即概论，述其大意。此书对作家作品，对文学形式的流变，及其艺术特点的阐发等等，都有精当的评论，促进了近代文艺评论的发展。

甲午战争到五四运动兴起的25年间，中国社会变动更为剧烈。救亡图存、变法、革命等等成为时代的最强音。反映这一时代特点的文学活动也十分壮观，尤以上海、江浙、两湖和四川等地最为引人注目。这里文人辈出，各种形式的文艺作品层出不穷，并成为"文界革命""诗界革命""小说界革命""白话运动"等文学革新的主战场。20世纪初期，小说异军突起，至1907年持续三年出现小说繁荣高潮，并出现了一批深刻揭露帝制统治和社会弊病的谴责小说。其中以李伯元的《官场现形记》、吴趼人（原名沃尧）的《二十年目睹之怪现状》、刘鹗的《老残游记》、曾朴的《孽海花》最享盛名，号称晚清四大著名谴责小说。从1908年前后开始，鸳鸯蝴蝶派小说开始发展。到了民国初年，鸳鸯蝴蝶派小说和翻译小说开始流行。在近代著名的外国小说翻译家当中，以林纾（公元1852—1924年）最享盛名，他是中国近代以古文笔译西洋小说的第一人，共译书160余种。

近代文学改革亦促进了长江流域戏曲的发展与创新。旧有的戏曲不断革新，一些新的剧种和流派不断产生。长期盛行的昆曲逐渐和进京演出的安徽、湖北一带的徽调、汉调融合起来，在清代成为新的剧种——京剧。著名的老艺人程长庚、余三胜、张二奎并称为"京剧老生三杰"，他们被奉为奠基京剧的元勋。同治、光绪以后，京剧盛行起来。同治、光绪年间，上海和浙江一带还出现了一种"髦儿戏"，这是全部由青少年女演员演出的戏班，大都演唱京剧和昆剧，改变了女子不能登台演戏的陈腐家法，有利于戏曲的发展。20世纪初出现了话剧，时称"新剧"或"文明戏"，全部用口语对话。

电影艺术也在公元19世纪末传入中国，为中国近代文学领域增添了新的艺术形式。它最早出现于上海。光绪二十二年（公元1896年）七月初三首次在上海徐园内的"又一村"放映，当时叫作"西洋影戏"。

长江流域堪称我国的绘画与书法之乡，历来画家、书法家与各派名作辈出，虽然进入近代以来传统的国画明显衰落，但在画风、笔法等等方面则有创新，特别是将诗、书、画、印融于一体，并在画面上做精绝布局，成为画家追求的一种理想境界。这种带有鲜明时代气息的画风、笔法和境界，在以上海为中心的江浙画坛上表现得最为明显。"海派"画派的出现，使一度衰落、沉寂的国画开始复兴。人物画、肖像画以及民间绘画，也以长江流域最为盛行。西洋画派画风与笔法的传入大都以上海等沿江城市为基地。一些受到欧风美雨感染的画家逐渐脱离传统的

第十一章 率先走向世界的长江文化

窠臼，摆脱陈陈相因的积习，不再着重笔墨师承，而锐意追求革新、尊重生活感受，反对复古与保守，遂在公元19世纪后期至20世纪初期产生了以赵之谦（图11-17）、任颐（图11-18）、吴昌硕等人为代表的"海上画派"（即海派），并成为近代中国画坛上影响深远的画派。近代书法大放光彩，北碑风靡书坛，篆、隶诸书成就非凡，各有名家，各家自有特长。就连帖学也有新的发展，也有名家涌现，如何绍基、赵之谦、吴大澂、吴昌硕等。

图11-17 赵之谦《四时果实图》　　图11-18 任颐《春江放鸭图》

同绘画、书法一样，金石篆刻也是长江文化领域中的瑰宝。江浙地区自古篆法就最为发达繁盛，历代篆刻高手辈出。明清时期就形成了浙派、皖派（又称徽派）、西泠八家和鸯湖四山等不同风格的流派。近代篆刻家继承各派之所长，并有创新，而使篆刻艺术经久不衰。近代篆刻名家不胜枚举，尤以赵之琛、达受、吴熙载、吴咨等最为出名。近代江浙地区不但篆刻名家辈出，还在杭州出现了以研究篆刻为宗旨的著名学术团体——西

283

泠印社（图 11-19）。它于光绪三十年（公元 1904 年），由篆刻家丁辅之（公元 1879—1949 年）、王褆（公元 1880—1960 年）、叶为铭（公元 1867—1948 年）、吴隐（公元 1867—1922 年）等创办于杭州的孤山西南麓，因地近西泠，故名西泠印社。著名书画家、篆刻家吴昌硕（图 11-20，图 11-21）为第一任社长。西泠印社先后出版印学、印谱及书画等著作多种，并收藏汉碑、印章、印谱及名人书画极多，对印学的发展贡献颇多。

图 11-19　清末民初丁辅之和吴隐在西泠印社合影

图 11-20　吴昌硕在西泠印社小龙泓洞留影

图 11-21　吴昌硕《西泠印社记》局部

第三节
向内成长与向外交流

一、融合中西的海派文化

上海是西方资本主义侵略中国的主要基地，也是传播西方文明的最大窗口，因此，它受西方文化的冲击最大、影响最深，并且产生了风格独特的海派文化。在东方舒缓与悠闲中，多了一种五光十色、声光化电般的西方频率与节奏（图11-22、图11-23）。海派是不同凡响的。它的举国无双的近代工商业文明不同凡响；它率先更新古老的文化格局，建立近代文化框架的勇气不同凡响；它的学校、医院、博物院、出版社、报馆、娱乐场、体育、电影、戏剧、音乐、舞蹈、绘画等多方面保持着最早、最大、最多等全国之最的魄力而不同凡响；它敏感而充满时代气息，在近代中国数次政治变动中，它不甘落后、冲锋陷阵的勇猛不同凡响。不仅如此，它滋养

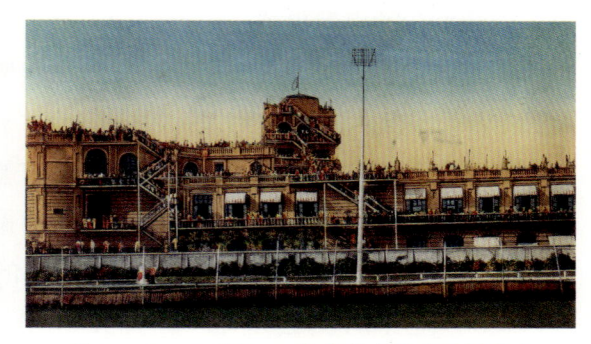

图11-22　20世纪20年代的上海跑马场看台

图11-23　华洋杂处的上海外滩

了一代代海派式的中国人，从创业救国的实业家，到热血沸腾的志士仁人，从茶楼酒肆的帮闲清客，到上海滩上的名士优伶、里巷细民，无不受其影响，它对人的培养更是不同凡响。这是一种异乎前代的新上海文化，这是一方新兴的近代长江文明。

如果说明清以前的上海文化已经具备了开放性的海派潜质，那么近代这个海城的通商开埠以及随后西方各国租界的开辟，则进一步加深了这一特色。前者表明西方文明可以大模大样、大摇大摆地步入国门，后者则意味着异域文明在中国找到了一块可以长期生存和传播的土地。近代海派文化所接受的，正是来自西方异质文化的强烈刺激和熏染。近代上海租界的存在，为西方各种文明形态的生存提供了一个理想的场所，由此汇集而成寓居上海一隅的租界文化。作为一种带着侵略色彩的异质文化，它必然与这里的本土文化发生激烈的碰撞，其结果是，近代海派文化接受租界文化潜移默化的影响，诞生在近代中国的文化舞台上。

海派文化的卓然兴盛，应当归功于生活在近代上海勇于开拓和创新的数代中国人，正是他们，在东西方文明之间架起了一座桥梁，造就了融合中西的海派文化。近代上海以人文鼎盛著称于世，然而直至道光末年，上海的市景还是"滨江茅屋，芦苇为邻，商市萧条，烟户零落"，人口并不稠密。有谁能相信造成沪地中西人才荟萃的直接原因不是和平，而是战争和动荡不安？然而事实确乎如此。鸦片战争的炮火把西方人送进了上海租界，1853年上海小刀会起义，华界居民纷纷涌聚租界，而咸丰末年太平军的东征，又成为长江一带人民聚居上海租界的原因。据王韬《瀛壖杂志》所述，截至19世纪60年代，上海共经历了三次兵事，"经一次兵事，则租界繁盛一次"。战争使租界得到不断拓展，战争使上海变成一个实实在在的移民城市，战争也使这里成为一座新兴的文化城。

海派文化作为近代中国文化的一部分，作为长江近代文明的骨干，和京派文化、湖湘文化以及闽粤文化一样，都曾在各自的文化领域以各自独特的风格和个性，影响和反映着近代中国的发展历程。在近代中国几次较大的历史变革中，在中国人追赶世界潮流的不懈努力中，海派文化以其深厚的商品经济实力为基石和后盾，充分发挥了海派式的奔放开拓的个性，为中国近代化付出的努力，是难以埋没，也不容忽视的。

随着近代上海的城市发展，上海各种文化设施也开始逐渐健全起来，诸如杂志社、出版社、图书馆、博物馆、戏院等近代西方城市文化设施也在这个远东商港找到了生存发展的沃土。上海人的传统风俗习尚也在发生着变迁。在这个随处可见观星镜、显微镜、寒暑针、风雨针、电气秘机、火轮机器、自鸣虫、鸟能行、天地球之类洋货的城市，上海人除了常常感到"十里洋泾开眼界，恍疑身作泰西游"之外，在现实生活中也逐渐开始了对西方风俗习尚的追逐。旧的习俗在发生裂变，新的、带着"洋"味风韵的习尚亦迅速流行起来。

从荒凉偏僻的滨海小县，到五光十色的国际性大都会；从苇荻萧萧、牧歌田园，到声光化电、楼阁亭台，数十年间，上海滩、上海人跨越了世纪般的沧桑而走向世界，走向近代。上海文化也在昏暗、耻辱、觉醒、奋争中超越远古，超越传统而流变、转型、再生，海派人诞生了，海派文化崛起在长江之尾、东海之滨。在近代中国，一种文化只有不断追求进步，适应世界发展潮流，勇于突破，敢于开拓，才能实现自身的升华。海派的崛起给予我们的正是这样的启示。

二、湖湘文化的风云际会

湖湘文化是长江文化的重要组成部分，在中华文明史上占有极其重要的地位。它在古代大放异彩，在近代更以其独特的形式与内容显示它那传统文化与西方近代文明相结合的湖湘文化风韵的优越。自古号称三湘四水之地的湖南，养育了一方优秀的人；也正是在这里，流传千年的长江文明孕育了一方风貌独特、区域色彩鲜明的湖湘文化。

早在道光年间，当许多国人在鸦片战争的硝烟中尚未完全苏醒，不少士人仍埋没在金石考据的故纸堆中不能自拔的时候，邵阳人魏源率先举起经世致用、救时救世的旗帜，发愤而作《海国图志》（图11-24），借以唤起世人，"以夷攻夷"，"以夷款夷"，"师夷之长技以制夷"。公元1854年，丁忧在籍的曾国藩练成一支异于八旗、绿营兵的劲旅——湘军，不仅镇压了太平天国运动，而且在历次对外战争中被倚为清廷的干城。随

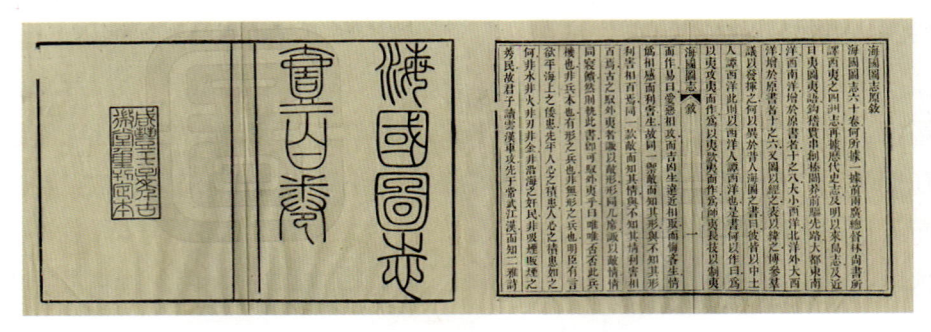

图 11-24　清咸丰二年刊本《海国图志》书影一百卷

着这支军队装备的近代化,中国军事近代化的时代到来了;而以曾氏为首的这一湘军集团,更在为学、处世、从政、治军等诸多方面给晚清社会造成了深刻的影响,他们所倡导的洋务运动,在相当程度上巩固了国防,并为中国国防建设的近代化奠定了基础。

1903年,黄兴等在长沙组成华兴会,成为当时国内第一个资产阶级民主革命团体。在推翻清王朝的民主革命中,湖湘培育了名闻遐迩的一代英豪黄兴、宋教仁、蔡锷、陈天华、刘道一、禹之谟、蒋翊武、姚宏业、杨毓麟、焦达峰、陈作新等,他们的名字、他们的功业与近代中国的历史一起永存。

五四运动时期,从湖湘的山山水水间走出了毛泽东、蔡和森、何叔衡等又一批开天辟地的杰出人物,他们对后来的中国社会所产生的影响,早已是世人有目共睹的了。不仅如此,在哲学、史学、军事学、文学、艺术、语言学、民俗学、教育学乃至服饰、饮食等方面,湖湘文化也可谓异彩纷呈,蔚为壮观。在哲学上,魏源、谭嗣同、毛泽东等不同时期的湖湘文化巨子也作出了突出的贡献。

然而近代湖湘文化也绝不是简单地袭古。在世界文明突飞猛进发展的近代,一种文化如果仅仅因袭传统,而不倾注任何新鲜的血液,那么这一文化势必会因为跟不上时代而难以久存,更谈不上再生和光大。从这一意义上讲,湖湘文化在近代的复兴,正是它抓住时代命脉的结果。令人难以忽视的是,湖南古称山国,到了近代也被时人称为"交通绝不便利"之地,这样的地理环境,很难想象近代西方文明的欧风美雨可以畅通无阻地吹刮

第十一章 率先走向世界的长江文化

进去。然而湖湘文化与西方文明不断撞击，从而发展成为一方符合时代潮流的新型文化，在中国近代文化史上因其卓绝的形象而与南方的闽粤文化、东方的海派文化成三足鼎立之势，这也确乎是毋庸争辩的事实。湖湘文化复兴的契机何在？如果把目光移向湖湘文化的创造者——湖南人，或许就可释然。在近代湖南人的历史活动中，我们不难发现一个突出的文化现象，这就是湖南人走出湖南。的确，走出三湘四水，便是豁然一片天！嘉道年间，贺长龄、陶澍、李星沅、汤鹏等都曾走出湖南省，跻身卿寺，参与朝政，正是在目睹了朝廷日益腐朽，社会日趋没落的现实之后，才起而主张变革，倡导"通经致用"，湖南省遂在全国较早地树立起了经世致用的士风，从此拉开了湖湘文化近代化的序幕。

湖湘文化之所以堪称一株文化常春藤，正是因为它不断顺应历史潮流，紧扣时代脉搏而变幻其文化的时代主题的必然结果。我们看到的，是一方"善变"的湖湘文化。嘉道年间，湘人贺长龄、陶澍、魏源、汤鹏等倡导经世致用之学风，一部300万字的《皇朝经世文编》得以刊印和发行，"凡文字具备经济，有关治世者无不搜集，洵称大观。后贤复踵而续之"。魏源的知交汤鹏著《浮邱子》，摒弃陈词浮语，以论述军国利病、吏治良莠、人事情伪为主旨，体现了一种匡世济世的务实风范。到了鸦片战争前后，一种以经世致用为主题的新湖湘文化遂在长江中游的这一块沃土上成长起来。"二百年来，大江南北，相率为烦琐之经说"，而湖湘文化的经世致用打破的正是这样一种"万马齐喑"的文化局面。不仅如此，当时代吹起了向西方文明学习的号角，湖湘文化更把它经世致用的文化主题与"师夷长技"的历史使命紧紧地联系在一起。如果说，魏源、郭嵩焘两人还只是把经世致用的务实之风与"师夷""制夷"的思想创见中表现在理论的层次之上，那么曾国藩等一批湖湘洋务派在此后几十年的洋务实践中则进一步展现了湖湘文化脚踏实地的实干作风。

湖湘文化的光芒似乎还不止这些。如果说，20世纪以前各代的湖湘文化还只是较多地在思想上见其深刻高远，充满时代朝气，富有近代精神，那么到了20世纪前后，随着湖南省诸如近代文化教育事业、资本主义工商业的发展以及近代民风民俗的革新，湖湘文化发生了一次历史性的变迁。

"湘省名望久已炫耀人世"。近代湖湘文化正是以一代又一代湖湘士人最大限度地发挥了文化的社会功用，影响甚至左右着中国近代的政治、思想和其他领域的变化，从而成为对中国产生过全局性影响的近代长江流域一大区域文化。

三、走出国门的留学生

在近代的早期，长江与海外的文化交流在很大程度上还依赖于踏入长江流域的西方人，且多多少少带着被动的成分。随着近代人对西方文明认识的深入，随着长江文化近代化程度的日渐加深，越来越多的长江人开始走出长江，迈出国门，游历并留学海外，直接向西方探求救国真理，近代长江与海内外的文化交流遂逐步走向扩展，走向深入。

公元1872年，首批赴美留学幼童（图11-25）在容闳率领下，从上海扬帆远航，拉开了近代中国派遣留学生的历史序幕。此后，留学海外渐渐成为许多青年的理想，于是，在官派留学之外，出现了零零星星的自费留学现象。尽管甲午战争前，无论官派或是自费的留学生都为数不多，但长江流域还是涌现了一些留学欧美的先驱。在他们中间，既产生了马建忠那样的早期改良主义思想家，又造就了王韬式的学贯中西的著名学者，还出现了颜永京、颜惠庆父子先后赴美的留学佳话，更有浙江金韵梅、湖北石美玉等长江女子赴美学医，开创了近代中国女子留学的历史先河。在国外，他们努力学习和钻研西方文化知识，成为近代中国与西方诸国文化交流的友好使者。归国后，他们辛勤工作，积极传播西方文明，在各自的领域推动了近代长江乃至全国社会文化的变革。他们走出又归

图11-25　首批赴美留学生合影

来，实际上带来了长江文化与西方文化交流的成果与结晶。

这一时期，在长江流域与海内外的文化交流中表现最为突出的人物首推马建忠。马建忠，江苏丹徒人，精通法语。公元1876年赴欧留学，入法国巴黎政治学堂，专攻国际公法与外交学，成绩优异。留学期间，注意考察法国基层社会，善于把理论知识与客观实际结合起来思考问题，故李鸿章誉之"华学既有根底，西学又有心得"。归国后，成为当时学贯中西的知名人士。从中西文化交流的角度看，马建忠的突出贡献有两个：一是参考英文、法文、拉丁文、希腊文等西方语言文字研究中国文字，在公元1898年编撰成第一部语言文法新书——《马氏文通》，为青年学子尽快掌握中文，学习西文，了解中西治国之道，提供了科学有效的学习途径，在学术界引起了极大轰动。其二是从书本与实践相结合出发，深入考察西方社会，形成独立见解，提出"民富说""铁道论"等一系列资产阶级政治学说和经济理论，并逐渐发展而成早期资产阶级改良主义的思想体系，给当时的长江流域乃至中国的思想界注入了新鲜血液，传播了新思想。这些都使马建忠成为这一代留学生中尤具远见卓识的人。

在甲午战争前，马建忠、王韬等近代长江人的留学海外，不仅加强了长江流域与西方的文化联系，而且，随着文化交流的加强，长江文化也渐渐走向世界，逐渐近代化。19世纪末20世纪初，当亡国灭种的危机降临之际，长江人开始大批走出长江，东渡日本，寻求革命真知，加入一场声势浩大的中日文化交流的浪潮中。在整个长江流域，近至上海、江浙沿海诸地，远至川、滇、黔偏远各省，几乎没有一处一地不受这场留日浪潮的影响。20世纪后我国赴日的留学生中，长江人占据了绝大多数，其中又以来自湖南、四川两省的人居多。

20世纪的前10年里，日本各地的大中学校，尤其是一些著名的留学专门学校，如宏文书院、同文书院、成城学校、振武学校、实践女学校等，就活跃着这样一代求学上进的长江文化精英，他们抱着救亡救国、改造中国、建设长江的宏旨大愿，着重学习西方先进的政治法律制度，并注意吸收日本富国强兵的经验；为了把新知识、新思想传播到国内，传播到家乡，他们组织各种团体，编译西书，出版报纸杂志，以极大热情投入到翻译宣传工作中。

　　在留日学生组织的各种学术政治团体中，较著名的就有黄兴、周宏业等湖南留学生组织的湖南编译社，出版了《游学译编》月刊；湖北学生组织的新译界社，出版了《新译界》杂志；而江浙留日生所组织的国学社，为国内编译出版中小学教科书，从改革教材的角度，促进了近代中国教育的发展，因而在中日文化交流史上尤具特殊地位。其实，近代长江流域留日学生的广译新书，创办杂志，传播新识的本身，既是一种文化交流活动，也是一种文化的新现象，它意味着长江文化的新发展。

　　此外，近代中日文化交流史上的杰出人物也大多出现在这一代长江流域留日学生之中。来自四川的邹容写成《革命军》，较系统地论述了资产阶级民主革命学说，被誉为"中国的《人权宣言》"，为近代中外文化交流树了一块丰碑。湖南人陈天华，留日时写成《猛回头》《警世钟》《国民必读》《中国革命史论》，以及小说《狮子吼》等书，以通俗生动的语言，给中国思想界注入了新文化的珍泉。浙江女留学生秋瑾（图11-26），一生追求"天赋人权"、个性解放，成为近代女性文化发展的奠基人。还有中国近代资产阶级法学的奠基者之一宋教仁、近代著名军事家蔡锷、文学家鲁迅（图11-27）、艺术家李叔同等，他们在留学中逐渐成长为近代长江文化的有建树者，并在各个不同的领域推动了近代长江与日本文化的交流。

　　几乎与留学日本同时，特别是辛亥革命后，基于建设第一个资产阶级共和国的需要，我国出现了以学习现代科学技术知识为主的留美运动，长江流域也和全国其他地区一起，走出一大批青年远渡重洋，到当时的"自由之邦"——美国去感受"民主"与"科学"的自由空气。他们在那里学习科学知识，进行广泛的中美学术交流，并通过大量译介新书，向国内传播了美国资产阶级文化思想，为中美文化交流付出了巨大努力。在"科学"与"民主"精神的感召下，他们中间既涌现了竺可桢（图11-28）、茅以升、赵元任等为中国自然科学和社会科学作出了突出贡献的科学英才，又成长了杨铨等为近代中国的民主事业贡献毕生的民主斗士，更造就了顾维钧、宋氏三姐妹这样在近代中外文化交流中举足轻重的人物。

图 11-26　秋瑾像　　　　图 11-27　鲁迅像　　　　图 11-28　竺可桢像

这批长江文化的优秀人才，在留美归国后，成为长江文化近代化的又一股推波助澜的力量。

近代中国最后一次中外文化交流高潮爆发在新文化运动前后，这是一场以留法为中心的勤工俭学浪潮。在当时中国人的心目中，法国既是一个"因学理之发达，而精神物质之文明，乃进步不已"的科学之国，又是一个"因民权之发达，而平民制度之基础，因以确立，且亦进步而不已"的民主之邦，因此，赴法勤工俭学一经兴起即发展为一股热潮，几乎成为一种时尚，风靡了20世纪20年代的整个中国。

在长江流域，人们留法勤工俭学的热情一直十分高涨，上海、江苏、浙江、安徽、江西、湖北、湖南、四川等地，都有大批学子扬帆远行。在湖南，时人甚至用"全省若狂，几乎空国而来"以形容勤工俭学在这里风行的程度。所有这些，预示了一场规模宏大的中外文化交流活动在长江与欧洲大陆间蓬勃展开。

后 记

　　1993年，我协助李学勤先生主编大型学术著作《长江文化史》，当时国内一批在此领域卓有成就的学者，如吴汝祚、张正明、万全文、林剑鸣、张承宗、朱士光、拜根兴、倪士毅、陈学文、董郁奎、林永匡、王熹、陈振江、吴星云等先生，积极参与了该书的编纂工作。1995年12月，此书由江西教育出版社正式出版。次年，《长江文化史》获第十届中国图书奖，1997年获国家图书奖提名奖，并与《现代汉语词典》《邓小平文选》等书一起被网民评选为"改革开放三十年来最具影响的三百本书"。

　　2020年，我们又在原书的基础上做了大幅度的修改：一是利用我们和学术界近年来的相关研究成果，对其进行大幅度的修改，增补了大量的最新学术研究成果，有的章节甚至是全部改写，使研究成果与时代同步。二是增补了大量的第一手资料，特别是揭示前人所未注意的重要资料（如绘画和考古资料等的充分利用），博采众长，不囿于一偏之见，对长江文化进行新观察，提出许多新颖的见解。三是力图从广义的文化思路和最新的研究方法出发，全面、系统而深入地审视长江文化的各个层面及其在中华文明史上的地位与贡献。四是根据当今学术发展的要求，对注释等进行规范化处理。五是为使本书的内容更加丰满，论点更加有力，使图书读起来轻松愉快，我们共选用了1600多幅精美的文物照片、线绘图等，尽力做到图文互证，相得益彰，同步编排。2021年，这部4卷本的修订版《长江文化史》由长江出版社公开出版，同样得到了读者的广泛好评。同年，入选中宣部公布的2021年主题出版重点出版物选题；2023年，荣获第四届"十佳荆楚图书"称号及第八届中华优秀出版物奖。

　　长江出版社是一家以弘扬长江文化为己任的出版单位，有着强烈的社会责任感。在完成4卷本《长江文化史》的出版后，长江出版社社长赵冕与我聊起编写《长江文化简史》的想法，旨在通过简化复杂的历史细节，使广大读者能够轻松理解并感受到长江文化的深厚底蕴。我觉得很有意义，但同时也觉得有压力，在240多万字的《长江文化史》基础上写出一部全面、简短、有趣的通俗长江文化史并非易事，幸得两位青年学者韩辰和付国静的加盟，我们的编撰工作才得以顺利完成。具体分工为：韩辰负责第一章至第五章的编写工作；付国静负责第六章至第十一章的编写工作；我负责全书统稿和配图等工作。

与4卷本《长江文化史》一样，《长江文化简史》同样是一部集体编写而成的学术著作，凝聚着各位参与者的心血。它的编写和出版，得到了有关单位和朋友的大力支持与帮助，特别是长江出版社社长赵冕和编辑张琼、李剑月、易正阳等。在本书的出版之际，我谨代表本书的所有作者，表示衷心的感谢！

2024年9月2日

图书在版编目（CIP）数据

千年文脉：长江文化简史 / 徐吉军主编；韩辰等编著． -- 武汉：长江出版社，2024.4
ISBN 978-7-5492-9423-7

Ⅰ．①千… Ⅱ．①徐… ②韩… Ⅲ．①长江流域－文化史－研究 Ⅳ．①K295

中国国家版本馆CIP数据核字（2024）第075525号

千年文脉：长江文化简史
QIANNIANWENMAI：CHANGJIANGWENHUAJIANSHI
徐吉军 主编 韩辰 付国静等 编著

出版策划：	赵冕 张琼
责任编辑：	李剑月 易正阳
装帧设计：	汪雪
出版发行：	长江出版社
地　　址：	武汉市江岸区解放大道1863号
邮　　编：	430010
网　　址：	https://www.cjpress.cn
电　　话：	027-82926557（总编室）
	027-82926806（市场营销部）
经　　销：	各地新华书店
印　　刷：	湖北金港彩印有限公司
规　　格：	700mm×1000mm
开　　本：	16
印　　张：	19.25
字　　数：	286千字
版　　次：	2024年4月第1版
印　　次：	2024年9月第1次
书　　号：	ISBN 978-7-5492-9423-7
定　　价：	138.00元

（版权所有　翻版必究　印装有误　负责调换）